Gambia

Kleines Urlaubsparadies in Westafrika

Ilona Hupe Verlag
München

„Der Sinn des Reisens besteht darin,
die Vorstellungen mit der Wirklichkeit auszugleichen,
und anstatt zu denken, wie die Dinge sein könnten, sie so zu sehen, wie sie sind.
Samuel Johnson (1709 – 1784)

Inhalt

Wissenswertes über Gambia

Allgemeiner Überblick

Lage und Größe, Oberflächengestalt und Vegetation	8
☛ Gambia River – die Lebensader des kleinen Staates	9
Das Klima in Gambia	10

Geschichte

Von den ersten Menschen am Gambiafluss; Reich Ghana	12
Reich Mali und Reich Songhai	14
Europäer erreichen Westafrika	16
England schafft die Sklaverei ab	19
☛ Sklavenhandel und Sklaverei	20
Der Barra-Krieg	22
Die Kolonialzeit	26
Die Unabhängigkeit	27
Putsch und die zweite Republik	28

Bevölkerung

Die Menschen in Gambia	**30**
Bevölkerungsgruppen	30
Mandingo, Fulbe	31
Wolof, Serer	32
Diola, Serahuli, Tukolor	35
Aku, Mulatten	36
Kulturelles Leben	**38**
Sprachen	38
Religion	38
Gesundheitswesen	40
Schulbildung	40
Gesellschaftliche Traditionen: Griots, Marabuts und Jujus	42
Frauen in Gambia	44
Kleidung und äußere Erscheinung	46
Feste und Bräuche	47
Kunsthandwerk, Musik und Tanz	48
Literatur, Wrestling	51
Wirtschaft	**52**
Ein Überblick	52
Landwirtschaft	54
Fischerei, Vieh- und Forstwirtschaft	56
Handel und Verkehr	58
Tourismus	60
Erwerbstätigkeit und Verdienst	62

Inhalt

Banjul

Geschichtlicher Rückblick	**64**
Erste Orientierung	67
Stadtbesichtigung	68
✽ Albert Market	70
Stadtplan	72
What's On in Banjul?	74
Tipps zum Essen und Trinken, Einkaufen, Verkehrsmittel	74
Hotels in Banjul	75

Die touristische Küstenregion

Das Dreieck Bakau - Kololi - Serekunda	**78**
Bakau	**78**
What's On in Bakau?	79
Sehenswertes	80
Hotels in Bakau	81
✽ Die Heiligen Krokodile von Kachikally	82

Fajara	**84**
What's On in Fajara?	84
Hotels in Fajara	85
Kotu	**86**
What's On in Kotu?	86
Hotels in Kotu	88
Palma Rima Region	**89**
What's On in Palma Rima?	89
Hotels in Palma Rima	89
Kololi: Die Senegambia Region	**90**
Hotels in Kololi	90
What's On in Kololi?	92
Tipps zum Essen und Trinken	95
✽ Bijilo Forest Reserve	96
Bijilo Beach	**98**
Hotels in Bijilo	98
What's On in Bijilo?	99
Brufut und Sukuta	**100**
Hotels in Brufut und Sukuta	100
Serekunda	**101**

Inhalt

Ausflüge in die nähere Umgebung

Ausflug 1 — 104
„Roots" und die historischen Stätten Albreda, Juffure und James Island (Kunta Kinteh Island)
- Die Familiensaga „Roots" — 106
- Die wechselvolle Geschichte von James Island — 109
- Tipps und Infos — 110

Ausflug 2 — 111
Fort Bullen, Jinack Island und Niumi Nationalpark
- Tipps und Infos — 111

Ausflug 3 — 112
Safari in Senegal: Fathala Wildlife Park
- Tipps und Infos — 113

Ausflug 4 — 114
Hochseefischen, Sportfischen und Angeln in den Mangroven
- Tipps und Infos — 114
- Mangrovenwälder – die Kunst, im Salzwasser zu überleben — 115

Ausflug 5 — 116
Ausflug zur Lamin Lodge: Bootsfahrten bei der Mangrovenlodge
- Tipps und Infos — 117

Ausflug 6 — 118
Abuko Naturreservat
- Tipps und Infos — 120

Ausflug 7 — 122
Ursprünglicher Süden: Von Ghanatown über Tanji nach Gunjur und Kartong
- Tipps und Infos — 124
- Unterkunft in Tanji — 125

Ausflug 8 — 126
Brikama Markt und Makasutu Culture Forest
- Tipps und Infos — 129
- Unterkunft in Makasutu: Mandina Lodge — 129

Inhalt

Touren ins Landesinnere

Ausflug 9	**130**
Bao Bolong Wetlands und Kiang West Nationalpark	
Tipps und Infos	134
Unterkünfte im Hinterland	134

Ausflug 10	**137**
Janjanbureh und River Gambia Nationalpark	
Besuch von MacCarthy Island	138
Unterkünfte in Janjanbureh	140
✻ Chimpanzee Rehabilitation Project	141

Ausflug 11	**142**
Steinkreise von Wassu und Kerr Batch	
☞ Rätselhafte Steinkreise	144
Tipps und Infos	145

Ausflug 12	**146**
Basse Santa Su und Upper River Country	
Unterkünfte in Basse Santa Su	147
Tipps und Infos	148
☞ Mungo Parks dramatische Expedition	150

Natur- und Tierwelt

Natur- und Tierschutz in Gambia	**152**

Typische Pflanzen	**154**
Zierpflanzen und Nutzpflanzen	154
Palmen	155
Baobab, Roter Baumwollbaum, Kapokbaum	156

Die Tierwelt	**158**
Kriechtiere und Insekten, Krokodile und Warane	158
Flusspferde	159
Busch- und Warzenschwein, Kronenducker, Buschbock, Sitatunga	160
☞ Leben im Mangrovensumpf	162
Affen	164

Vögel in Gambia	**166**
Vogelbeobachtungen	168

Inhalt

Wertvolle Reiseinformationen

Eine Reise nach Gambia planen	**170**
Reisezeit, Reisekosten, Art der Reise	170
Mit Kindern nach Gambia reisen? – Nach Gambia als Frau alleine?	172
Einreisebestimmungen	172
Umweltschonendes Reisen	173
Landeswährung und Zahlungsmittel	174
Gesundheitsvorsorge	175
Anreise: Flugverbindungen - Auf dem Landweg - Grenzübergänge	178
Reisebeginn	**180**
Empfehlungen fürs Gepäck	180
Fit den Flug überstehen	181
Bei der Ankunft: Formalitäten am Flughafen	181
Unterwegs in Gambia: Mobil sein vor Ort	**182**
Mietwagen	182
Tipps für Autofahrer, Bahn, Flug, Fähren	183
Taxis	184
Busverbindungen, Schifffahrt auf dem Gambia River	185
Praxistipps für Gambia	**186**
Handeln – wie man richtig einkauft	186
Betteln und Spenden – die Begegnung mit der Armut	187
Gesund bleiben im Urlaub	189
Bumster – ein gambisches Problem	190
Kulinarische Erlebnisse	192
Sicherheitstipps	193
Tipps zum Fotografieren	194
Tipps für Vogelfreunde	195
Redewendungen und Sprachhilfen	196
Unsere Extra-Tipps	197
Wichtige Informationen von A bis Z	**198**
Getränkepreise in den Hotels / Glossar	205
Adressenverzeichnis	**206**
Diplomatische Vertretungen in Europa und Gambia	206
Touristische Informationsstellen in Europa und Gambia	207
Mietwagenagenturen	208
Reiseveranstalter	209
Literaturverzeichnis / Entfernungstabelle	210
Index	211

Inhalt

Landkarten und Ortspläne

Die Reiche Ghana, Mali und Songhai	13
Mandingo-Königreiche	17
Banjul	72
Küstenregion Bakau – Fajara – Kololi	76
Bakau und Fajara	80
Kotu und Kololi	87
Poco Loco-Region	90
Senegambia-Region	92
Gambia: Touristische Übersichtskarte	102
Ausflüge 1–4	105
Abuko Naturreservat	120
Ausflüge 5–8	123
Kiang West NP, Tendaba und Bao Bolong Wetlands	131
Janjanbureh, Steinkreise und River Gambia Nationalpark	138
Basse Santa Su und Upper River Country	147
Übersichtskarte: Europa – Gambia	179
Straßenkarte Gambia	(Umschlag vorne und hinten, innen)

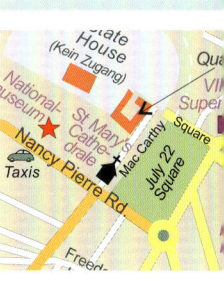

Der schnelle Überblick

Staatsname:	Republic of The Gambia
Staatsform:	Präsidiale Republik und Mitglied im Commonwealth
Staatsoberhaupt:	Adama Barrow, seit 18.02.2017
Gesamtfläche:	11295 km², in sechs Bezirke mit 35 Distrikten gegliedert
Nachbarland:	Senegal
Hauptstadt:	Banjul
Bevölkerung:	ca. 2,092731 Mio. Einwohner
Bev.-wachstum:	ca. 1,99 % pro Jahr
Bev.-dichte:	durchschnittlich 197 Einwohner pro km²
Landessprachen:	Wolof, Mandinka, Fula, Amtssprache: Englisch

Gambias Landschaftsraum

Allgemeiner Überblick

Lage und Größe

Gambia, der kleinste Staat des afrikanischen Festlandes, erstreckt sich zwischen 13° und 14° nördlicher Breite und zwischen 13° und 17° westlicher Länge. Er liegt damit ziemlich genau auf gleicher Höhe wie Bangkok, Chennai (früher Madras) und die Karibikinsel Barbados.

Gambias Staatsgebiet umfasst 11 295 km², wovon 948 km² Wasserflächen sind. Damit ist der Zwergstaat nur ein Viertel so groß wie die Schweiz; und selbst das deutsche Bundesland Hessen ist noch doppelt so groß wie Gambia. Die maximale Ost-West-Ausdehnung beträgt 480 km, die Nord-Süd-Ausdehnung an seiner breitesten Stelle 65 km und an der schmalsten nur 24 km. Kein Dorf ist weiter als 25 km vom Gambiastrom entfernt. Im Westen wird das Land durch den Atlantik begrenzt (Gambia besitzt etwa 80 km Küstenlänge), ansonsten wird die schmale Enklave vom Staat Senegal umschlossen. Die Landesgrenzen waren einst von den ehemaligen Kolonialmächten ohne Rücksicht auf historische Siedlungsgebiete festgelegt worden.

Oberflächengestalt und Vegetation

In seiner Oberflächengestalt lässt sich Gambia in drei Bereiche gliedern. Im westlichen Mündungsraum breiten sich flaches Schwemmland und salzhaltige Böden aus. Daran schließen sich sandige und flach gewellte Gebiete an, deren einzige erkennbare Erhöhungen sanfte Plateaus bis 200 m Höhe darstellen. Der breite Gambiastrom durchschneidet das schmale, langgestreckte Land und trennt es in zwei Teile.

Die Vegetation besteht überwiegend aus Savannenlandschaft, die mit Buschwerk und gelegentlich mit einzelnen Bambuswäldern durchsetzt ist. Im gesamten Mündungsraum herrschen breite Mangrovensumpfwälder vor. Nördlich des Gambiastroms überwiegt eine trockene Vegetation mit Baobabs, Akazien, Albizia- und Kapokbäumen, während der Süden erkennbar tropischer und vielfältiger ist. Hier findet man auch Palmen, Terminalia- und Feigenbäume, Kassia-Arten und Bambus. Entlang der Wasserläufe gibt es außerhalb der Mangrovenzone auch Reste von Galeriewäldern.

Gambia River – die Lebensader des kleinen Staates

Der Gambia River entspringt im Futa Dschallon, dem Hochland von Guinea, wo auch die Quelle des Senegal River liegt. Von hier mäandert der Strom mit unzähligen Kurven und Windungen in nördliche Richtung, vereinigt sich mit anderen Flüssen und dringt nach rund 600 km bei Fatoto in den östlichsten Landesteil Gambias ein. Nun fließt er beständig nach Westen, erhält durch zahlreiche Zuflüsse weitere Wassermengen und mündet nach etwa 500 km in den Atlantik. Auf diesem Weg erfährt der anfangs noch recht schmale Fluss eine große Veränderung. Bereits in Fatoto macht sich der Einfluss der Gezeiten bemerkbar. Je mehr sich der Strom dem Atlantik nähert, umso deutlicher werden die Anzeichen von Ebbe und Flut. Ungefähr bis in Höhe von Kau-ur wird die Uferzone durch afrikanische Galeriewälder und Schilf geprägt. Doch wenig später vermischt sich rückfließendes, salzhaltiges Brackwasser mit dem Süßwasser. Während der Trockenzeit reicht die Brackwassergrenze bis zu 240 km flussaufwärts, weicht zur Regenzeit allerdings um etwa 50 km zurück. Der Fluss wird nun deutlich breiter. An seinen Ufern zeigt sich ein völlig neues Bild: Mangroven bilden nun die natürliche Vegetation, denn sie können als einzige Baumart in diesem salzhaltigen, den Gezeiten unterworfenen Wasser überleben. Wie ein dichter grüner Gürtel umschließen sie alle Wasserwege. Auch die Bolongs, die wasserreichen Zuflüsse, sind von

Mangroven umsäumt. Angeschwemmter Schlick hat sich an manchen Stellen zu unbewohnbaren Schlamminseln aufgeworfen, die Tiernamen wie Elephant Island, Baboon Island, Dog Island und Deer Island tragen. Etwa 150 km vor dem Atlantik weitet sich der Gambia zu einem riesigen Mündungstrichter und gewinnt jetzt den Charakter einer Meeresbucht. Hummer, Barrakudas, Garnelen und Tintenfische tummeln sich hier, und selbst Delphine kann man im Strom entdecken. Der Gambia bildet die breiteste Flussmündung Afrikas. Geologisch betrachtet ist sie 20 km breit, doch Mangrovensümpfe und die aufgeschwemmte Halbinsel Banjul verengen den offenen Mündungsbereich auf 4,8 km. An dieser Stelle ist der Fluss übrigens nur etwas mehr als 8 m tief.

Das Leben der Einheimischen ist so eng mit diesem mächtigen Strom verbunden, dass es ganz plausibel erscheint, warum er dem Land auch seinen Namen gegeben hat.

Klima

Wechselfeuchtes Klima am Rande der Tropen

Gambias Klima gilt als das angenehmste innerhalb Westafrikas. Das wechselfeuchte, subtropische Klima wird durch verschiedene Komponenten beeinflusst. Der Gambiastrom bildet quasi die Grenze zwischen dem nördlichen Sudanklima, bei dem sehr starke Temperaturschwankungen typisch sind, und dem im Süden vorherrschenden Guineaklima, welches sich durch gleichbleibend hohe Temperaturen mit konstant hoher Luftfeuchtigkeit auszeichnet. Darüber hinaus unterscheidet sich das ozeanische Küstenklima auch noch vom Kontinentalklima im Landesinneren durch seine ausgeglicheneren Temperaturen.

Unter dem Einfluss der starken Passatwinde

Die Monate von Oktober bis Mai gelten als **Trockenzeit**. Ausgeprägte Nordost-Passatwinde kennzeichnen diese Jahreszeit. Früher nannte man diese starken Winde übrigens *Trade Winds*, weil sie die europäischen Handelsschiffe entlang der afrikanischen Küste nach Süden trieben.

Von Dezember bis Mitte Februar spricht man von der **kühlen Jahreszeit**, obwohl selbst in diesen Wochen Tagestemperaturen von 21–30 °C bei angenehmen 30–60 % Luftfeuchtigkeit vorherrschen. Diese Monate eignen sich für Touren ins Landesinnere am besten. Zwischen Februar und Mai werden die Passatwinde vom *Harmattan* unterstützt, einem trockenen Saharawind, der viel Sand mit sich trägt. Der Wind dörrt das Land aus, die Luft erscheint oft sehr diesig und trüb, alles wirkt staubig. Im Landesinneren klettern die Tagestemperaturen jetzt bereits auf 40 °C, doch nachts kühlt es in diesen trockenen Monaten immer noch stark ab. An der Küste mildern stete Meeresbrisen die heißen Wüstenwinde ab.

Mitunter verdunkelt der Harmattan mehrere Tage lang die Sonne und überzieht alles mit feinen Staubschichten

An der Küste ist das Klima verträglicher als im Landesinneren

Zwischen Mai und Anfang Juli setzt die **Regenzeit** ein. Ein ausgedehntes Tiefdruckgebiet über dem Ozean im Südwesten drückt feuchte Luftmassen auf das afrikanische Festland. Gewaltige Sturmböen und Tropengewitter deuten massive Luftdruckverschiebungen an. In der Regel setzt die Regenzeit zuerst im Landesinneren ein, dafür hält sie an der Küste etwas länger an und wirkt sich dort auch stärker aus. Die Niederschläge fallen heftig, manchmal sintflutartig, halten aber meistens nicht sehr lange an. Sie bringen Abkühlung und eine klare, frische Luft. Anschließend wird es jedoch wieder schwül, diesig und heiß. Als niederschlagsreichster Monat gilt der August. Dauerhaft hohe Temperaturen und eine Luftfeuchtigkeit über 80 % belasten den menschlichen Kreislauf, während die Vegetation jetzt ergrünt und tropisch blüht. Ab Mitte September klingt die Regenzeit langsam wieder aus.

Klimatabellen

Klima in Banjul

Monat	Jan	Feb	Mar	Apr	Mai	Jun	Jul	Aug	Sep	Okt	Nov	Dez
Temperatur ~ max	31	32	34	32	31	31	30	29	30	31	32	30
Sonnenstd.	7	8	9	8	7	7	6	6	6	7	8	7
Temperatur ~ min	15	16	17	18	20	23	23	23	23	22	19	16
Regentage	0	0	0	0	1	5	15	17	15	5	1	0
Wassertemp.	22	21	21	22	24	26	27	27	27	27	27	24

Klima in Janjanbureh (Georgetown)

Monat	Jan	Feb	Mar	Apr	Mai	Jun	Jul	Aug	Sep	Okt	Nov	Dez
Temperatur ~ max	28	32	36	37	37	34	31	29	30	32	32	29
Sonnenstd.	7	8	9	8	7	7	6	6	6	7	8	7
Temperatur ~ min	16	17	20	22	23	23	23	23	23	23	19	16
Regentage	0	0	0	0	2	9	14	17	16	8	2	0

Geschichte

Von den ersten Menschen am Gambiafluss

Früheste Siedlungen entstanden im Neolithikum

Man nimmt allgemein an, dass die ersten Menschen, die den Gambia erreichten, aus der ehemals sehr fruchtbaren Region Sahara kamen, von wo sie unter dem Druck der allmählich austrocknenden Sahara nach Süden zogen. Die ältesten Skelettfunde stammen aus dieser neolithischen Epoche. Die Menschen legten im Laufe der Zeit ihre nomadische Lebensweise ab und wurden sesshaft. In verstreuten Siedlungen lebten sie von Ackerbau und Fischfang. Etwa 1000 v. Chr. begann sich allmählich der Trans-Sahara-Handel zwischen West- und Nordafrika zu entwickeln. Erstmals namentlich erwähnt wurde Gambia durch Hanno, dem großen Gelehrten aus Karthago (470 v. Chr.).

Dier ersten Großreiche: Das Reich Ghana

Auch über die nächsten Jahrhunderte ist nur wenig bekannt. Die Region Senegambia wurde überwiegend von Serahuli besiedelt, die etwa ab dem 6. Jahrhundert vom zunehmenden Goldhandel mit den Arabern profitierten und schließlich das Ghana-Reich gründeten. Im 8. Jh., als eine heute weitgehend unbekannte Kultur die rätselhaften Steinkreise am Gambia errichtete, war das sagenhafte Goldland Ghana sogar dem Kalifen von Bagdad ein Begriff.

Das Großreich Ghana hat im übrigen nichts zu tun mit dem modernen Staat Ghana, der diesen Namen bei seiner Unabhängigkeit 1957 als Symbol für das Wiedererwachen politischer Stärke in Afrika wählte.

Das Reich Ghana

Reichtum und Macht durch die Kontrolle über den gesamten Handel

Ghana lag genau an den damals bekannten Trans-Sahara-Routen zwischen den Flüssen Senegal und Niger am Südrand der Sahara, und es verfügte über immense Goldvorkommen im Quellgebiet der beiden Flüsse. Diese strategisch günstige Lage ermöglichte dem Reich Ghana die Kontrolle über den Handel. Die Hauptstadt Kumbi wurde zum wichtigsten Umschlagplatz für Elfenbein, Baumwolle, Gold und Lederwaren aus dem Süden, und für Kupfer, Salz und Seide aus dem Norden. Hohe Zolleinnahmen begünstigten den Ausbau von Macht und Einfluss. Seine größte Blüte erreichte Ghana zwischen dem 9. und 11. Jh., als sich das Imperium über die heutigen Länder Senegal, Gambia, Mali und Mauretanien ausbreitete.

Das Reich Ghana und die Almoraviden — Geschichte

Mit ca. 15 000 Einwohnern war Kumbi die größte Stadt Westafrikas und ein wohlhabendes kommerzielles Zentrum mit einem steinernem Palast und zwölf islamischen Moscheen. Der König als religiöser und militärischer Führer verpflichtete unterjochte Staaten in den Randgebieten seines Reiches zu Tributzahlungen und Loyalität, gewährte ihnen aber weitgehend religiöse Freiheit und innere Autonomie. Ihre Position als Mittler zwischen den Arabern und den Schwarzafrikanern nützten die Herrscher Ghanas geschickt. Sie erlangten einen unermesslichen Reichtum und demonstrierten ihre Macht mit einer 200 000 Mann starken Armee mit 40 000 Bogenschützen.

Ghana-Reich — Größte Ausdehnung (9. / 10. Jh.)

Die Wende begann im 11. Jh.: Man hatte sich übernommen – zu viele kulturell verschiedene Einzelstaaten waren in das Reich integriert worden, die langsam wegbrachen, als sich in Westafrika neue Machtstrukturen entwickelten. Der Aufstieg der Almoraviden leitete schließlich den Untergang Ghanas ein. Diese militante, muslimische Bruderschaft führte ab 1042 einen fanatischen Feldzug zur gewaltsamen Verbreitung des Islam. Durch siegreiche Kriegszüge fielen ihr die nordwestlichen Regionen Ghanas zu. Die kampfwilligen Almoraviden breiteten ihre Lehren über ganz Westafrika und bis auf die iberische Halbinsel aus. 1076 fiel Kumbi, die Hauptstadt Ghanas, in ihre Hände. Zwar konnte Ghanas Armee die Angreifer später wieder vertreiben, doch offenbarte die kurze Eroberung Ghanas Schwäche. Das Reich war fortan nur mehr ein Schatten seiner einstigen Größe und versank bald in Bedeutungslosigkeit.

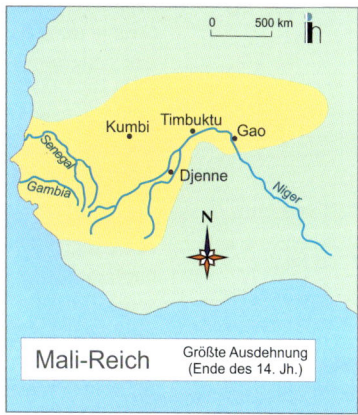

Mali-Reich — Größte Ausdehnung (Ende des 14. Jh.)

Auch die Almoraviden fielen neuen Machtkämpfen im Maghreb zum Opfer und verschwanden fast ebenso schnell, wie sie an die Macht gelangt waren. Doch hinterließen sie deutliche Spuren in Westafrika durch die Islamisierung vieler Regionen.

Songhai-Reich — Größte Ausdehnung (Anfang des 16. Jh.)

Geschichte — Großreich Mali

Das Reich Mali

Mali, das zweite Großreich in Westafrika, entsteht nach dem Niedergang Ghanas

Der Niedergang Ghanas schuf Raum für aufstrebende Völker und führte zu einer Neuordnung der Machtstrukturen. Im Westen formierten sich die Wolof zu kleinen unabhängigen Staaten, im Zentrum des ehemaligen Ghana-Reiches gelangte das Soninke-Königreich Sosso an die Macht, und im Süden verteidigten die Malinke die sagenhaften Goldlagerstätten von Bure. Sumanguru, König von Sosso, eroberte das Land der Malinke, wurde jedoch 1240 von Sundjata, einem Königssohn der Malinke, in der legendären Schlacht von Kirina am Niger bezwungen. Damit erlangten die Malinke die Vormachtstellung und gründeten unter Mansa (König) Sundjata das Mali-Imperium.

Ein Thronfolger mit viel Fernweh, der seine Macht lieber einer glücklosen Entdeckungsreise opfert

1303 bestieg Abu Bakaris II. den Thron. Von seiner kurzen Regentschaft ist vor allem sein geographisches Interesse überliefert. Er hatte 200 Schiffe aussegeln lassen, um nach neuem Land jenseits des Meeres zu suchen. Nur eines kehrte zurück, alle anderen sind im Atlantik versunken. Daraufhin ließ der wackere Monarch gleich 2000 Schiffe anfertigen, an deren Spitze er selbst die Entdeckungsreise auf dem Atlantik antrat. Niemand dieser gewaltigen Expedition wurde jemals wieder gesehen, sie gilt als verschollen.

Mansa Kankan Musa, ein legendärer Staatsmann, führt das Mali-Reich zu seiner größten Blüte

So gelangte im Jahr 1312 ein Mann an die Macht, der Mali zur größten Blüte führen und als großmütiger Staatsmann in die Geschichte eingehen sollte: **Mansa Kankan Musa**. Unter seiner Herrschaft wuchsen die Oasen Djenné und Timbuktu zu mächtigen Salzhandelszentren heran. Sein Reich hatte mehr als 400 Städte und war so weitläufig, dass man ein Jahr brauchte, wollte man es zu Fuß durchqueren. Es reichte vom Atlantik bis an das Hausa-Land im Osten, von der Sahara bis an den tropischen Regenwald. Kankan Musas Erfolg lag in seiner weitsichtigen Toleranz, der Trennung von Religion und Wirtschaft und seinem hohen moralischen Anspruch begründet. Er gewährte den Vasallenstaaten Religionsfreiheit und ließ einen sehr toleranten Islam mit animistischen Ritualen zu. Sein mächtiges Reich führte er streng, aber dezentralistisch; er forderte Tribute von den Randvölkern, Zölle von den Händlern und 10 % Steuern auf Ernte und Vieh.

Kankan Musas Pilgerfahrt nach Mekka lässt in Kairo den Goldpreis einstürzen

Im Jahr 1324 pilgerte Kankan Musa nach Mekka und erregte bei seiner Zwischenstation in Kairo unerhörtes Aufsehen. Der würdevolle Herrscher aus dem unbekannten Inneren Afrikas wurde von vielen Tausend Bediensteten begleitet und hatte zwei Tonnen Gold dabei, das er großzügig verschenkte – wodurch er einen nachhaltigen Sturz des Goldpreises auslöste!

Nach Mansa Kankan Musa konnten seine Nachfolger die Macht des Reiches Mali noch mehrere Jahrzehnte erhalten, doch trieben Rivalitäten und Intrigen am Königshof die Großmacht ab dem Ende des 14. Jh. in eine Führungskrise. Gegen das auf die internen Machtkämpfe konzentrierte Reich lehnten sich im 15. Jh. die unterjochten Vasallenstaaten auf. Timbuktu und Djenné, die reichen Handelsstädte, wurden von den Tuareg besetzt.

Im fruchtbaren Gambiatal, wo sich die Malinke bzw. Mandingo seit ihrer Machtausdehnung im 13. Jh. niedergelassen hatten, gründeten sie kleine, unabhängige Dynastien. Von unterjochten Völkern wie den Fulbe verlangten sie Tributzahlungen, mussten aber auch selbst Tribute an die Herrscher von Mali sowie teilweise an die Wolof leisten. Diese kleinen Königreiche überlebten, als das Großreich Mali durch den erstarkenden Vasallenstaat Songhai seinen Todesstoß bekam.

Kleine Mandingo-Dynastien entstehen entlang des Gambia River und überstehen die Wirren und Kriege im 15. Jh.

Das Songhai-Reich

Die Songhai, ursprünglich ein Bauernvolk am Niger, betreiben seit dem 10. Jh. in ihrer Hauptstadt Gao intensiven Handel mit Nordafrika. Im 13. Jahrhundert waren sie dem Mali-Imperium tributpflichtig geworden, lösten sich jedoch unter ihrem grausamen, aber militärisch genialen Führer Sonni Ali Mitte des 15. Jh. von Mali. Mit Unterstützung der Bevölkerung von Timbuktu, die unter der tyrannischen Herrschaft der Tuareg litt, eroberte Sonni Ali die Handelsmetropole und fügte sie in sein Reich ein. Er herrschte streng und grausam, verfolgte Intellektuelle und Gelehrte und erweiterte sein Reich schließlich durch geschickte Eroberungszüge bis an den Atlantik, wo er die ansässigen Staaten unterjochte. Durch Sonni Ali hatte sich Songhai nach Ghana und Mali zur dritten Großmacht am Niger entwickelt.

Der rasche Aufstieg des Songhai-Reiches gelingt mit Hilfe der Bevölkerung von Timbuktu

Seine größte Blüte erlangte das Reich unter Askia Mohammed dem Großen, der im 16. Jh. eine starke Islamisierungswelle auslöste und allein in Timbuktu 150 Koranschulen gründete. Das Songhai-Reich dehnte sich von Osten nach Westen über mehr als 2000 km aus und beherrschte auch die angrenzenden Randgebiete. Kein anderer Staat konnte die Songhai damals gefährden. Umso überraschender kam nur wenige Jahrzehnte später sein Niedergang, als das Reich regelrecht kollabierte. Intrigen, Mord, Streitigkeiten, sehr häufige Regierungswechsel, unfähige Herrscher und aufsässige Vasallenstaaten trieben die Großmacht innerhalb einer Generation in den Ruin. Der Invasion der Armee des Sultans von Marokko konnte Songhai nichts mehr entgegensetzen, und so wurde das Reich 1599 zu einer Provinz des Sultans von Marokko degradiert.

Songhais plötzlicher Zerfall kommt überraschend, ist aber selbstverschuldet

Geschichte — Der Niedergang der afrikanischen Hochkulturen

Mit dem 17. Jh. setzte ein ernüchternder Wandel in Westafrika ein. Die hochentwickelten Kulturen im Landesinneren, die von ihren Handelszentren am Nigerbogen die Geschicke Westafrikas über Jahrhunderte bestimmt hatten, fielen in Bedeutungslosigkeit zurück, waren kaum noch ein Schatten ihrer selbst. Dafür gab es mehrere Ursachen: Schreckliche Katastrophen wie Hungersnöte, Dürren und Pestepidemien lösten Bürgerkriege, Armut und Verelendung aus. Zudem führte das Auftauchen der Europäer an den Küsten Westafrikas zu völlig neuen Handelsstrukturen und dem Zusammenbruch des Trans-Sahara-Handels. Ehe sich die Völker im Inneren Afrikas von diesen Umwälzungen erholen konnten, setzte mit dem organisierten Sklavenhandel ein verheerender, jahrhundertelanger Aderlass ein.

Europäer erreichen die westafrikanische Küste

Portugiesische Seefahrer erreichen Mitte des 15. Jh. den Gambia River

Die erste Begegnung mit den Weißen verdankte Westafrika dem portugiesischen König Heinrich dem Seefahrer (1393–1460), der seine Schiffe auf die Suche nach einer Ostpassage nach Indien ausschickte. Kapitän Tristão berichtete 1447 erstmals vom Gambia River und 1455 lenkten der Venezianer Luiz de Cadamosto und der Genuese Usi di Mare im Auftrag Heinrichs ihre Schiffe in die breite Flussmündung. Heftiger Widerstand der Eingeborenen ließ sie bald wieder umkehren, doch bereits im darauffolgenden Jahr kehrte Cadamosto an den Gambia zurück. Diesmal segelte er bis zum Mandingo-Königreich Baddibu, wo er einen Freundschaftsvertrag mit dem König Mansa Batti abschloss. Auf dem Rückweg begegnete er Mansa Nomi, König von Niumi, dessen Reich sich am Nordufer des Gambia vom Atlantik bis Baddibu erstreckte. Mansa Nomi zeigte sich vom Christentum tief beeindruckt und bat den portugiesischen König schriftlich um die Sendung eines Priesters. Zwei Jahre später kam Diego Gomez dieser Bitte nach, als er mit drei Segelschiffen den Gambia landeinwärts bis Kantora erkundete. Inzwischen hatte der Niumi-König allerdings sein Interesse am Christentum wieder verloren. Diego Gomez gründete die ersten portugiesischen Stützpunkte in San Domingo, Bintang und Tukolor. Einige Siedler und Händler ließen sich dort nieder, führten den Mais- und Erdnussanbau ein und begannen einen zögerlichen Sklavenhandel (zehn Sklaven für ein Pferd). Die meisten von ihnen heirateten Afrikanerinnen, und ihre europäische Kultur wurde weitgehend absorbiert.

Sklaven für Amerikas Plantagen

Mit der Entdeckung Amerikas setzte schlagartig ein immenser Bedarf an Arbeitskräften für die neuen Überseeplantagen ein. Afrikanische Sklaven, bisher eher zur exotischen Ausschmückung portugiesischer Salons gehandelt, wurden augenblicklich zum gewinnträchtigsten Exportgut der westafrikanischen Handelskontore. Das Geschäft mit der menschlichen Ware versprach enorme Profite und zog die Aufmerksamkeit mehrerer aufstrebender europäischer Staaten an. Zwar ließen sich die Portugiesen durch drei päpstliche Bullen das alleinige Recht auf

Erste europäische Einflüsse — Geschichte

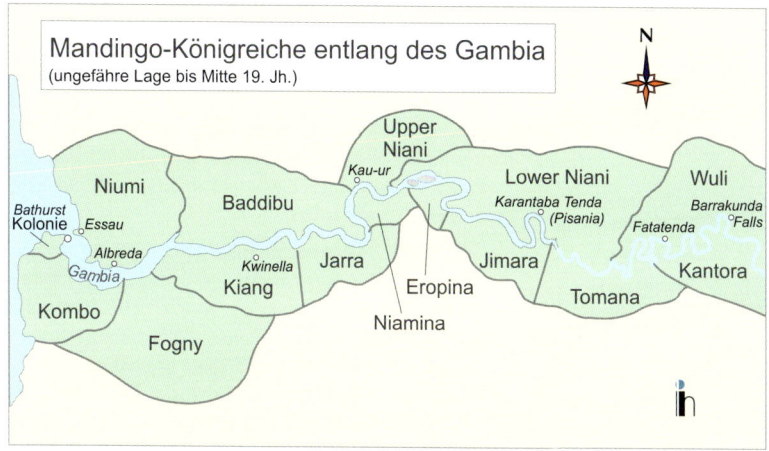

Oben: Die Mandingo-Königreiche am Gambia

Ausbeutung ihrer westafrikanischen Besitzungen bestätigen, doch drängten sich die neuen Seemächte Großbritannien und Holland in das lukrative Geschäft.

1588 verlor Portugal seine Handelsrechte an England, und die britische Königin vergab das Handelsprivileg an eine private Gesellschaft, die den Sklaven- und Elfenbeinhandel am Gambia übernahm. Eine erste, jedoch erfolglose britische Expedition wurde ausgerüstet, um am Gambia River, den man seinerzeit noch für den Niger hielt, flussaufwärts vorzustoßen und das sagenumwobene Timbuktu zu entdecken. Auch die zweite Timbuktu-Expedition, 1618 von George Thompson angeführt, entwickelte sich zum herben Misserfolg, als das Schiff von den Portugiesen versenkt und Thompson im Streit von einem Mannschaftsmitglied getötet wurde.

Die Briten verdrängen die Portugiesen und versuchen vergeblich, landeinwärts bis nach Timbuktu vorzustoßen

Mitte des 17. Jh. kam es sogar zu einem kurzen deutschen Intermezzo: Der deutsch-baltische Herzog Jakob von Kurland wollte sich ein Stückchen vom Kuchen abschneiden und eigenständig Sklavenhandel betreiben, und so schickte er 1651 zwei Schiffe an den Gambiafluss. Als Stützpunkt pachtete er von den Niuminka eine Flussinsel, die der Portugiese Cadamosto 1448 Isla de Andrea nach einem dort begrabenen Seemann benannt hatte. Doch schon bald war der Herzog pleite und verscherbelte die Insel 1659 an die Holländer. Die Niederländer befanden sich derzeit allerdings mit den Briten im Krieg, und so ging die Insel 1661 kurzerhand – als Kriegsbeute sozusagen und trotz heftiger Proteste – in britischen Besitz über. Sie wurde alsbald auf den Namen James Island umgetauft.

Auch ein deutscher Herzog sucht sein Glück im Sklavenhandel am Gambia

Geschichte — England und Frankreich kämpfen um die Vormacht

Die Engländer setzen sich am Gambia River fest

Einige Jahre später gründete die britische „Royal African Company" eine Niederlassung auf James Island und organisierte von hier aus den Menschen- und Warenhandel im kommerziellen Stil. Über ihre Handelskontore in Bintang, Juffure, James Island, MacCarthy Island, Barrakunda Falls und Banyan Point wurden zu jener Zeit alljährlich etwa 600 Sklaven sowie 15 Tonnen Bienenwachs und Elfenbein in die amerikanischen Kolonien und nach Europa exportiert.

Die Konkurrenz zwischen Franzosen und Briten spitzt sich zu

Seit Beginn des 17. Jh. versuchte mit Frankreich eine weitere europäische Großmacht, die bereits am Senegalfluss zahlreiche Niederlassungen hatte, auch am Gambia Fuß zu fassen. 1681 gelang ihr dies sogar in unmittelbarer Nähe zur britischen Niederlassung Juffure mit der Gründung der französischen Handelsniederlassung Albreda. Dieser Schritt war der Auftakt für jahrhundertelange Rivalität zwischen England und Frankreich, für ständige Scharmützel, Machtkämpfe und gegenseitige Überfälle. Abhängig von den Geschehnissen in Europa wechselte James Island dabei mehrmals seinen Besitzer, wurden Seegefechte ausgetragen, und es wurde vehement um die Vormachtstellung am Gambia gekämpft. Dabei vertraten die Repräsentanten Europas seinerzeit in Afrika ausschließlich wirtschaftliche Anliegen, ging es allen Beteiligten doch nur um die möglichst gewinnträchtige Ausbeutung von Rohstoffen. Allein der grausame Menschenhandel erhöhte sich am Gambia River bis 1730 auf rund 2000 Sklaven pro Jahr. Missionarischer Eifer oder naturwissenschaftliche Interessen waren damals dagegen weitgehend unbekannt und für die wirtschaftlichen und politischen Interessen der europäischen Mächte unbedeutend.

Großbritannien gründet die erste Kronkolonie Afrikas: Senegambia

1765 war Großbritannien gegenüber Frankreich so weit erstarkt, dass es Senegal und Gambia verwaltungstechnisch zusammenfügte und **Senegambia zur ersten britischen Kronkolonie in Afrika erklärte**. 14 Jahre später, England war inzwischen in den Unabhängigkeitskrieg seiner amerikanischen Kolonien verstrickt, eroberten die Franzosen ihre verlorenen Besitzungen in Senegal zurück und zerstörten Fort James bis auf die Grundmauern. Der Friede von Versailles im Jahr 1783 beendete den britischen Traum von einer Kronkolonie Senegambia endgültig, denn er teilte den Briten Gambia und den Franzosen Senegal einschließlich ihrer Niederlassung Albreda am Gambiafluss zu. In Großbritannien ging man jetzt sogar Überlegungen nach, aus Gambia eine Art Strafkolonie für kriminelles Gesindel zu kreieren, doch dann vergab die britische Krone die Handelsrechte doch wieder an eine private Gesellschaft.

Bilder rechts:
Historische Relikte im Museum in Banjul und eine Kanone in Albreda

In den nächsten Jahrzehnten steigerte sich endlich wieder das Interesse an den geografischen Gegebenheiten im Inneren Afrikas. Noch immer vertrat die Wissenschaft die Ansicht, der Gambia sei mit dem legendären, aber unentdeckten Niger identisch. Noch immer war kein Weißer je nach Timbuktu gelangt. 1790 reihte sich die Timbuktu-Expedition von Major Houghton in die Liste erfolgloser britischer Unternehmungen ein, als der unglückselige Forschungsreisende von den Mauren getötet wurde. Fünf Jahre später erreichte **Mungo Park** endlich als erster Europäer den Niger und konnte beweisen, dass der Niger nicht westlich zum Atlantik sondern nach Osten fließt. Doch bei seiner zweiten Expedition, die den Verlauf des Niger erkunden sollte, fand auch Mungo Park den Tod (siehe Essay auf S. 150).

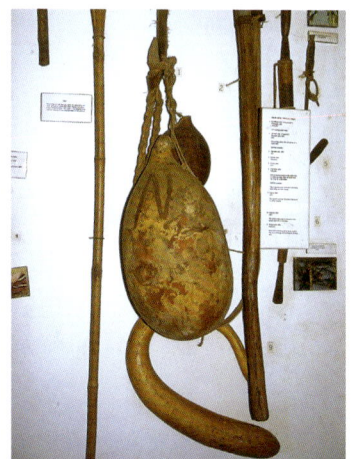

England schafft die Sklaverei ab und gründet Bathurst

1807 untersagte Großbritannien den Sklavenhandel in seinen Kolonien – nicht allein aus menschlicher Einsicht, sondern durchaus mit dem Kalkül, durch einen Feldzug gegen die Sklaverei seine Vormachtstellung in Afrika auszubauen. Um den Sklavenhandel anderer Nationen künftig zu unterbinden, benötigten die Briten einen strategischen Stützpunkt an der Mündung des Gambia. Kapitän Alexander Grant erwarb zu diesem Zweck 1816 die Sandbankinsel Banjulo von Tomany Bojang, dem König von Kombo. Eine stattliche Garnison und die kleine Siedlung Bathurst wurden errichtet und wenig später der Kolonialregierung von Sierra Leone unterstellt. Von Bathurst aus kaperten die Briten amerikanische, französische und holländische Schiffe, die den nun illegalen Sklavenhandel noch betrieben. Als Großbritannien 1834 alle Sklaven auf britischem Kolonialgebiet frei ließ, setzte eine anhaltende Einwanderungswelle befreiter Sklaven nach Bathurst ein.

Sklavenhandel und Sklaverei

Wenn es darum geht, die Gräuel des von den Europäern organisierten Sklavenhandels historisch zu ermessen und zu bewerten, wird von mancher Seite gerne angeführt, dass die Sklaverei auf dem afrikanischen Kontinent schon sehr lange praktiziert wurde, als sich die ersten Europäer im 15. Jh. an Afrikas Küsten festsetzten. Man habe damals also lediglich die bereits bestehenden Handelsformen übernommen.

Es ist sicherlich richtig, dass der Ursprung der Sklaverei viel früher zu suchen ist, als mit der Ankunft der Weißen in Afrika. Nicht uninteressant erscheint die Namensherkunft, denn 'Sklave' wird auf den Begriff 'Slawe' zurückgeführt (im Mittelalter waren die Slawen die Sklaven Europas). Wie lange es den Sklavenhandel in Afrika schon gab, lässt sich kaum ermitteln. Fest steht, dass schon Jahrhunderte vor Ankunft der ersten Europäer Sklaven nach Nordafrika verkauft wurden. Auch innerhalb der meisten schwarzafrikanischen Gemeinschaften war der Menschenhandel seit ungezählten Generationen tief verankert.

Die meisten Völker Westafrikas waren gesellschaftlich in einer Art Kastensystem eingebunden, und Sklaven galten als die unterste Kaste. Haussklaven waren zwar Leibeigene, genossen jedoch gewisse Bürger- und Besitzrechte und wurden fast als Familienmitglieder anerkannt. Auch wurden sie in der Regel nicht weiter verkauft oder gehandelt. Dafür kannte man die Gruppe der Handelssklaven, die sich aus kriminell gewordenen Haussklaven und aus Kriegsgefangenen zusammensetzte. Es ist also durchaus wahr, dass die Europäer bestehende Handelsstrukturen aufgriffen, doch dann pervertierten sie diese zu einem gewaltigen, menschenverachtenden Unternehmen.

Zuerst brachten die Portugiesen exotische Sklaven in die eleganten Salons ihrer Heimat. Um 1550 war jeder zehnte Einwohner Lissabons ein Sklave. Doch so richtig ins Geschäft kamen die Sklavenhändler, als mit der Entdeckung Amerikas Arbeiter für die Überseeplantagen gebraucht wurden. Nachdem die einheimischen Indianer unter der Zwangsarbeit dahinsiechten und starben, begann man damit, kräftige junge Afrikaner in die neuen Besitzungen zu verfrachten. Im Nu beteiligten sich auch Spanien, Holland, Frankreich und England an dem aufblühenden Geschäftszweig. Es entwickelte sich ein äußerst lukrativer Dreieckshandel: Mit den Passatwinden kamen die Handelsschiffe von Europa nach Westafrika, voll beladen mit wertlosem Glasschmuck, gepanschtem Alkohol und ausrangierten Waffen, die gegen das „Schwarze Elfenbein" eingetauscht wurden. Die Schiffe gingen in den einsamen Handelsniederlassungen vor Anker, wo bereits hunderte aus dem Landesinneren zusammengetriebene Sklaven in Kellerverliesen auf ihren Abtransport warteten. Mit dem Tand aus Europa bezahlten sie die afrikanischen Sklavenhändler. Dann wurden die Schiffe berstend voll beladen mit unglückseligen im Schiffsbauch angeketteten Menschen sowie mit Elfenbein, Gold und Tierfellen. So ging es zu den neuen Kolonien Amerikas. Dort wurde umgeladen. Die menschliche Ware, oder was davon noch lebte (die Verluste lagen bei 30–50 %), wurde meistbietend

Oben: Verfallenes Fort und Sklavenverliese auf James Island

verkauft. Mit neuen Waren aus den Überseekolonien beladen wie Zucker, Tabak und Rum traten die Schiffe danach den Rückweg nach Europa an – ein höchst gewinnträchtiges Geschäft.

Zwischen dem 15. und 18. Jh. nahm der Sklavenhandel ständig zu. Doch dann setzte erste Kritik in England ein, und als Großbritannien im amerikanischen Unabhängigkeitskampf seine Kolonien verlor, bestand für die Großmacht schlagartig auch gar kein Bedarf mehr an Sklaven. Statt dessen setzte in der Heimat die Industrialisierung ein. England brauchte plötzlich Rohstoffe aus Afrika und suchte weltweit Abnehmer für seine Industrieprodukte – die Afrikaner wurden mit einem Mal viel dringender in ihren Heimatländern benötigt.

Dies machte es Großbritannien leicht, sich vom Sklavenhandel abzuwenden. 1772 verbot England die Sklaverei auf seinem Staatsgebiet, 1807 untersagten die Briten den Sklavenhandel in ihren Kolonien, 1834 begann England mit der Rückführung der befreiten Sklaven. 1848 beendete auch Frankreich den Sklavenhandel, und zu Beginn des 20. Jh. gehörte die grausame Geschichte des organisierten Sklavenhandels endgültig der Vergangenheit an.

Wie viele Menschenleben der jahrhundertelang andauernde Aderlass gekostet hat, kann bis heute niemand klären. Vorsichtige Schätzungen gehen von mind. 17 Millionen verschleppten Menschen aus. Da nur ein Teil der Sklaven seinen Bestimmungsort erreichte, während Unzählige auf dem langen Marsch zur Küste und der Überfahrt starben, liegt die Anzahl der Opfer eher bei 60 Millionen Afrikanern. Manche Historiker sprechen sogar von 100 Millionen Menschenopfern.

Der Barra-Krieg

Bis in das beginnende 19. Jh. war das Verhältnis zwischen England und dem Königreich Niumi, das sich am Nordufer des Gambia vom Atlantik bis weit über Juffure hinaus erstreckte, stets ausgezeichnet gewesen. Die Niuminka pflegten als traditionelle Sklavenhändler und Mittelsmänner besonders gute Handelsbeziehungen zu den britischen Käufern und verdienten außerdem durch Zölle am internationalen Handel. Mit der Abschaffung des Sklavenhandels wurden die Niuminka allerdings ihrer besten Einnahmequelle beraubt, und die bisherigen Geschäftspartner gerieten rasch in Gegnerschaft. Als die Briten am Südufer Bathurst gründeten, verloren die Niuminka zugunsten der Kombo noch einmal mehr an Einfluss. Dann setzten die Briten eigenmächtig die vereinbarten Zölle für die Handelsschiffe herab. 1826 schlossen beide Parteien noch den Ein-Meilen-Vertrag, der den Engländern freien Handel entlang der Wasserwege gewährte. Dieser Vertrag führte auch zur Gründung von Fort Bullen in Barra. Die Hauptstadt der Niuminka, Essau, wurde fortan von der neuen britischen Festungsanlage überragt. Unruhe und Misstrauen brachen aus, die Niuminka fühlten sich verraten und mehrfach hintergangen. Nun reichte ein kleiner Zwischenfall, um das Fass zum Überlaufen zu bringen. Im August 1831 verlangten zwei betrunkene Niuminka vom Barmann der britischen Barrasiedlung den Ausschank von Rum. Als dies verweigert wurde, schossen sie verärgert in die Luft. Sofort wurde in Fort Bullen Alarm geschlagen. In Bathurst hörte man die Alarmglocke und setzte augenblicklich zur Rettung der Kameraden nach Barra über. Ehe irgend jemand den Sachverhalt überhaupt klären konnte, war der Barra-Krieg auch schon ausgebrochen.

Zunächst erlitten die Engländer schwere Niederlagen und mussten Fort Bullen aufgeben. Man rief die Landsleute in Sierra Leone und die Franzosen in Gorée (Senegal) zu Hilfe, und als die Verstärkung eintraf, wurden die Niuminka diesmal erfolgreich angegriffen und Barra wieder eingenommen. Im November 1831 endete der Krieg nach nur vier Monaten mit der bedingungslosen Kapitulation der Niuminka. Großbritannien hatte seine Stärke demonstriert und seine Vorherrschaft im Mündungsgebiet des Gambia deutlich ausgebaut. Flussaufwärts im Landesinneren sah die Sache anders aus. Zwar gab es einige britische Stützpunkte und Niederlassungen, doch stritten sich hier Mandingo-Königreiche, Wolofstaaten und Fulbe um die Macht. Und wenig später versank die ganze Region in einem verheerenden Glaubenskrieg.

Die Zeit der Marabut-Religionskriege

Marabuts nannten sich die islamischen Hofberater, Prediger oder Sekretäre, die seit dem 15. Jh. an fast allen Königshöfen Westafrikas lebten. Als Anerkennung für ihre Dienste durften Marabuts eigene Dörfer gründen. Im Laufe der Jahrhunderte wuchsen diese Dörfer zu religiösen Gemeinschaften heran, in denen Koranschulen das islamische Gesetz lehrten. Bis zu Beginn des 19. Jh. existierte ein sehr friedliches und tolerantes Nebeneinander von streng islamischen und den vielen anderen religiösen Gemeinschaften. Die Marabuts waren bis dato liberal und freizügig; sie erlaubten ihren Glaubensbrüdern sogar, nebenher animistische Traditionen und Rituale zu pflegen.

Die lange Tradition der Marabuts

Eine Änderung trat zuerst bei den Fulbe auf, die sich schon seit langem von den dominierenden Mandingo diskriminiert fühlten. Fanatische religiöse Reformer riefen die islamisch geprägten Fulbe zum Widerstand gegen die Unterdrückung durch die „Ungläubigen". Militante Bruderschaften erhoben jetzt die Glaubensfrage zum Maß aller Dinge. Innerhalb kürzester Zeit verhärteten sich im multi-ethnischen Landesinneren die Fronten, und die Gegnerschaft spaltete die Volksgruppen in ein gemäßigtes Lager der „Soninke" (Ungläubig") und ein fundamentalistisches Lager der Marabuts.

Erste Anzeichen von religiösem Fanatismus

Erste Unruhen brachen 1842 in Wuli aus. Den totalen Bürgerkrieg am Nordufer des Gambia löste allerdings der fanatische Führer Ma Bah aus, der 1861 die Dörfer Baddibus niederbrannte und den heiligen Krieg ausrief. Die Revolte griff rasch auf Barra über und löste eine große Flüchtlingswelle aus. Viele dieser Flüchtlinge wurden von den Briten in einem kleinen Dorf namens Serekunda angesiedelt. Die Religionskämpfer glaubten an eine heilige Mission. Grausam und siegreich fegten sie über die ganze Region hinweg. Es galt, alle Ungläubigen, ob Animisten oder weniger streng gläubige Muslime, zu vernichten. Frauen und Kinder wurden versklavt, den Männern der sofortige Tod oder die Unterwerfung zur Wahl gestellt. Die Mandingoherrschaft wurde brutal zerstört. Schutzsuchende Völker boten den Briten lukrative Verträge an, um nicht unter Marabut-Herrschaft zu geraten. Als Ma Bah nach sechsjähriger Gewaltherrschaft in einer Schlacht in Sine starb, hinterließ er ein völlig unstrukturiertes Reich, das nur durch den Glaubenskrieg zusammengehalten wurde. Um seine Nachfolge brach Rivalität unter den führenden Marabuts aus. Sie trennten sich und führten unabhängig voneinander ihre Feldzüge gegen die Soninke fort.

Die Religionskriege brechen aus,

und überziehen bald die gesamte Region

Am Ende liegt das Land in Trümmern

Geschichte — Die Religionskriege und das französische Angebot

Der Krieg weitet sich bis an die Grenzen der kleinen britischen Kolonie aus

In den 1870er Jahren breitete sich der Krieg ans Südufer aus. Fode Silla, ein einfacher Jüngling aus Gunjar, und Fode Kaba, ein gebildeter Häuptlingssohn aus Kiang, fielen über das Volk der Diola her, die als einfache Bauern und Fischer ihrem Naturglauben eng verbunden waren und den Islam mit allen Konsequenzen ablehnten. Tausende wurden getötet oder versklavt. Die Briten hatten dem verheerenden Treiben bislang zwar mit Unbehagen aber tatenlos zugesehen, weil sie sich nicht in den Krieg verwickeln lassen wollten. Sie sahen sich jedoch bald genötigt einzugreifen, denn vor den Haustüren ihrer kleinen Kolonie tobte in Kombo bereits der Krieg. Die Verluste der Diola, die die Briten als fleißige Arbeiter schätzten, waren verheerend. Doch alle Vermittlungsversuche fruchteten erst, als Kombos König Tomany Bojang kapitulierte und zum Islam konvertierte.

Die Franzosen wollen einen Kolonien-Tausch

Während dieser Phase, als Senegambia einem Schlachtfeld glich und sich der europäische Einfluss noch weitgehend auf die Küste beschränkte, trat Frankreich an Großbritannien mit dem Vorschlag heran, aufgrund gegenseitiger Handelsinteressen Kolonien zu tauschen. Im Klartext wollte Frankreich die britischen Gebiete am Gambia und bot dafür seine französischen Besitzungen südlich von Sierra Leone an. Bei der

und stoßen auf unerwartet heftigen Widerstand

Londoner Regierung fand der Vorschlag Zustimmung; nicht zuletzt, weil es durch die Marabutkriege in Gambia allmählich etwas ungemütlich wurde. Aber bei der britischen Bevölkerung, insbesondere bei den Händlern in Bathurst, brach Widerstand aus. Frankreich weitete sein Angebot daraufhin aus, stellte die Elfenbeinküste und Gabun zur Disposition. Nüchtern betrachtet war dieses Angebot kaum auszuschlagen. Schon zog die britische Regierung mitten in den Wirren des Glaubenskrieges einen Teil seiner Truppe ab. Doch die Menschen am Gambia gingen in offene Opposition. Britische Händler und Siedler or-

Die Menschen am Gambia River wehren sich gegen eine französische Verwaltung

ganisierten sich und forderten Entschädigung für den Fall einer Übergabe an Frankreich. Die befreiten Sklaven erklärten ihre Weigerung, unter französischem Recht zu leben und verlangten, deportiert zu werden. Die Marabuts hielten kurz mit der Verfolgungsjagd inne und sprachen sich vehement gegen eine französische Übernahme aus, weil sie wussten, dass die Franzosen sich sofort in ihre Kriegsangelegenheiten einmischen würden. In geradezu erstaunlicher Weise waren sich alle Volksgruppen am Gambia einig. Die Verhandlungen mit den Franzosen verzögerten sich und wurden schließlich 1876 von der britischen Regierung abgebrochen.

Nachdem die Besitzfrage entschieden war, begannen sich die Briten stärker für das Hinterland zu interessieren. Noch reichlich

Gambia wird endgültig britisch — Geschichte

erfolglos forderten sie die Marabuts zum Waffenstillstand auf. 1888 wurde der britische Siedlungsstreifen an der Atlantikküste zur Kronkolonie erhoben und die Verwaltung von Sierra Leone endgültig in die neue Hauptstadt Bathurst verlegt. Im Jahr danach begannen britisch-französische Grenzverhandlungen, wobei die beiden Kolonialmächte Senegambia großzügig unter sich aufteilten – ohne Rücksicht darauf zu nehmen, dass sie diese Gebiete noch keinesfalls "erobert" hatten. Die Briten vergrößerten ihr Gebiet auf diese Weise um das 60-fache. Ihnen wurde der Gambiaflusslauf mit beidseitigen Ländereien in Reichweite eines Kanonenschusses bis über MacCarthy Island hinaus zugesprochen. Jenseits davon lag das noch unabhängige Fulbe-Königreich Fulado. Die Casamance wurde im selben Jahr von Portugal an Frankreich übergeben, woraufhin Gambia fortan als kleine Enklave von der französischen Kolonie umschlossen wurde.

Frankreich und Großbritannien teilen Senegambia unter sich auf

Nachdem die beiden europäischen Mächte das Land unter sich aufgeteilt hatten, gingen sie daran, die neue Ordnung vor Ort durchzusetzen. 1894 wurde der Marabut Fode Silla in der Casamance gefasst. Fode Kaba herrschte aber noch immer im Landesinneren. Als bei einem Vermittlungsversuch im Jahr 1900 zwei britische Bevollmächtigte in Sankandi ermordet wurden, rüsteten die Briten zum Gegenschlag. Sankandi wurde dem Erdboden gleich gemacht, Fode Kaba verfolgt und 1901 getötet. Damit waren die Glaubenskriege beendet, und nach Friedensverhandlungen mit Musa Molloh, dem König von Fuladu, wurde auch diese letzte unabhängige Region in das britische Protektorat eingegliedert.

Die Briten rüsten endgültig zum Schlag gegen die Marabuts

Bild oben: Fort James, Über Jahrhunderte der umkämpfte Spielball der Geschichte und heute nur mehr Ruinen

Geschichte — Kolonialzeit und politisches Erwachen

Die Kolonialzeit

Eine Kronkolonie und ein Protektorat mit getrennter Verwaltung

Die Kronkolonie Bathurst behielt ihren Status von 1888 und unterstand weiterhin direkt der britischen Regierung. Die 1889 neu erworbenen Gebiete im Landesinneren wurden dagegen zum Protektorat ernannt und in fünf Provinzen unterteilt. Das System der *Indirect Rule* gewährte den Völkern eine starke Eigenverwaltung. Dafür waren die Menschen im Protektorat keine britischen Bürger, sondern nur Untertanen.

Die beiden Kolonialmächte bestimmen die weitere Entwicklung im Raum Senegambia

Mit der britisch-französischen Aufteilung in Kolonien endete die bisherige gemeinsame Entwicklung im Raum Senegambia. Jahrhundertelang waren Geschichte, Handel, Sprachen und Kultur von den gemeinsamen Vorfahren bzw. Völkerwanderungen bestimmt worden. Doch plötzlich grub sich **„British West Africa"** wie ein krummer Blinddarm in den französischen Senegal. Fortan orientierte sich das kleine Land nicht mehr an seinen natürlichen Nachbarn, sondern an anderen britischen Kolonien wie Nigeria, Sierra Leone und der Goldküste. Politisch und ökonomisch sollte Gambia eine völlig andere Entwicklung als die benachbarte französische Kolonie erfahren.

Entwicklung im 20. Jh.

Während der nächsten Jahrzehnte versuchte Großbritannien, mit möglichst geringen Kosten im Protektorat Frieden zu schaffen, und förderte den Export von Gummi, Erdnüssen und Baumwolle. Erst nach dem 2. Weltkrieg, bei dem Gambier an der Seite Großbritanniens in Burma kämpften, investierte die Kolonialmacht in die ökonomische Entwicklung und den Ausbau der Infrastruktur. Straßen wurden asphaltiert, die Wasserversorgung verbessert, eine Hochschule eingerichtet. Um sich von der Monokultur zu lösen, startete man ein Reisprojekt und eine Hühnerfarm bei Yundum, doch beide Unternehmen erlitten Schiffbruch. Selbst den Bergbau bei Brufut gab man schon nach wenigen Jahren wieder auf. Die Misserfolge hielten künftig alle Investoren fern, und Gambia blieb vollkommen vom Erdnussexport abhängig.

Politisches Erwachen unter den Afrikanern nach dem 2. Weltkrieg

Politisch wurde mehr zuwege gebracht. Seit 1951 konnten Vertreter des Protektorats in das Parlament gewählt werden, außerdem wurden drei Afrikanern Ministerfunktionen zugesprochen. Gleichzeitig entwickelten sich aus dem erstarkenden politischen Bewusstsein erste afrikanische Parteien: Die *Democratic Party* unter Rev. Faye, der *Muslim Congress* unter Garba Jahumpa und die *United Party* unter der Führung von P. S. Njie. 1959 gründete der 35-jährige Tierarzt Dawda Kairaba Jawara, Sohn eines Mandingo-Händlers aus Barajally, die überwiegend von Mandingo unterstützte *Protectorate Peoples Party*, die sich später in *Peoples Progressive Party* (PPP) umbenannte.

Der Weg in die Unabhängigkeit — Geschichte

Die afrikanische Unabhängigkeitswelle machte auch vor Gambia nicht Halt, und so steuerte die Kolonialpolitik ab 1960 auf den Übergang zur Unabhängigkeit des Landes zu. Weil niemand dem winzigen Staat eine reelle Überlebenschance einräumte, wurde eine Fusion mit Senegal erwogen und wegen des gambischen Widerstands wieder verworfen. 1960 wurden Kolonie und Protektorat zusammengeschlossen und eine erste Volksabstimmung eingeleitet, bei der Jawaras PPP deutlich siegte. Die nachfolgende Londoner Konferenz legte nun das Datum der Unabhängigkeit fest. 1962 wurde Dawda Jawara durch einen zweiten Wahlsieg zum Premierminister ernannt, und 1963 erhielt Gambia teilweise innere Autonomie. Nur die Polizei, Sicherheits- und Außenpolitik blieben in den Händen des Gouverneurs. Die volle Unabhängigkeit als konstitutionelle Monarchie mit Jawara als Staatsoberhaupt erlangte Gambia am 18.02.1965.

Ein friedlicher und besonnener Übergang in die Unabhängigkeit wird vorbereitet

Die Unabhängigkeit

Friedlich aber ohne rosige Zukunftsaussichten für seine wirtschaftliche Entwicklung war das Land als die letzte britische Kolonie Afrikas unabhängig geworden. Dawda Kairaba Jawara verzichtete zunächst auf eine kostspielige Berufsarmee. 1966 wurde er bei den Maiwahlen mit einer Zweidrittelmehrheit im Amt bestätigt. Ein Jahr später schloss er mit dem unabhängigen Senegal einen Assoziationsvertrag und richtete ein senegalesisch-gambisches Sekretariat ein. Mit der Volksabstimmung von 1970 ging die konstitutionelle Monarchie in eine unabhängige Republik im britischen Commonwealth über, und Dawda Kairaba Jawara wurde zum Präsidenten ernannt.

Unter der Führung von Dawda Kairaba Jawara wird das Land unabhängig

Das Land galt als demokratisch und stabil, blieb aber sehr arm. 1975 entstand die Oppositionspartei *National Convention Party* (NCP), doch Jawara wurde bei allen in fünfjährigem Zyklus stattfindenden Wahlen bestätigt. Im Jahr 1980 versuchten linksradikale Gruppierungen die Macht an sich zu reißen. Jawara verbot daraufhin zwei marxistische Parteien und inhaftierte deren Anführer. Ein Jahr später kam es trotzdem zum Putsch. Während Jawara in London weilte, übernahmen Linksradikale die Macht, besetzten Radiosender und nahmen Geiseln. Viele Bürger unterstützten die Putschisten, weil sie Jawaras Partei Korruption und Tribalismus vorwarfen. Nach fünf Tagen kehrte der Präsident mit einer senegalesischen Spezialeinheit zurück, die ihm der Nachbarstaat aufgrund eines Beistandspaktes bereitstellte. Nach kurzen Kämpfen war der Aufstand niedergeschlagen. Jawara begann daraufhin mit Verhandlungen über einen Zusammenschluss mit dem Senegal.

Innenpolitische Krise und der erste Putsch 1981

Geschichte — Es kommt zum Militärputsch

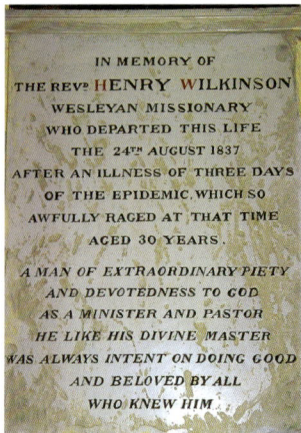

Oben: Wandtafel in der Wesley Church in Banjul

Am 01.02.1982 schlossen sich Senegal und Gambia zur **Konföderation Senegambia** zusammen. Senegal stellte mit A. Diouf den Präsident, Gambia mit Dawda Jawara den Vizepräsident, und das Parlament tagte abwechselnd in Dakar und Banjul. Die Konföderation betrieb fortan eine gemeinsame Außen-, Verteidigungs- und Wirtschaftspolitik. In allen inneren Angelegenheiten behielten beide Staaten ihre Eigenständigkeit. 1983 wurde nun doch eine gambische Armee eingerichtet. Die gemeinsame Politik fiel Senegal und Gambia allerdings schwerer, als sie vorausgesehen hatten. In wirtschaftlichen Belangen gab es große Differenzen; auch beim Ausbau der Infrastruktur konnten sich die Länder nicht einigen. Senegal verlangte z. B. den Bau einer Brücke über den Gambia, während Jawara einen Staudamm forderte. Nach langen fruchtlosen Streitereien kündigte Senegal schließlich die Föderation 1989 mit dem Vorwurf der "Geldverschwendung" auf.

Auch in der Bevölkerung wuchs die Unzufriedenheit mit Jawaras Politik. Unter dem Druck der Öffentlichkeit wurde 1994 eine Kommission zur Prüfung der zügellosen Korruptionsvorwürfe einberufen. Doch da war es bereits zu spät, denn am 22.07.1994 kam es zum Militärputsch.

Putsch und die zweite Republik

Das Ende der ungeliebten Föderation Senegambia

Unter der Führung des 29-jährigen Leutnants **Yaya Jammeh** übernahm die AFPRC (*Armed Forces Provisional Ruling Council*) in einer unblutigen Militäraktion im Juli 1994 die Macht. Jawara floh nach London und ging später ins senegalesische Exil. Der als Befreier gefeierte Jammeh verbot alle politischen Parteien, setzte die Verfassung außer Kraft und ernannte sich selbst zum Staatschef. Daraufhin froren USA und EU ihre Finanzhilfen ein, stuften Gambia als Krisengebiet ein, und Großbritannien evakuierte alle britischen Touristen. Es folgten Verhaftungen von Oppositionellen. Der internationale Druck nötigte die Militärregierung schließlich zu Reformen. Jammeh trat 1996 aus der Armee aus und wandelte seine Partei zur *Alliance for Patriotic Reorganisation and Construction* (APRC) um. Er kündigte freie Wahlen, die Rückkehr zur Demokratie und eine neue Verfassung an. Bei den Präsidentschaftswahlen von 1996 wurden auch oppositionelle Parteien zugelassen, doch Jammeh erlangte 56 % der Stimmen und wurde erster Präsident der "Zweiten Demokratischen Republik of The Gambia".

Bilder rechts: Unruhen zum Ende der Kolonialzeit; Der Triumphbogen Arch 22 in Banjul erinnert an den Putsch vom 22. Juli 1994; Ein Wahlplakat von Ex-Präsident Jammeh

Tatsächlich waren die folgenden Jahre von wirtschaftlichem Aufschwung und Stabilisierung geprägt, wodurch sich der Tourismus erholte. Erste Schatten im System Jammehs zeigten 2000 die schweren Studentenunruhen gegen die Polizeiwillkür, die mehrere Menschenleben kosteten. Seit dieser Zeit wurden die Militärpatrouillen und Polizei-Checkpoints verstärkt. Die Regierung unterhöhlte alle Demokratieansätze, auch durch starke Einschränkungen der Pressefreiheit. Dennoch wurde der Autokrat Jammeh auch bei allen weiteren Wahlen offiziell im Amt bestätigt. Erst die Präsidentschaftswahlen 2016 brachten die Wende, als sich überraschend der 51-jährige Kandidat einer Koalition von sieben Oppositionsparteien, der Unternehmer **Adama Barrow** von der United Democratic Party (UDP), durchsetzte. Danach folgte ein Politkrimi: Jammeh gratulierte dem Wahlsieger zunächst, nur um dies wenige Tage später zu revidieren. Die internationale Gemeinschaft unter Führung der ECOWAS forderte Jammeh vergeblich zum Rücktritt auf. An seinem letzten Amtstag im Januar 2017 marschierten senegalesische Truppen in Gambia ein, während in Dakar der Wahlsieger als neuer Präsident Gambias vereidigt wurde. Es gelang, die brenzlige Situation zu entschärfen. Jammeh ging einen Tag später ins Exil, und Barrow, Moslem aus Basse Santa Su im Osten des Landes, trat als gefeierter Held am 18.02.2017 sein Amt an.

Die Situation heute

Die Begeisterung für den Hoffnungsträger im Amt hat nachgelassen, weil sich ökonomisch wenig gebessert hat, vor allem aber, weil der Präsident nicht wie versprochen nach drei Jahren im Dezember 2019 Neuwahlen abhielt, sondern die volle Amtszeit weiterregieren will. Zugleich gründete er mit der National People's Party (NPP) seine eigene Partei. Seither nehmen Proteste vor allem jugendlicher Demonstranten zu, und die innenpolitische Lage wirkt zunehmend angespannt und instabil.

Gesellschaft — Die Menschen in Gambia

Kultur und Gesellschaft

Bevölkerungsgruppen

Hohes Bevölkerungswachstum und eine sehr jugendliche Altersstruktur

In Gambia, das nur halb so groß wie das Bundesland Hessen ist, leben derzeit etwa 2,1 Mio. Menschen (genauere aktuelle Angaben liegen nicht vor). Pro km² entspricht das ungefähr 197 Einwohnern, womit der kleine Staat zu den dichtest besiedelten Ländern in Afrika zählt. Das hohe Bevölkerungswachstum von rund 2,11 % pro Jahr stellt daher ein dauerhaftes Problem dar. Doch alle Projekte für eine moderne Familienplanung scheiterten bisher an den Traditionen und der Religion.

Die meisten Gambier leben an der Küste

Dabei ist die **Bevölkerungsdichte** sehr unausgewogen. Jeder vierte Gambier lebt heute in Serekunda, Banjul und Umgebung. Flussaufwärts nimmt die Bevölkerungsdichte deutlich ab. Sie ist in der Division Lower River wegen fehlender Ballungszentren mit nur mehr 35 Einwohnern pro km² am niedrigsten.

Trotz der wirtschaftlichen Ausrichtung als Agrarstaat hat die Landflucht in den letzten Jahrzehnten deutlich zugenommen. Die größten Zuwächse verzeichnen Serekunda und die Küstenregion südlich von Banjul, wo vor allem durch den Tourismus tausende Arbeitsplätze entstanden sind und das meiste Geld das Landes sitzt.

Gambia hat einen leichten Frauenüberschuss. Durchaus typisch für Afrika ist Gambias **Altersstruktur**, nämlich sein hoher Anteil an Kindern und Jugendlichen. Jeder dritte Gambier ist ein Kind unter zehn Jahren. Insgesamt sind 37 % der Einwohner unter 15 Jahre alt und nur 3,6 % älter als 64 Jahre. Die durchschnittliche Lebenserwartung beträgt für Männer knapp 63 Jahre und für Frauen etwa 68 Jahre.

Das wurmförmige Land ist ein klassischer Vielvölkerstaat

Ethnisch setzt sich die Bevölkerung aus einer Vielzahl unterschiedlicher, teilweise miteinander verwandter Volksgruppen zusammen. Dabei dominieren drei ethnische Gruppen: Die **Mandingo** bilden mit rund 42 % die stärkste Gemeinschaft in Gambia, gefolgt von den **Fulbe** (18 %) und **Wolof** (16 %). Je 9–10 % der Bevölkerung stellen die Diola und die Serahuli. Der Rest sind Serer, Tukolor, Aku, Mulatten, Bainunka, Bambara, Europäer – überwiegend Briten im Raum Banjul – und Libanesen, die eine wichtige Schlüsselposition im Handel, Verkehrswesen und der Gastronomie wahrnehmen. Außerdem gibt es kaum nennenswerte Bevölkerungsanteile von Senegalesen, Mauretaniern, Ghanaern und Guineern im Land.

Ein Vielvölkerstaat — Gesellschaft

Mandingo

Als größte ethnische Gemeinschaft prägen die Mandingo (auch Malinke, Mande, Mandinka) das kulturelle Leben in Gambia am stärksten. Sie entwickelten die Musikinstrumente Kora und Balafon, und auch die Griots, die Sänger und Geschichtenerzähler, entsprangen ihrer Kultur.

Stärkste Volksgruppe Gambias sind die ausdrucksstarken Mandingo

Die Mandingo sind in ganz Westafrika weit verbreitet. Sie blicken auf eine beachtliche Geschichte zurück, denn als Besitzer der legendären Goldvorkommen im Quellgebiet des Niger gelangten sie frühzeitig zu Macht und Einfluss. Im 13. Jh. gründeten sie das Mali-Imperium und kontrollierten den Trans-Sahara-Handel. Später, als das Malireich versunken war, aber die Mandingo-Dynastien entlang des Gambia als unabhängige Staaten überlebten, profitierten sie vom Handel mit den Europäern. Zwar waren ihre Königreiche Niumi, Baddibu, Kombo, Kiang, Kantora etc. dem Mandingo-Großreich Kaabu im heutigen Südsenegal verpflichtet, doch behielten sie ihre Autonomie bis zum Ausbruch der Religionskriege. Für die Briten waren die Mandingo die wichtigsten Mittelsmänner im Sklavenhandel.

Der Vater des neuen Präsidenten Barrow gehört den Mandingo an, seine Mutter den Fulbe

Traditionell kannten sie ein Vier-Kasten-System. Der König, Mansa genannt, wurde durch einen Ältestenrat beraten, dem er sich im Zweifelsfalle unterordnen musste. Dadurch war seine persönliche Macht weniger unantastbar als bei den Herrschern anderer Volksgruppen.

Im Gambia sind Mandingo heute überall anzutreffen, besonders unter den Händlern und Handwerkern. Jeder vierte Bürger von Banjul gehört den Mandingo an.

Fulbe

Über die Herkunft der Fulbe (auch Fullah, Fulani oder Peul genannt) gibt es nur Vermutungen. Möglicherweise sind sie die Nachfahren von Berbervölkern, die aus der Sahara in die fruchtbare Region Senegambia wanderten und dort ihre Lebensweise und Sprache allmählich umstellten. Wahrscheinlicher ist jedoch, dass sie einer Vermischung von Berbern und sesshaften Wolof oder Serern aus dem Gambiatal entstammen. Im Laufe der Zeit unterteilten sich die Fulbe in mehrere Untergruppen, von denen einige, es heißt besonders die Hellhäutigeren, der nomadischen Lebensweise als Rinderzüchter treu blieben. Der stärker negroid geprägte Anteil der Fulbe entwickelte sich eher zu sesshaften Landwirten. Als gesichert gilt, dass sie spätestens seit dem 7. Jh. am Gambia River leben. Die Fulbe gehörten auch zu den ersten Gemeinschaften, die den Islam bereitwillig annahmen. Lange Zeit lebten sie in kleinen Gruppen

Hellhäutige Viehzüchter mit starkem Freiheitsdrang

Gesellschaft — Fulbe und Wolof

Die Fulbe üben den Spagat zwischen traditioneller und moderner Lebensweise

unter dem Schutz der Mandingo, litten aber auch unter deren Dominanz. Die Mandingo schätzten die Fulbe zwar als ausgezeichnete Rinderhüter, betrachteten sich ansonsten aber als überlegen. Im beginnenden 19. Jh. stellten die Fulbe die stärkste Bevölkerungsgruppe am Gambia River und gründeten eigene Fürstentümer, sog. Imamate, unter der unangefochtenen religiösen und weltlichen Führung eines Imam. In den 1840er Jahren brachten fanatische Reformer und religiöse Eiferer in diesen Imamaten die **Religionskriege** zum Ausbruch, und die Fulbe-Armee von Futa Dschalon vernichtete schließlich das Mandingo-Reich Kaabu (siehe „Geschichte"). Um das Jahr 1875 gründete Musa Molloh am Oberlauf des Gambia den Fulbestaat **Fuladu**, der am längsten von allen Kleinstaaten am Gambia unabhängig blieb. Musa Molloh spielte die Engländer und Franzosen jahrelang geschickt gegeneinander aus. Erst 1902 verlor Fuladu seine Unabhängigkeit und wurde in das britische Protektorat integriert (Upper River Division).

Info Noch heute leben die Fulbe überwiegend als Viehzüchter in kleinen Dorfgemeinschaften im Landeszentrum bei Georgetown und am Oberlauf des Gambia

Wolof

Stolzes Volk mit langer militärischer Geschichte

Man sagt, die Wolof (auch Jollof, Djollof) seien Nachkommen von Arabern, die sich mit Angehörigen des Malireiches vermischten. Erst seit dem 14. Jh. traten sie als ethnische Gruppe auf, bis zum 16. Jh. wuchsen sie zu einer mächtigen Gemeinschaft heran und siedelten vorwiegend zwischen den Flüssen Senegal und Gambia. Dort gründeten sie die Einzelstaaten Jolof, Kayor, Baol, Walo, Sine und Saloum, die sich später unter der Führung des Staates Jolof zu einer Konföderation vereinigten. Das kriegerische Volk wurde dadurch so mächtig, dass ihm sogar einige Mandingo-Königreiche am Gambia Tribute zahlen mussten. Die Föderation zerbrach allerdings, als der Küstenstaat Kayor durch den einsetzenden Handel mit Portugal zu Wohlstand gelangte und sich für unabhängig erklärte.

Ihre einst matrilineare Ausrichtung gaben die Wolof unter dem maurischen Einfluss auf, dennoch behielten die Frauen ihre starke Position in der Gesellschaft. Frühzeitig konvertierten die Wolof zum Islam, verbanden die neue Religion jedoch mit ihren animistischen Traditionen. An ihren Königshöfen lebten Marabuts und Griots. Die gesellschaftliche Hirarchie wurde durch ein strenges Kastensystem mit einer pyramidenartigen Struktur bestimmt: An der Spitze standen der König, der Adel und die Priester, denen die freien Bauern unterstanden. Darunter waren die Handwerker und Griots angesiedelt. Die unterste Kaste bildeten die Sklaven – sowohl Haussklaven als auch Handelssklaven, die bei den Kriegszügen erbeutet wurden.

Die Serer — Gesellschaft

Bild oben:
Bunte Mischung – Gambier eilen auf die Barra-Fähre

Allerdings wurden die Hausklaven des Adels fast wie Familienmitglieder angesehen und standen somit sogar über den freien Bürgern.

Heute findet man unter den Wolof relativ wohlhabende und einflussreiche Geschäftsleute, Handwerker (besonders Goldschmiede) und Händler, z. B. im Erdnussexportgeschäft. Fast jeder zweite Bürger Banjuls ist ein Wolof und ihre Sprache hat sich, obwohl sie nur 16 % der Landesbevölkerung stellen, als Geschäfts- und Umgangssprache durchgesetzt.

Serer

Die Vorfahren der dunkelhäutigen Serer waren im 12. Jh. von Norden in die Region Senegambia eingewandert; vermutlich sind die Serer Nachfahren von Arabern und negroiden Völkern. In ihrer Sozialstruktur kannten sie ein Klassensystem wie die Wolof, denen sie bei Gewährung innerer Autonomie tributpflichtig waren. Doch im Gegensatz zu den Wolof lehnten die Serer den Islam stets vehement ab, verteidigten ihren Naturglauben und ließen sich später teilweise sogar zum Christentum bekehren. Die Serer galten als erfolgreiche Fischer und erfahrene Schiffsbauer. Sie bilden heute noch etwa 1,5 % der gambischen Bevölkerung und leben überwiegend am Küstenstreifen nördlich von Banjul.

Ein Küstenvolk mit alter Fischertradition

Gesellschaft — Eine Fulbe-Schönheit

Diola

Die Diola (auch Jola, Djola) unterscheiden sich deutlich von den anderen ansässigen Volksgruppen. Die arbeitsamen Reisbauern halten an ihrem Naturglauben fest und werden dafür mitunter von den anderen ethnischen Gruppen geringgeschätzt.

Familienverbände und dörfliche Gemeinschaften stellten für die Diola traditionell die einzige Hierarchie dar. Nur in Gefahrenzeiten vereinigten sie sich unter einem erfahrenen Führer, anschließend trennten sie sich wieder. Auf diese Weise lebten sie mit ihren Nachbarn in friedlicher Koexistenz, wurden aber häufig von stärkeren Gruppen dominiert.

In jüngerer Vergangenheit hat sich ihre politische Einstellung verändert, und es bildeten sich seperatistische Gruppierungen. In der Casamance in Südsenegal, wo die meisten Diola leben, führten diese Unabhängigkeitsbestrebungen zu militärischen Auseinandersetzungen. In Gambia bilden die zumeist dunkelhäutigen, gedrungenen Menschen nur eine Minderheit, die hauptsächlich im Küstenbereich südlich von Banjul lebt.

Eigenwillige Diola: Anstelle von Macht- und Herrschaftsansprüchen forderten sie die absolute Freiheit in allen geistigen und religiösen Fragen

Serahuli

Die frühesten Bewohner Senegambias waren vermutlich Serahuli (auch Sarakole, Soninke, Serahule). Sie kannten die Eisenverarbeitung, galten als gute Händler und bewiesen viel militärisches Geschick. Im 8. Jh. gründeten sie Ghana, das erste Großreich Westafrikas. Auch nach dessen Fall behielten sie Schlüsselfunktionen im Trans-Sahara-Handel. Später beteiligten sie sich am aufkommenden Handel mit den Europäern, obwohl sie ursprünglich gar nicht an den Meeresküsten lebten. Als Gastarbeiter gelangten damals viele Serahuli für einige Jahre an die Küste, die meisten kehrten aber später in ihre Heimat zurück. Im 19. Jh. ließen sie sich als Legionäre bei den Mandingo gegen die Angriffe der Marabuts anheuern.

Sie sind heute in ganz Westafrika verbreitet, bilden aber überall nur eigenständige Minderheiten. Die meisten leben als Bauern vom Erdnuss-, Hirse- und Baumwollanbau, doch auch als Händler und Töpfer – eine Frauenarbeit – sind sie sehr erfolgreich. Die Bereitschaft zur Wanderarbeit kommt heute noch zum Ausdruck, denn viele Männer gehen in den Städten einer bezahlten Arbeit nach und verbringen nur die Erntezeit in ihrem Heimatdorf.

Die Serahuli leben überwiegend im Osten des Landes, rund um Basse Santa Su

Tukolor

Die Tukolor sind traditionelle Viehzüchter der Sahelzone und Nachfahren jenes nördlich des Senegal gelegenen Königreiches

Gesellschaft — Die Menschen in Gambia

Bild oben: Lebhaftes Treiben am Hafen von Bakau

Tekrur. Ihr Volk ist vermutlich aus einer Vermischung von Fulbe und Serern hervorgegangen. Sie pflegen die älteste islamische Tradition in Senegambia und waren aktiv daran beteiligt, andere Völker zum Islam zu bekehren. In Senegal sind sie relativ weit verbreitet, doch in Gambia stellen sie nur eine untergeordnete ethnische Minderheit dar (ca. 1,5 % der Bevölkerung).

Aku

Die Aku genießen eine Sonderstellung, denn sie sind die Nachkommen befreiter Sklaven, die ab 1787 aus Großbritannien und später auch aus Amerika nach Westafrika zurückgebracht wurden. Zunächst wurden sie in Freetown, Sierra Leone, angesiedelt. Bald waren die befreiten Sklaven dort aber so zahlreich, dass man ab 1830 begann, die sog. „Liberated Africans" im damals noch sehr kleinen Bathurst anzusiedeln. Arm, krank und kulturell entwurzelt kamen die Afrikaner dort an. Sie waren aus allen Regionen Afrikas verschleppt worden und bildeten nun einen zusammengewürfelten Haufen ohne eine verbindende Sprache, der außer seinem elenden Schicksal keinerlei Gemeinsamkeiten besaß. Umso stärker orientierten sich die Aku deshalb an europäischen Maßstäben und fanden auf diese Weise schließlich eine neue Identität.

Als kollektive Sprache entwickelte sich ein dem Englischen sehr verwandtes Creolisch bzw. Kriu. Die Aku nahmen den christlichen Glauben an, kleideten sich nach europäischer Mode und besuchten bereitwillig die Missionsschulen. Ihre enge Bindung an Großbritannien, ihr Fleiß und ihr hoher Bildungsstand gewährte den Aku während der Kolonialzeit rasch Zugang zur Verwaltung und anderen einflussreichen Posten. Seit der Unabhängigkeit haben sie diesen politischen Einfluss wieder verloren. Sie bilden heute knapp 1 % der gambischen Bevölkerung.

Als Paradebeispiel für den Werdegang eines erfolgreichen Aku mag Thomas Joiner gelten, einem im frühen 19. Jh. nach Amerika verschleppten Sklaven, der sich von seinem Besitzer freikaufte und als Seemann auf einem Schiff nach Gambia anheuerte. In Bathurst ließ sich Joiner als Händler nieder und verstarb schließlich wohlhabend in Besitz mehrerer Handelsschiffe.

Mulatten

Die Nachfahren europäischer Kaufleute und ihrer afrikanischen Frauen bereichern seit Ende des 15. Jh. das Völkergemisch Westafrikas. Man unterschied portugiesische Mulatten aus dem 15. und 16.Jh., britische Mulatten aus dem 17. Jh., die um Georgetown lebten, und französische Mulatten des 19. Jh., die zumeist aus Senegal einwanderten. Mulatten sind heute allerdings kaum noch als eigene Volksgruppe auszumachen, denn sie haben sich inzwischen weitgehend mit den anderen Völkern assimiliert.

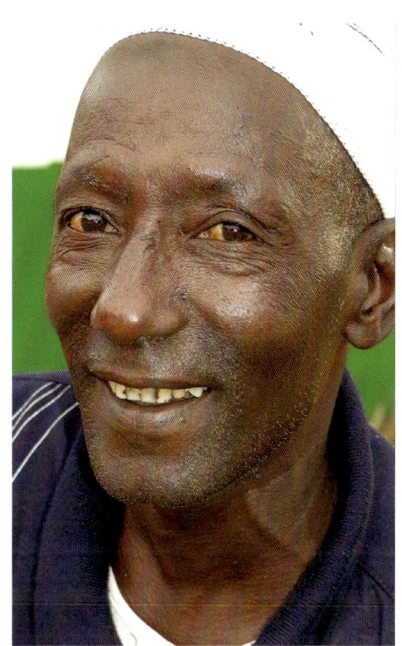

Rechts oben: Fröhlicher Holzschnitzer in Brikama
Rechts unten: Hamad Bah, Taxifahrer in Kololi

Gesellschaft — Sprache und Religion

Sprachen

Fast zwanzig verschiedene Sprachen werden in Gambia gepflegt

Die offizielle Amtssprache Englisch beherrscht etwa jeder zweite Gambier mehr oder weniger gut. Für die Bevölkerung ist sie allerdings immer nur Zweitsprache, denn jedes Volk spricht eine eigene Sprache. Neben dieser und Englisch beherrschen viele Einwohner zusätzlich auch noch einige Sprachen anderer Volksgruppen. Als gängige Handels- und Geschäftssprache hat sich Wolof durchgesetzt (zusammen mit Mandinka und Fula zählt Wolof zu den offiziellen Landessprachen). Wegen des regen Handels mit dem Nachbarstaat Senegal trifft man in Gambia immer wieder auf gute Französischkenntnisse. Daneben existieren rund 15 weitere Sprachen der einzelnen Volksgruppen. Außerdem gewinnt Arabisch als Bildungssprache an Bedeutung. Dieses beeindruckende Sprachengewirr verlangt von den Menschen in Gambia ein enormes Sprachverständnis und ausgeprägte Lernbereitschaft. Diese frühzeitig erlernten Fähigkeiten kommen den Gambiern besonders im touristischen Sektor zugute. Mit geradezu erstaunlicher Leichtigkeit und scheinbar spielerisch lernen die Einheimischen auch fremde Sprachen wie Deutsch, Schwedisch, Finnisch oder Niederländisch.

Religion

Der Islam ist in der gambischen Gesellschaft tief verankert

90 % der Bevölkerung bekennen sich zum Islam sunnitischer Glaubensrichtung, der in Gambia in einer tief religiösen, jedoch nicht radikalen oder fundamentalistischen Weise ausgeübt wird. Den westafrikanischen Islam kennzeichnen vielmehr eine ausgeprägte religiöse Toleranz und gewisse Elemente des afrikanischen Naturglaubens. So hat sich die Zeremonie der Namensgebung am achten Tag nach der Geburt ebenso eigenwillig in den Islam eingefügt, wie noch immer heilige Krokodile und hohle Baobabs verehrt werden. In Gambia zeigt sich der islamische Glaube offen für Fortschritt, ist eher nicht antiwestlich oder fremdenfeindlich, und hat bislang noch keinen Einfluss auf die Politik genommen. Die Scharia, die islamische Rechtsprechung, wird hier im Gegensatz zu vielen nordafrikanischen Staaten nur selten angewandt. Die „Fünf Säulen des Islam" – das Glaubensbekenntnis an Allah als den einzigen Gott, die fünf täglichen Gebete, die Pilgerfahrt nach Mekka, das Fasten während des Ramadan und das Spenden von Almosen – werden aber auch hier zumeist eingehalten.

Stark ausgebreitet hat sich der Islam, der schon im 11. Jh. nach Westafrika kam, übrigens erst durch die Religionskriege während des letzten Jahrhunderts. 1960 bekannte sich etwa jeder dritte Gambier zum Islam, fünf Jahre später hatte sich

Oben: Aussenfassade einer kleinen Dorfkirche im Süden Gambias

Gesellschaft — Woran die Menschen glauben

ihre Zahl bereits verdoppelt und ist seither kontinuierlich angestiegen. Zuvor waren die Menschen Anhänger von Naturreligionen bzw. kombinierten den animistischen Glauben mit Elementen des Islam. Animismus, die Lehre von der Beseeltheit aller Dinge und Wesen, war einst über den ganzen afrikanischen Kontinent verbreitet, ist heute jedoch überall stark rückläufig. Der Animismus zeigt von Volk zu Volk unterschiedliche Merkmale. Allen gemein sind eine komplizierte Ahnenmythologie, der Glaube an die Wiedergeburt und die Unterwerfung des Individuums unter die Gemeinschaft. In Gambia ist der Anteil der Animisten, die besonders unter den Diola zu finden waren, seit der Unabhängigkeit von etwa 25 % auf wenige Prozent gesunken.

Das Christentum hat in Gambia nur schwer Fuß fassen können. Im 15. Jh. errichteten die Portugiesen drei kleine Kirchen am Gambia, die jedoch kaum missionarischen Zwecken, sondern nur den portugiesischen Siedlern und Händlern dienten. Mit der Gründung von Bathurst im Jahre 1816 setzte die christliche Missionierung ein, als sich zunächst britische Quäker und wenig später auch Methodisten in der Kolonie niederließen. 1849 wurde die erste katholische Kirche eröffnet. Unter den Aku, den befreiten Sklaven, breitete sich das Christentum am stärksten aus. Dennoch konnten die Anglikaner, Katholiken und Methodisten nie mehr als rund 10 % der Bevölkerung erreichen, mit stetig abfallender Tendenz. Diesen begrenzten Erfolg schreibt man der dogmatischen Haltung des christlichen Glaubens zu, der im Gegensatz zum Islam keine Verknüpfung mit alten afrikanischen Traditionen erlaubt. Als Beispiel wäre hier die Polygamie anzuführen, die in Westafrika tief verwurzelt ist, vom Christentum aber bekanntlich streng abgelehnt wird.

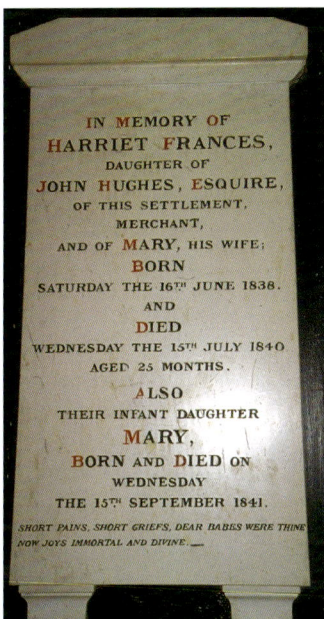

Oben: Betnische in Bakau. Darunter: Die Gedenktafeln in der Wesley Church in Banjul erinnern an Schicksale während der britischen Kolonialzeit

Gesellschaft | Medizinische Versorgung

Gesundheitswesen

Besonders schlechte Versorgungslage im Landesinneren

In Banjul und Umgebung sind die medizinischen Einrichtungen in den letzten Jahren verbessert, modernisiert und ausgebaut worden. Im Landesinneren gibt es dagegen viele Engpässe, weil neben kleinen Gesundheitszentren, ländlichen Sanitätsstationen und Notambulanzen nur wenige Krankenhäuser zur Verfügung stehen. Daher spielen besonders in den abgelegenen Regionen Naturmedizin und traditionelle Heilkunde weiterhin eine wichtige Rolle.

Aids wird in Gambia gerne verharmlost. Der Präsident verspricht Betroffenen eine wundersame Heilung

Es besteht ein gravierender Mangel an medizinischem Fachpersonal. Die größten Gesundheitsrisiken für die Bevölkerung sind Wurmerkrankungen, Malaria- und Gonokokken-Infektionen. Außerdem sind Syphilis, Lepra, Ruhr und Tetanus verbreitet und HIV-Infektionen greifen um sich (knapp 2 % der Bevölkerung sind HIV-infiziert).

Die Schulbildung

Ein Rückblick zeigt, wie wenig Großbritannien für die Bildung seiner Untertanen getan hat

Neben den arabischen Koranschulen wurden die ersten Schulen in Gambia ausschließlich von Missionen unterhalten, während sich die britische Verwaltung ihrer Aufgaben im Bildungssektor lange Zeit entzog. Die Quäker gründeten 1821 die erste Missionsschule in Bakau sowie drei Jahre später eine Mädchenschule in Bathurst. Das feuchte Klima und häufige Tropenkrankheiten dezimierten die kleine Glaubensgemeinschaft der Quäker, und so übergab die letzte überlebende Anhängerin das begonnene Bildungswerk 1824 an die Methodisten. Diese führten die Einrichtungen unter dem Namen Wesley School weiter

Oben: Moschee in Tendaba

Ein Bildungswesen auf Sparflamme — Gesellschaft

und gründeten bis 1841 weitere Schulen in Barra und auf MacCarthy Island. Ein Jahr später eröffneten die Methodisten noch eine Schule auf MacCarthy Island, in der ausschließlich die Kinder von Chiefs unterrichtet werden sollten. Weil diese ihren Nachwuchs aber nur unter Druck oder gegen kostspielige Geschenke zur Schule schickten, musste sie schon nach wenigen Jahren aufgelöst werden. Nur zögernd übernahm die Kolonialregierung ihre Verpflichtungen und baute das rückständige Schulwesen aus. 1923 griff Gouverneur Armitage den Gedanken einer Eliteschule für privilegierte Kinder wieder auf und ließ die alte Schule auf MacCarthy Island wiedereröffnen. Diesmal wurde die **Armitage High School** ein Erfolg und gilt noch heute, nachdem sie schon lange für alle Kinder zugelassen ist, als gute Internatsschule. In Yundum errichtete die Verwaltung 1952 eine Lehrer-Ausbildungsstätte. Andere Fortbildungsmöglichkeiten bot die Kolonie nicht, junge Afrikaner mussten zur Weiterbildung nach England oder Sierra Leone auswandern.

Eingeschult wird mit acht Jahren, die Unterrichtssprache ist Englisch

Die Situation heute: Das moderne gambische Schulwesen orientiert sich noch immer am englischen Unterrichtsmodell. Es beginnt mit einer sechsjährigen Grundschulzeit (Primary School), deren Besuch an staatlichen Schulen kostenlos ist. Daran schließen sich als Mittelschulen die jeweils dreijährige Junior Secondary School und die Senior Secondary School an. Erst der erfolgreiche Abschluss der Gambia High School in Banjul, die wiederum mit zwei Schuljahren an die Mittelschulen anschließt, ermöglicht ein Universitätsstudium.

Wegen mangelnder beruflicher Aussichten kehren die meisten Studenten nach einem Studium im Ausland nicht mehr zurück

Alternativ gibt es in Gambia eine Reihe berufsbildender Fachschulen, die Krankenpfleger, Handwerker, Techniker und Landwirte ausbilden. Außerdem existieren zahlreiche islamische Koranschulen, die in arabischer Sprache unterrichten.

Da keine Schulpflicht besteht und die anfallenden Kosten für Schuluniformen, Unterrichtsmaterial, Schulspeisung und ggf. sogar Schulgebühren für die Bevölkerung eine hohe finanzielle Belastung darstellen, werden nur rund zwei Drittel aller Kinder eingeschult. Weiterführende Schulen besuchen nur noch 15 % der Kinder, wobei der Jungenanteil mehr als doppelt so hoch ist wie der Mädchenanteil.

Unten: Ein Mural (Wandgemälde) in Kotu stellt Schüler Afrikas dar

Im Bereich der Erwachsenenbildung wurden große Anstrengungen unternommen, um die Analphabetenrate zu senken. Sie liegt aber immer noch bei erschreckenden 45 %.

Gesellschaft — Kulturelles Leben

Gesellschaftliche Traditionen

Eine Gesellschaft im Wandel: Traditionelle Werte kontra westlichen Einfluss

Das gesellschaftliche Leben in Gambia ist noch weitgehend traditionell geprägt. Doch nicht zuletzt durch den Tourismus nehmen die westlichen Einflüsse zu und führen zu deutlichen Veränderungen, zu einem Widerstreit mit der gambischen Sozialordnung. Insbesondere die junge Generation zeigt sich für moderne westliche Neuerungen empfänglich und trennt sich bereits von traditionellen Verhaltensmustern. Die "Bumsters" entlang der touristischen Küste sind ein solches Phänomen. Sie entwickeln westliche Besitzansprüche und lösen sich aus der traditionellen Verantwortung des Einzelnen für die Familiengemeinschaft. Die Folge sind Konflikte mit der älteren Generation und ein Aufweichen tief verankerter Strukturen.

Andererseits hat die doch sehr selbstbewusste gambische Bevölkerung gute Chancen, sich gegen die neuen Einflüsse zu behaupten. Betrachtet man beispielsweise einmal die Modeerscheinungen, so stellt man fest, dass neben den westlichen Attributen wie Markenturnschuhe, Jeans und geglättete Haarfrisuren auch traditionelle bunte Gewänder und aufwändige Flechtfrisuren eine Renaissance erleben. Gambier neigen nicht dazu, Neuerungen kritiklos anzunehmen. So kommt es eher zu einer kulturellen Vermischung mit einem eigenwilligen westafrikanischen Stil, der Raum lässt für viele Varianten des gesellschaftlichen Lebens.

Griots, Marabuts und Jujus

Ein Berufsstand mit vielseitigen Aufgaben und einem hohen gesellschaftlichen Rang

Zu Zeiten des großen Malireiches entstand bei den ausdrucksstarken Mandingo ein Berufsbild, das sich schwer beschreiben lässt. **Griots** waren in erster Linie Sänger und Musiker, die in sehr engem und meist lebenslangem Verhältnis zu einer wohlhabenden, einflussreichen Familie standen. Ihr Aufgabengebiet war vielfältig, sie waren Geschichtsschreiber, Künstler, Unterhalter und Dichter. Sie kannten die Familienchronik ihres Schutzherrn bestens und lobpriesen die ehrenhafte Vergangenheit und die großmütigen Taten ihrer Herren. Als persönliche Berater

Musiker, Berater und Experten der Familienhistorie

für öffentliche Angelegenheiten fungierten die Griots wie moderne Public-Relations-Manager, erlangten hohes Ansehen und so großen Einfluss bei Hofe, dass sie sogar ungestraft Kritik üben durften. Trotzdem waren sie Angehörige einer niederen Kaste und wurden vom Volk zugleich verehrt und gefürchtet. Nach ihrem Tode wurden Griots nicht begraben, sondern in hohlen Baobabs beigesetzt, weil man fürchtete, ihr Leichnam könnte Erde und Wasser vergiften.

Die Macht der Marabuts — Gesellschaft

Griot und Schutzherr brauchten einander. Ein Griot war immer nur so gut wie sein Schutzherr, denn durch seine Lobreden und -gesänge zeichnete er sich schließlich selbst aus. Folglich erwartete der Griot von seinem Herren ehrenhaftes und mutiges Verhalten. Er stachelte ihn an, indem er die Heldentaten seiner Vorfahren besang. Der Schutzherr wiederum wurde durch seinen Griot inspiriert und meist kenntnisreich beraten. Auch konnte er sicher sein, dass sein Ruhm nach dem Tode nicht verblassen würde. Über Jahrhunderte, von Generation zu Generation, gaben die Griots Geschichten und Erzählungen einander weiter und überlieferten so unschätzbar wertvolle historische Informationen.

Diesen großen Einfluss und ihre Macht verloren die Griots erst durch die Marabuts. Heute sind sie eher bezahlte Musiker und Festredner, werden in ländlichen Regionen auch als Heiratsvermittler und Friedensstifter herangezogen. Die Regierung versucht alte Griotlieder aufzuzeichnen, um dieses einmalige Kulturerbe zu erhalten. Denn, so heißt es, „wo immer ein Griot stirbt, stirbt eine ganze Bibliothek".

Oben: Tanzmaske im Museum von Kachikally

Marabuts kommen nur in Westafrika vor und tauchten dort erstmals im 15. Jh. auf. Sie lebten als islamische Gelehrte an den verschiedenen Königshöfen und standen Herrscher und Adel als weise Berater, Sekretäre und Priester zur Verfügung. Ohne die Souveränität des Herrschers anzutasten traten sie als geistige Führer und Propheten auf, lehrten Lesen und Schreiben und verbreiteten den Islam. Im Laufe der Jahrhunderte wuchs ihre Macht, denn sie gründeten eigene religiöse Glaubensgemeinschaften und Bruderschaften. Im 19. Jh. brachten die Marabuts die Religionskriege zum Ausbruch und zwangen der Bevölkerung die gewaltsame Islamisierung auf. Während der britischen Kolonialzeit verloren sie ihre politische Macht, doch als charismatische geistige Führer genießen sie bis heute großes Ansehen. Sie gelten als Vermittler zwischen Allah und den Gläubigen, als Seelsorger, Magier und Heiler. Viele Menschen lassen Marabuts für sich beten oder Koranverse niederschreiben, die sie in Amulettbeuteln bei sich tragen.

Religiöse Führer und Mittler zwischen Allah und dem Volk

Jujus oder **Gris-Gris** heißen diese Schutz- und Glücksbringer, die vielen Kindern um Arm oder Hals gebunden werden. Sie sind meist aus Leder oder Stoff gefertigt, manchmal sind Tierkrallen, Knochen oder Zettelchen mit Koranversen darin versteckt. Die Amulette sollen Unheil und Krankheiten abwenden.

Diese animistische Tradition hat trotz des Islam in Gambia überlebt

Gesellschaft — Die Frau in der gambischen Gesellschaft

Oben: Fruchthändlerinnen an den Touristenstränden

Frauen in Gambia

Ursprünglich praktizierten viele Völker eine mutterrechtliche Ausrichtung und gewährten ihren Frauen Einfluss und Macht. Alte Frauen galten oftmals als weise Priesterinnen; bei den Wolof konnten Frauen sogar den Thron besteigen. Doch mit dem Islam, der die Frauen den Männern unterordnet, büßten sie immer mehr Rechte und Freiheiten ein. Ihr gesellschaftliches Leben wurde klar auf Haus, Küche und Kinder begrenzt, Polygamie breitete sich aus, die Erbfolge wurde patrilinear. Und selbst die Verwestlichung der letzten Jahrzehnte gilt als neuerliche Verschlechterung der Situation. Denn seit sich aus wirtschaftlichen Gründen in den Städten immer öfter die Einehe durchsetzt, sind viele Frauen isoliert und damit noch stärker auf ihren Ehemann fixiert. Sie verlieren also den Halt und die enge soziale Bindung ihrer weiblichen Gemeinschaft. Alte Frauen werden manchmal sogar verstoßen.

In der patriarchalischen, islamischen Gesellschaft sind Aufgaben und Rechte der Frauen klar umrissen. Sie werden verheiratet und gelten ab diesem Zeitpunkt als ein untergeordnetes Familienmitglied der angeheirateten Familie. Immerhin stehen ihnen in der gambischen Gesellschaft, wo die Gütertrennung üblich ist, eigener Besitz sowie ein eigenes kleines Einkommen zu. In der Ehe behalten Frauen ihren Nachnamen, die Kinder werden aber nach dem Vater benannt.

In der Praxis werden Frauen nach wie vor stark benachteiligt

Den Frauen obliegt deutlich mehr als die Hälfte der Arbeit. Trotz der Mehrbelastung bei allen Haushalts- und Familienangelegenheiten treten die Frauen sehr stark im Handel auf. Gambias Märkte werden eindeutig von Frauen bestimmt. Sie nähen und verkaufen Kleidungsstücke, flechten Matten, kochen in kleinen Garküchen oder verkaufen die Überschüsse aus der eigenen landwirtschaftlichen Produktion. Doch treten sie fast ausschließlich als sog. Kleinhändler auf und haben, selbst wenn sie sich organisieren und gemeinschaftlich agieren, kaum eine Chance auf größere Absatzmärkte oder Expansion. Durch die geschlechtsspezifischen Zwänge werden sie oftmals am Zugang

Beschneidung und Polygamie gehören zum Alltag — Gesellschaft

zu Informationen, Ausbildung und modernen Technologien gehindert. So können sie meist nur mit ihrer eigenen Arbeitskraft und nicht allzu produktiv wirtschaften. Diese Benachteiligung versuchen die Frauen durch Solidargemeinschaften und Frauenorganisationen abzubauen. Öffentliches Leben und Führung bleibt aber weitgehend den Männern vorbehalten. Frauen besitzen wenig politisches Mitspracherecht, gelten vor dem Gesetz jedoch als gleichberechtigt.

In Gambia besteht die eheliche Gütertrennung

Unten: Die freizügige Frau als beliebtes Motiv der Maler

Polygamie

Der Islam erlaubt einem Mann, bis zu vier Frauen zu ehelichen, sofern er sie ernähren kann. Schätzungsweise 10 % der Muslime in Gambia haben vier Ehefrauen, 15–20 % haben drei Ehefrauen, gut 20 % haben zwei Frauen und ca. 50 % haben nur eine Frau geheiratet. Auf dem Land ist die Vielehe stärker verbreitet als in den Städten, weil in der Stadt der Unterhalt mehrerer Frauen, die alle Anspruch auf ein eigenes Haus haben, deutlich größere Anstrengungen erfordert.

Die Ehe gilt in der gambischen Gesellschaft nicht als Liebesbeweis zweier Menschen, sondern ist eine sachlich durchdachte Verbindung zweier Familien. Mädchen werden bereits während der Erziehung auf eine künftige Mehrehe vorbereitet. Vielfach wird das Argument angeführt, dass die Polygamie die einzelne Frau entlaste. Die Ehefrauen teilen sich die tägliche Arbeit, wobei es eine Rangordnung zwischen der ersten und der oder den anderen Ehefrauen gibt.

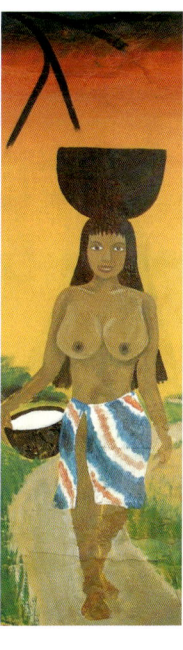

Beschneidung

Schätzungsweise jeder zweiten Gambierin werden während ihrer Mädchenzeit in einer geheimen Nacht-und-Nebel-Aktion durch ein weibliches älteres Familienmitglied die Sexualorgane verstümmelt. In den meisten Fällen werden die Klitoris und die inneren Schamlippen entfernt, manchmal sogar die äußeren Schamlippen bis auf ein winziges Loch zusammengenäht – ohne Schmerzbetäubungsmittel oder chirurgische Werkzeuge. Dieser brutale Akt soll die angehende Frau rein halten und sicherstellen, dass sie beim Geschlechtsakt keine Lust empfindet und daher ein züchtiges Leben führt. Die Folgen der nächtlichen Verstümmelung sind nicht selten gefährliche Infektionen, Blutungen, ständige Schmerzen und Schock. Doch selbst wenn die Beschneidung ohne gesundheitliche Komplikationen verläuft, traumatisiert sie die Mädchen und setzt die Würde der Frauen massiv herab.

Info Auch Knaben werden einer Beschneidung unterzogen, indem die Vorhaut des Penis entfernt wird. Dieser schmerzhafte Vorgang steht auch unter dem Aspekt der Reinlichkeit, hat aber im Gegensatz zu den Verstümmelungen bei den Mädchen seltener negative gesundheitliche Einschränkungen zur Folge. Außerdem geschieht ihre Initiation nicht heimlich im Dunkeln, sondern wird als festliche Zeremonie zelebriert

Gesellschaft — Auf die Kleidung wird viel Wert gelegt

Kleidung und äußere Erscheinung

Gambier sind ausgesprochen modebewusst und schenken Äußerlichkeiten wie eleganten Kleidern, aufwändigen Frisuren und edlem Schmuck große Aufmerksamkeit. Die meisten geben viel Geld für eine standesgemäße Erscheinung aus. Die traditionelle Mandingo-Männerbekleidung besteht aus einem knielangen talarartigen, an beiden Seiten offenen Kaftan, der *Fatara* genannt wird. Darunter trägt der Mann *Jatta*, das sind kurze, bauschige Hosen. Die Wolof tragen einen ähnlichen weiten Kaftan, dessen lange Stoffbahn locker über eine Schulter gerafft wird. Dieser *Bubu* hat sich inzwischen auch bei anderen Völkern als Männerkleidung durchgesetzt. Die Überwürfe sind meist fein bestickt. Darunter trägt man eine weite lange Hosen sowie zur Kopfbedeckung eine runde Kappe, den *Fez*. In den Städten bevorzugen die jungen Männer allerdings immer stärker westliche Kleidung. Markenturnschuhe, dunkle Sonnenbrillen, Jeans und weite T-Shirts gelten hier als Nonplusultra.

Bei den Frauen setzen sich westliche Tendenzen viel langsamer durch. Meist werden die farbenfrohen, mit viel Stoff gefertigten traditionellen Kleider bevorzugt. Dazu tragen die Frauen kunstvoll geschlungene Turbane, oft aus dem gleichen Stoff wie ihr Kleid. Elegante, mitunter auch hochhackige Schuhe und dezente Schminke wie Lippenstift, Nagellack und Augen-Make-up setzen selbstbewusst attraktive Kontraste zur traditionellen Kleidung.

Oben: Junge Frauen kleiden sich gerne kess und elegant

Unten: Aufwändige Flechtfrisuren entstehen in langer Handarbeit

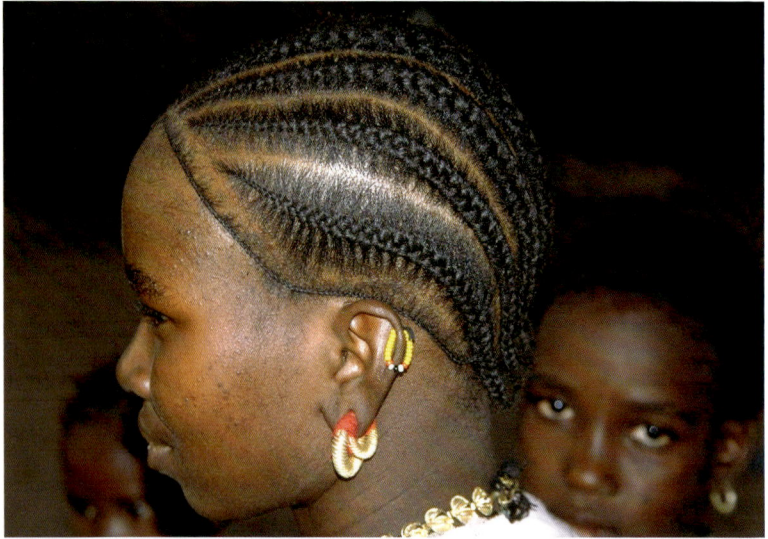

Festlichkeiten — Gesellschaft

Die herrlichen Flechtfrisuren entstehen in stunden- oder sogar tagelanger Arbeit und halten für einige Wochen. Früher kannte jede Volksgruppe eigene Zopf- und Flechtmuster und man vermochte an der jeweiligen Frisur erkennen, ob die Trägerin verheiratet, verwitwet oder soeben Mutter eines Sohnes geworden war. In neuerer Zeit haben sich diese strengen Regeln verwischt – frau trägt heute die Frisur, die ihr gerade gefällt. Die westlichen Einflüsse brachten neue Impulse wie das geschickte Einflechten künstlicher Haarteile, das Tragen von Perücken oder das Glätten der krausen Haare.

Frisuren und Haarteile

Besonders bei den Fulbe kann man noch Narben an Wangen und Schläfen entdecken, die als Stammeszeichen früher weit verbreitet waren. Frauen tragen gerne üppigen Schmuck, manchmal steckt sogar das gesamte Familienvermögen in goldenen Armreifen und Ohrringen. Jujus, die Glücksbringer und Amulette, sieht man besonders an Kindern.

Schmuck und Amulette

Feste und Bräuche

Tief verankert ist in Gambia die Zeremonie der Namensgebung, wenn eine Woche nach der Geburt Mutter und Kind erstmals ihr Haus verlassen dürfen und der Marabut ein schützendes Amulett für das Kind fertigt. Ein anderer Brauch entlang der Küste reicht bis in das 15. Jh. zurück. Anlehnend an die portugiesischen Siedler, die seinerzeit mit Laternen und Lampions zur weihnachtlichen Andacht in die Kirche marschierten, werden heute noch große, fein verzierte Papierschiffe gebastelt, mit brennenden Kerzen geschmückt und zwischen Weihnachten und Neujahr nachts durch die Straßen getragen. Man nennt dies „Fanal"-Umzüge.

Zeremonien, Umzüge und wilde Maskentänze

Die Mandingo praktizieren traditionelle **Maskentänze**, bei denen die Tänzer völlig in Blättern und Rinde verhüllt sind. Aus einem riesigen Grasbüschel ist auch die Maske des Kumpo-Tänzers bei den Diola gefertigt. Die Kinder der Aku treten gelegentlich in sog. „Gessegesse"-Masken auf, die riesige Gesichter nachstellen.

Außerdem werden die islamischen Feste gefeiert, insbesondere zum Ende des Ramadan.

Rechts: Cultural Dancing im Makasutu Forest

Kunsthandwerk

Oben: Folklore-Tanzgruppe zur Touristenunterhaltung

Die Produkte des traditionellen Kunsthandwerks sind meist praktischer Art wie geflochtene Schlaf- oder Begrenzungsmatten, baumwollene Webarbeiten, Tontöpfe sowie Schuhe, Gürtel und Taschen aus Leder. Das Rohmaterial des traditionellen Kunsthandwerks bilden natürliche, pflanzliche Produkte. Heutzutage werden auch moderne Abfallprodukte wie Gummi und Draht phantasievoll eingebunden. Traditionell arbeiten Männer mit Holz und Metall, Frauen dagegen mit Ton, Stoff und Schilf.

Vom Töpfern, Schmieden, Flechten und Schnitzen

Seit mehr als 4000 Jahren besteht die Tradition des Töpferns. Noch heute wird in herkömmlicher Weise ohne Töpferscheibe und Brennofen gearbeitet. Die berühmtesten Tonwaren fertigen die Serahulifrauen. Ihre rötlichen, teilweise polierten und mit Ornamenten verzierten Waren bestechen durch eine schlichte Schönheit. Auch Gold und Silber zu schmieden sind sehr alte Traditionen. In Gambia dominieren filigrane Arbeiten. Eine Besonderheit Westafrikas sind die herrlichen Stoffe und Kleidungsstücke, die meist in klassischer Batiktechnik eingefärbt, manchmal aber auch mit Stempeln bedruckt werden. Holzschnitzereien haben eigentlich erst durch den Tourismus Auftrieb bekommen. Weil der Islam die Darstellung menschlicher Wesen ablehnt, sind die früher weitverbreiteten Tanzmasken und Figuren bedeutungslos geworden. Für Touristen werden sie jedoch wieder eifrig gefertigt.

Bilder rechts:
Ein Wandgemälde
mit Balafonspieler
und eine Kora

Musik und Tanz — Gesellschaft

Eine besondere Stellung nehmen die Musikinstrumente ein, allen voran die Trommeln. Sie sind vielfältig und werden auch unterschiedlich eingesetzt. So gibt es schlanke, hohe Trommeln für den Soloeinsatz und kleine Basstrommeln, die dreifach aneinandergereiht sind.

Musik und Tanz

Bei allen Völkern Gambias haben Musik und Tanz eine große kulturelle Bedeutung. Sie gehören zum Leben wie Essen und Trinken, dienen religiösen und profanen Zwecken, sind Lebenselexier und Ausdruck ungebändigter Vitalität. Den meisten Tänzen liegen spirituelle Motive zugrunde, sei es das Hoffen auf Regen, Dank für eine gute Ernte, Zurschaustellung militärischer Stärke oder das Abwenden eines Unheils. Getanzt wird offen in der Gruppe, die dabei meistens einen Kreis bildet. Von Zeit zu Zeit springt einer der Tanzenden aus der Gruppe in die Kreismitte vor, um eine wilde Soloeinlage darzubieten, die heftige Unterstützung durch die Musiker erhält. Spürbar ist

Gesellschaft — Die Musikinstrumente

Die Tänze sind impulsiv und ausdruckstark

das Wechselspiel zwischen Tänzern und Trommlern, eine Spannung, die bis zum Schluss nicht abreißt. Die Tanzhaltung der Frauen wirkt geradezu wütend, wenn sie vornüber gebeugt und mit nach hinten gestreckten Armen fest in den Boden stampfen. Berühmte Tänze sind der *Jembe*, ein Reistanz der Serahulifrauen, und Kumpo, ein Maskentanz bei den Diola. Bei den Fulbe haben sich zudem beeindruckende akrobatische Männertänze entwickelt.

Trommeln, Balafon und Kora

Unten: Trommeln und Flechtkörbe sind auch beliebte Souvenirs

Musikinstrumente werden fast nur von Männern gespielt und sind meist Perkussions- und Saiteninstrumente, weniger Blasinstrumente. Eine zentrale Rolle spielen die **Trommeln**. Jede Volksgruppe verwendet ihre eigenen sich äußerlich, im Klang und der Verwendung unterscheidende Trommeln. Kürbisse dienen als Resonanzkörper. Ihre berühmteste Verwendung finden sie im **Balafon**, einer Art Xylophon, bei dem 18–22 Klangstäbe über kleineren Kürbissen angebracht sind. Das dumpf tönende Balafon gilt als ältestes Instrument der Mandingo. Ebenfalls ein Produkt der Mandingokultur ist die weithin bekannte **Kora**. Die meist 21-saitige Harfenlaute wird mit Daumen und Zeigefinger gezupft. Als Klangkörper dient eine große halbierte und mit Leder überspannte Kalebasse. Das komplizierte Koraspiel wird in Gambia und Senegal in eigenen Koraschulen gelehrt. Bei den Fulbe gibt es als Besonderheit auch Bambusquerflöten und ein geigenartiges Instrument.

Literatur

Die Geschichten und Erzählungen wurden traditionell über Jahrhunderte nur mündlich überliefert, wobei durch die Griots umfangreiche Geschichtschroniken angesammelt wurden. Man spricht in diesem Zusammenhang von oraler Literatur. Erst seit neuerer Zeit werden die Überlieferungen niedergeschrieben, um die Erzählungen zu erhalten.

Moderne Literatur spielt noch eine untergeordnete Rolle

In der modernen Literatur sind nur wenige gambische Schriftsteller international bekannt geworden. Zu ihnen zählen William Conten, geb. 1925, und der Dichter und Arzt Dr. Lenrie Peters, geb. 1932. Beliebte Themen neuerer Werke sind z. B. die Veränderungen der Gesellschaft, das dörfliche Leben und die vielen Widersprüche zwischen Tradition und Moderne.

Wrestling

Schon seit dem 11. Jh. wurden an den Königshöfen Ringwettkämpfe ausgetragen. Damals handelte es sich um eine königliche, höchst angesehene Kampfdisziplin. Seither hat sich Wrestling zu Gambias Nationalsportart entwickelt und wird in nahezu allen Dörfern und Gemeinden ausgeübt. Wettkämpfe finden meistens am Wochenende statt. Die erfolgreichsten und berühmtesten Kämpfer sind populär wie Popstars und haben Fangemeinden, die jeden Kampf mit lauten Trillerpfeifen anfeuern. Vor einem Wettkampf pilgern die Ringer manchmal an heilige Stätten wie Kachikally oder Berending.

Sonntags findet Wrestling in der Rainbow Lodge am Paradise Beach von Sanyang statt

Zum Ringkampf schreiten sie nur mit einem Lendenschurz bekleidet. Das Publikum tobt, pfeift, tanzt und singt, während Musiker aufspielen. Die Ringer benässen ihre Körper, damit der Gegner weniger Halt findet, und reiben sich die Hände mit Sand ein. Der eigentliche Ringkampf ist ein Kräftemessen ohne schwierige Regeln. Verloren hat, wer zuerst am Boden liegt, und erlaubt ist quasi alles, womit ein Sieg möglich wird: Also treten, beißen, boxen, in die Augen stechen oder mit Sand werfen – alles Mittel, die zwar nicht unbedingt gerne gesehen aber toleriert werden. Der Sieger dieses derben Kraftaktes wird ausgelassen gefeiert, und seine Anhänger sammeln Geld für ihn.

Der in Touristenorten angebotene Ausflug zum Wrestling, der meist in Serekunda stattfindet, endet dagegen mitunter recht enttäuschend: Die Ringer zeigen erst Einsatzbereitschaft, wenn die Touristen ordentlich gelöhnt haben, und sie fordern nach jedem kurzen Akt erneut ein Trinkgeld.

Tipp Ein Touristen-Pauschalausflug zum Wrestling ist meistens Nepp. Lassen Sie die Finger davon!

Wirtschaft

Ein Überblick

Die Monokultur ist ein Vermächtnis der britischen Kolonisierung

Als klassischer Agrarstaat ohne Bodenschätze befindet sich Gambia wirtschaftlich in einer schwierigen Situation. Denn als sich die Briten 1965 aus Gambia zurückzogen, hinterließen sie nur wenig Kapital und eine schwache Infrastruktur. Die Wirtschaft war nach einigen Fehlversuchen bei der Geflügelzucht, dem Reisanbau und dem Bergbau ausschließlich auf den Export von Erdnüssen und Erdnussprodukten ausgerichtet. Nachdem auch der Bildungssektor während der Kolonialzeit recht stiefmütterlich behandelt worden war, fehlten überall ausgebildete Fachkräfte. Keine allzu gute Ausgangsposition für einen jungen Staat.

Die ersten zehn Jahre nach der Unabhängigkeit verliefen wirtschaftlich stabil, denn zusätzlich zum Erdnussexport begann sich langsam der Tourismus zu entwickeln. Doch Mitte der 1970er Jahre setzten Unwetter und Dürreperioden ein, enorme Ernteverluste waren die Folge. Als dann auch noch die Weltmarktpreise für Erdnüsse sanken, stürzte das kleine, von den Erdnussexporten vollkommen abhängige Land in eine wirtschaftliche Krise. Preiserhöhungen, Inflation und Devisenengpässe waren die Folge. Als es 1981 zum ersten Putschversuch gegen Präsident Jawara kam, blieben auch noch die Touristen weg. Die Regierung rettete sich in die Föderation Senegambia und hoffte auf neue Impulse durch die enge Bindung an Senegal. Doch die Wirtschaftspraktiken beider Länder waren konträr. Senegal betrieb eine Politik hoher Schutzzölle und sein wichtigster Handelspartner war Frankreich; Gambia lockte dagegen mit niedrigen Zolltarifen und pflegte weiterhin enge Bindungen zu Großbritannien. Die Föderation wurde so recht bald politisch und wirtschaftlich ein Misserfolg und schon nach sieben Jahren wieder aufgelöst.

Die Konföderation Senegambia sollte dem Land aus der Misere helfen

Ökonomisches Auf und Nieder während der letzten Jahrzehnte

Mitte der 1980er Jahre lief ein umfangreiches Strukturprogramm an. 1986 wurde der Wechselkurs für den Dalasi freigegeben. Drastischer Währungsverfall und eine Inflation von bis zu 120 % zwangen das Land zunächst in die Knie, doch dann wurde allmählich ein leichter Aufschwung erkennbar. Regenreiche Jahre sicherten die Ernteerträge. Die intensive Förderung der Landwirtschaft, um sich von den hohen Nahrungsmittelimporten zu befreien, machte sich allmählich bemerkbar. Auch der Tourismus brachte steigende Einnahmen.

Ein Agrarstaat ohne Bodenschätze — Wirtschaft

Doch Militärputsch und Machtwechsel im Juli 1994 hatten massive Folgen für die gambische Wirtschaft. Der Tourismus brach jetzt regelrecht zusammen. USA und EU froren ihre Hilfsgelder ein. Nicht zuletzt dieser wirtschaftliche Druck bewog die Militärregierung, die Rückkehr zur Demokratie und einer Zivilregierung einzuleiten. Seither erholte sich der Tourismus und Gambia, international rehabilitiert, erhält wieder Entwicklungsgelder. Drohenden Gefahren wie witterungsbedingten Ernteausfällen, der Abhängigkeit von Weltmarktpreisen und dem hohen Devisenbedarf für Lebensmittelimporte versucht die Regierung mit der Förderung neuer Devisenquellen und dem Ausbau des Tourismus zu begegnen, wodurch sich die Küstenregion gut entwickeln konnte.

Die fragile Wirtschaftslage Gambias zeigte sich wieder einmal in einem desolaten Zustand

Durch die starke Abhängigkeit vom Tourismus und von Geldüberweisungen von im Ausland lebenden Gambiern ist das Land sehr anfällig für internationale Wirtschaftskrisen wie in den Jahren 2008 bis 2010 und die Ebola-Krise im Jahr 2014. Dramatische Ausmaße haben außerdem die Staatsverschuldung und die schlechte Handelsbilanz angenommen. Mit derzeitigen Wachstumsraten um 4,4 % stagniert das Land auf niedrigem Niveau; einzige Einkommensquelle für die Bevölkerung stellt neben der Landwirtschaft und lokalen Fischerei der Tourismus an der Atlantikküste. Immer mehr junge Gambier versuchen, das Land in Richtung Europa zu verlassen.

Oben: Die altersschwache, überlastete Autofähre zwischen Banjul und Barra

Wirtschaft — Feldarbeit zur Eigenversorgung

Gambias Landwirtschaft wird überwiegend in bescheidenen kleinbäuerlichen Familiengemeinschaften betrieben. Weit verbreitet ist die **Subsistenzwirtschaft**, die der Selbstversorgung dienende Landwirtschaft. Meist wird das Prinzip der Fruchtfolge praktiziert: Nach zwei, drei Jahren Anbau mit unterschiedlichen Getreiden folgt eine mehrjährige Brache zur Erholung der Böden.

Gambias wichtigster Wirtschaftsfaktor ist die Landwirtschaft, sie beschäftigt drei Viertel der Bevölkerung

Landwirtschaft

In der gambischen Volkswirtschaft nimmt die Landwirtschaft den mit Abstand größten Platz ein. Etwa 75 % der Bevölkerung sind in der Landwirtschaft tätig, und ihr Anteil am Bruttoinlandsprodukt beträgt etwa 22 %. Dennoch müssen alljährlich rund ein Fünftel der benötigten Nahrungsmittel aus dem Ausland importiert werden. Etwa die Hälfte der landwirtschaftlichen Nutzflächen sind Erdnussfelder, die großenteils für den Export bestellt werden. Um dieser einseitigen Nutzung sowie dem zunehmenden Auslaugen der Böden entgegenzuwirken, wurden die Subventionen im Erdnuss-Sektor gestrichen und die Produktion von Getreide staatlich gefördert.

Kommerzielle Großbetriebe oder Plantagen gibt es dennoch kaum, die Landwirtschaft ist stattdessen kleinbäuerlich geprägt. Die Erträge ließen sich deutlich ausbauen, denn bisher werden noch weniger als die Hälfte aller nutzbaren Flächen in Gambia landwirtschaftlich verwertet. Hinzu kommt der Mangel an modernen Nutzmaschinen; Handarbeit und Ochsenpflug sind in der gambischen Landwirtschaft noch immer die Regel.

Landwirtschaftliche Produkte: Die Erdnuss

Die Erdnuss ist eine alte Kulturpflanze der Inka, die zu fast 50 % aus Fett, bis zu 35 % aus Eiweiß und bis zu 20 % aus Kohlehydraten besteht. Die Portugiesen brachten sie von Südamerika nach Afrika, von wo aus die wertvolle Pflanze einen Siegeszug um die ganze Welt startete.

Die Aussaat erfolgt kurz vor der Regenzeit, bevorzugt auf leicht sandigen Böden. Wie Erbsen und Bohnen zählt die Erdnuss zu den Schmetterlingsblütlern. Sie bildet ihre Frucht bis zu 8 cm tief in der Erde, während oberirdisch ein unauffälliges, 50–100 cm hohes Kraut heranwächst. Bei der Ernte im Oktober und November wird das ganze Kraut dem Boden entrissen und getrocknet. Das Grünzeug findet anschließend als Viehfutter Verwendung. Zur Erntezeit kommen alljährlich tausende Saisonarbeiter nach Gambia. Eine staatliche Vermarktungsorganisation kauft den größten Teil der Ernte auf. Über die Wasserwege oder per Lkw werden die Erdnüsse zur Weiterverarbeitung in die Fabriken von Kau-ur und Banjul transportiert, wo zwei Drittel der Ernte zu Öl verarbeitet werden. Darüber hinaus wird aus den Erdnüssen Mehl, Erdnussbutter, Presskuchen (als Viehfutter) und diverse Kosmetikware (in den USA) hergestellt. Rund 80 % seiner Exporterlöse erhält Gambia aus Erdnussprodukten.

Typische Anbauprodukte — Wirtschaft

Mais

Mais zählt zu den wichtigsten Ernährungsgrundlagen der gambischen Bevölkerung. Alljährlich werden etwa 15 000 Tonnen Mais produziert, wobei die jeweiligen Erträge stark von den klimatischen Gegebenheiten abhängen.

Millet- und Sorghumhirse

Diese sehr ähnlichen Getreidesorten sind gegen Dürre bedeutend resistenter als Mais, weshalb sie den Mais in regenarmen Gebieten verdrängen. Hirse wird zumeist im Fruchtwechsel mit Erdnüssen auf höher gelegenen Böden angebaut. Gambia erzielt gute Erfolge mit dem Anbau dieser beiden Getreide.

Baumwolle

Baumwolle wird vor allem von Kleinbauern der Volksgemeinschaften Fulbe und Serahuli in den trockenen Regionen um Basse Santa Su angebaut. Die Baumwollpflanze ist ein einjähriger Strauch, aus deren Fruchtkapseln Baumwolle hervorquillt. Ein wertvolles Nebenprodukt sind die Baumwollsamen, deren Fettgehalt 20–30 % Fett beträgt. Als Exportgut rangiert die Baumwolle auf Platz 2.

Cassava / Maniok

Die Wurzelknolle der Cassavapflanze (auch Maniok genannt), aus der bis zu 3 m hohe verholzte Stengel mit langen, schmalen Blättern sprießen, enthält ähnlich der Kartoffel sehr viel Stärke. Sie beansprucht viel Wasser und wird daher vorwiegend in Flusstälern und Sumpfgebieten angebaut. Die Kultivierung ist sehr einfach: Zu Beginn der Regenzeit werden Ableger in die Erde gesteckt, und die Pflanze wächst dann ganz von allein in ein bis drei Jahren heran. Zerstoßenes Maniokmehl wird zu Brei, Brot und Kuchen verarbeitet.

Reis

Die uralte Kulturpflanze wird in Gambia in den wasserreichen Flussniederungen angebaut. Die Setzlinge werden im feuchten Schlammboden eingepflanzt; nach der Blüte sollten die Pflanzen allerdings trocken stehen. Zur Erntezeit im Herbst ist die Reispflanze etwa 1 m hoch gewachsen.

Umfangreiche Reisproduktionen befinden sich in der Umgebung von Pakali Ba, in Sapu und westlich von Farafenni. Dennoch ist die Gesamtproduktion rückläufig, weshalb Reis zu den Nahrungsmitteln gehört, die Gambia regelmäßig importieren muss. Reis hat übrigens nur einen geringen Eiweißgehalt.

Obst und Gemüse

Weitere verbreitete Anbauprodukte sind Ölpalmen, Bohnen, Zwiebeln, Tomaten, Paprika sowie Bananen, Papaya, Melonen und Mangos. Zunehmend bedeutsam für die Hotellerie und den Export werden außerdem Zitrusfrüchte wie Zitronen, Grapefruits und Orangen.

Fischerei, Vieh- und Forstwirtschaft

Fischerei

Trotz ihres hohen Potenzials und der jahrhundertealten Tradition hat die Fischwirtschaft nur eine untergeordnete Bedeutung. Sie dient vorwiegend der Eigenversorgung und findet meist im bäuerlichen Rahmen statt. Die traditionellen Fangmethoden sind Angeln, Speerfischen und Netzfischen.

In den letzten Jahren sind kommerzielle Fischereigesellschaften gegründet und die Fangboote zunehmend motorisiert worden. Mit Unterstützung der EU wurde bei Gunjur ein Fischereikomplex zur Fischverarbeitung errichtet. Meeresfische können im Gambia bis 160 km stromaufwärts gefischt werden. Von recht geringer Bedeutung ist dagegen die Austernfischerei, die im Oyster Creek betrieben wird.

Viehzucht

Auch die Viehzucht dient hauptsächlich der Eigenversorgung und ist bisher unter ihren Möglichkeiten geblieben. Etwa 10 % der Rinder sind Milchkühe. Deren Milchleistung ist allerdings wenig zufriedenstellend, weil die Tiere nur während der Regenzeit frisches Futter weiden können und die restliche Zeit mit Stroh gefüttert werden müssen.

Für die klimatisch schwierigen Bedingungen in Gambia haben sich die kleinwüchsigen N'Dama-Rinder bewährt

Neben tausenden Rindern werden in Gambia auch Ziegen und Schafe gehalten. Die Schweinezucht spielt, wie bei allen islamischen Gesellschaften, nur eine sehr untergeordnete Rolle. Auch die Hühnerzucht beschränkt sich bislang auf kleinbäuerliche Betriebe.

Oben: Die Rückkehr der Fischer in Tanji

Ziegenmärkte im Hinterland — Wirtschaft

Forstwirtschaft

Der gambische Waldbestand wird durch den hohen Bedarf an Feuerholz und übermäßige Brandrodung massiv geschädigt. Von der einst durchgehenden Bewaldung sind kaum noch 10 % erhalten. Die weitverbreitete Holzkohleherstellung, eine der Hauptursachen für den Kahlschlag, wird trotz des landesweiten Verbots praktiziert. Um die unweigerliche Versteppung weiter Landstriche zu vermeiden, wurden im ganzen Land kleine Forste eingerichtet und mit finanzieller Unterstützung durch die EU und die GTZ schnellwachsende Nutzhölzer wie Teak und Gmelina angepflanzt. Doch alle Wiederaufforstungsprogramme und die Appelle der Regierung sind bislang nur ansatzweise erfolgreich.

Gambias Wälder sind fast vollständig verschwunden. Holzschnitzer importieren ihr Holz aus Senegal

Industrie

Der industrielle Sektor beschäftigt etwa 19 % der Arbeitskräfte. Die bestehenden Anlagen dienen fast ausschließlich dem lebensmittelverarbeitenden Gewerbe. Neben der Brauerei, einem Schlachthof und den erdnuss- und fischverarbeitenden Betrieben gibt es einige Gerbereien, Batikfabriken und Baufirmen. Der weitere industrielle Ausbau wird durch den Mangel an Fachpersonal und Kapital sowie durch die geringen Absatzmöglichkeiten im eigenen Land gehemmt. Gambia verfügt über keine bedeutsamen Bodenschätze und ist eines der wenigen Länder ohne Bergbau. Zwar war 1953 Ilmenit, ein zur Herstellung von Titan benötigter Stoff, entdeckt und gefördert worden, doch wurde der aufwändige Abbau rasch wieder eingestellt. Starke Konkurrenz und fallende Weltmarktpreise hatten diesen Industriezweig unrentabel gemacht.

Bisher nur eine schwache industrielle Entwicklung

Oben: Auf dem Viehmarkt von Abuko

Wirtschaft — Ein breiter Strom und wenige Straßen

Handel und Verkehr

Handel

Starke Position im Zwischenhandel, aber viel zu niedrige Exportraten

Gambias Außenhandelsdefizit ist gewaltig: Das kleine Land führt fast vier Mal soviel ein als es exportiert. Die Haupteinfuhrgüter sind Nahrungsmittel wie Reis, Getreide, Zucker und Getränke sowie Maschinenbau- und chemische Erzeugnisse. Seine wichtigsten Importpartner sind China, Brasilien, Indien und Senegal.

Erdnuss- und Fischprodukte sowie Baumwolle bilden Gambias bedeutendste Exportgüter. China ist auch für den Exportmarkt der wichtigste Handelspartner, gefolgt von Indien, Frankreich und Großbritannien. Eine wichtige Rolle spielt der Zwischenhandel, der sich aufgrund der geographischen Lage und der niedrigen Einfuhrzölle zu einer bedeutsamen Einkommensquelle entwickeln konnte. Re-Exporte machen daher den größten Anteil der Ausfuhren aus.

Verkehr

Wenige Fähren auf dem Gambia River und nur ein bescheidener Teil der Straßen ist asphaltiert

Der Gambiastrom bildet ein Hindernis, welches die wirtschaftliche Entwicklung hemmt. Entlang der wichtigsten Verkehrsachse im Landesinneren zwischen Farafenni und Soma wurde im April 2019 die erste Brücke über den Gambia eröffnet, ansonsten verkehren nur einige wenige Autofähren und kleinere Bootspassagen für Personen entlang des Stroms.

Der Naturhafen von Banjul wurde zu ein modernen Tiefseewasserhafen ausgebaut und ist für Schiffe bis 8,50 m Tiefgang zugänglich. Hochseeschiffe mit einem Tiefgang bis 5 m können den Gambia 200 km stromaufwärts bis Kuntaur befahren.

Unten: Im Tiefseehafen von Banjul liegen nicht nur funktionstüchtige Frachtschiffe und Fähren

Das Straßennetz umfasst ca. 3740 km, wovon bisher lediglich rund ein Viertel befestigt wurden. Wichtigste Überlandverbindungen sind die asphaltierte Süduferstraße von Banjul

Dürftiges Verkehrsnetz im Landesinneren — Wirtschaft

nach Basse Santa Su und der Trans-Gambia-Highway zwischen Farafenni und Soma. Am Nordufer führt zudem eine Straße von Barra nach Farafenni und weiter bis Janjanbureh (Georgetown) und darüber hinaus. Auch im Küstenbereich zwischen Serekunda und Gunjur wurden viele Straßen ausgebaut und geteert. Im Landesinneren sind die Straßen dagegen häufig in schlechtem Wartungszustand.

Für den Binnenhandel war der Gambiastrom einst der wichtigste Handelsweg des Landes. Doch durch den Ausbau des Straßennetzes erlitt die Flussschiffahrt einen drastischen Rückgang und dient heute nur noch dem Erdnusstransport.

Zur Personenbeförderung werden Busse und Sammeltaxis eingesetzt, die Passagierschiffahrt ist stark rückläufig. Privatautos sind jenseits der Küstenorte noch eher selten. Gambia unterhält kein Binnenflugnetz und verfügt über keine Bahnverbindungen. Der internationale Flugverkehr wird über den Flughafen in Yundum abgewickelt.

Oben und rechts: Typische Straßenszenen mit Pferdewagen in Farafenni; Eselkarren in Barra

Wirtschaft — Ein Mekka für Badeurlauber

Der Tourismus

Der Tourismus beschränkt sich fast ausschließlich auf den Küstenstreifen

Die wichtigste Devisenquelle des Landes ist der Tourismus. In Banjul und an den Badestränden am Atlantik wurde die touristische Infrastruktur in den letzten Jahrzehnten kontinuierlich ausgebaut, während im Landesinneren nur wenige kleine und rudimentäre Buschcamps existieren. Schwerpunkt bildet der **Badetourismus**. Neben den Deviseneinnahmen, die der Tourismus verspricht, bieten Hotelgewerbe und Gastronomie viele Arbeitsplätze und zudem Absatzmöglichkeiten für das traditionelle Kunsthandwerk.

Zuerst kamen die Schweden, dann folgten britische Urlauber. Heute reisen vor allem Niederländer, Polen, Briten und Deutsche nach Gambia

Mitte der 1960er Jahre setzte der Tourismus mit einem schwedischen Reisebüro und zwei unter schwedischer Leitung stehenden Hotels ein. In den 1980er Jahren stieg dann auch der Anteil britischer Touristen an, und die jährlichen Besucherzahlen erhöhten sich auf 40 000 bis 50 000 Touristen. In der Saison 1993/94 reisten erstmals mehr als 130 000 Urlauber nach Gambia. Doch wenige Monate später führten der Militärputsch und der versuchte Gegenputsch zum totalen Einbruch. Großbritannien evakuierte alle britischen Touristen, und auch die Schweden blieben vollständig aus. Nur 43 000 Gäste wagten sich in der Saison 1994/95 nach Gambia, die Reisebranche hatte zwei Drittel ihrer Vorjahreskapazität eingebüßt. Viele Hotels mussten schließen, und 60 % der Beschäftigten verloren ihren

Bild oben: Badetourismus am Atlantikstrand
Rechts: Touristentaxi an der Lamin Lodge

Arbeitsplatz. Mit Billigangeboten wurden nun besonders die Niederländer nach Gambia gelockt. Nach den Präsidentschaftswahlen 1996 und dem friedlichen Übergang zur Demokratie kehrten auch die Touristen zurück. In Deutschland, woher bisher nur rund 10 % der Besucher kamen, setzte der Durchbruch ein, als ein namhafter Reiseveranstalter 1997 Gambia ins Programm aufnahm. Im selben Jahr erreichte bereits die Sommersaison – wegen der Regenzeit eigentlich immer eine schwach besuchte Nebensaison – schon 43 000 Besucher. Damals setzte eine Entwicklung zum Massentourismus ein. Allein aus Deutschland kamen nun 50 000 Urlauber pro Jahr. Die Reiseveranstalter hatten in vielen Hotels All-Inclusive-Arrangements vereinbart, die bald den Unmut der gambischen Regierung auslösten. Nach einigem Hin und Her verbot der Staat 1999 alle All-Inclusive-Angebote, wodurch sich einige große Reiseveranstalter aus dem Land zurückzogen und der Tourismus wieder einknickte. "Klasse statt Masse" war das neue Ziel; ein nachhaltiger, an ökologischen Gesichtspunkten orientierter Tourismus, der dem Land und seinen Bewohnern zugute kommen sollte. Mit diesem neuen Denkansatz entstanden ein paar touristische Projekte wie "Makasutu Culture Forest und Lodge". Aber es wird ein langer Weg, denn um diese "neuen Touristen", die sich ernsthaft für Land und Leute interessieren und mehr als Sonne, Sand und Meer erleben möchten, nach Gambia zu locken, müssen auch deren Erwartungen und Wünsche erfüllt werden. Und hier klafft eine gravierende Wissenslücke auf Seiten der Gambier, die vielfach mangels Ausbildung nur einen geringen Kenntnisstand vom Tourismus, von internationalen und europäischen Standards und vom Wettbewerb innerhalb Afrikas haben. Aktiv kümmert sich die Interessensgemeinschaft ASSET ("Association of Small Scale Enterprises in Tourism") um die Förderung des verträglichen und nachhaltigen Tourismus und erarbeitet Orientierungshilfen. Unter diesem Gesichtspunkt enstanden in den letzten Jahren mehrere neue Hotels und wurden die Strände südlich von Kololi erschlossen, sodass derzeit etwa 5000 Hotelbetten zur Verfügung stehen.

Auch gibt es längst wieder (und mehr denn je) All-Inclusive-Angebote. Zuletzt hat die Thomas-Cook-Pleite im Herbst 2019 den Tourismus erneut einbrechen lassen.

Ständiges Auf und Ab

Gambia möchte sich vom Image des billigen Massenziels lösen

Neue Hotelkomplexe erschließen einsame, unberührte Strände

Wirtschaft — Vom Alltag der Menschen

Erwerbstätigkeit und Verdienst

Die aktuelle Situation auf dem Arbeitsmarkt

Kennzeichnend für den Arbeitsmarkt in Gambia ist der Mangel an Fachpersonal bei gleichzeitig hoher Arbeitslosigkeit. Mehr als drei Viertel der Erwerbstätigen sind in der Landwirtschaft beschäftigt, ein großer Teil allerdings nur als Saisonarbeitskräfte. Trotz der ausgeprägten Arbeitslosigkeit kommen alljährlich zur Erdnussernte zusätzlich tausende Wanderarbeiter aus dem benachbarten Ausland nach Gambia. Etwa 19 % der Erwerbstätigen arbeiten in der Industrie und dem Transportwesen, rund 6 % im Handel, während drei Viertel im Dienstleistungssektor und in der Landwirtschaft beschäftigt sind.

Es fehlt überall an geschultem Fachpersonal

Staatliche Renten-, Kranken- und Arbeitslosenversicherung kennt man in Gambia bisher nicht, für Beamte gibt es jedoch eine Pensionskasse. Es wurden gesetzliche Mindestlöhne eingeführt und die allgemeinen Arbeitsbedingungen, Urlaubsansprüche und der Mutterschutz staatlich festgesetzt. In der Regel besteht eine 40-Stunden-Woche, in einigen Berufssparten wie dem Hotelgewerbe auch eine 48-Stunden-Woche.

Kinderarbeit ist keine Seltenheit

Viele ungelernte junge Menschen sind auf Arbeitsuche. Rund ein Drittel aller 10- bis 14-jährigen gilt bereits als erwerbstätig, obwohl Kinderarbeit bis zwölf Jahre gesetzlich verboten ist. Wegen der mangelnden Altersversorgung geht noch die Hälfte der mehr als 65-jährigen einer bezahlten Arbeit nach.

Durchschnittslöhne

Die Löhne und Gehälter sind sehr unterschiedlich. Durchschnittliche Einkommen liegen bei rund 200 Euro, wobei einfache Hotelangestellte und Wachpersonal meist nur etwa 50–80 Euro pro Monat verdienen. Über 50 % der Bevölkerung leben unterhalb der Armutsgrenze. Geldüberweisungen von im Ausland lebenden Gambiern an ihre Familien sind daher ein wichtiger Wirtschaftsfaktor und Ersatz für fehlende Sozialleistungen.

Human Development Index

Der HDI benennt den Entwicklungsstand eines Staates und wird alljährlich von der UNO ermittelt. Er errechnet sich aus den Kriterien Lebensstandard, Schulbildung und mittlere Lebenserwartung. Die Skala reicht von 0,0 bis 1,0, wobei ein HDI von 1,0 die angestrebte Spitze indiziert, die bisher weltweit aber noch nicht erreicht wurde. Zum besseren Verständnis: Ein HDI von 1,0 würde ermittelt werden, wenn die mittlere Lebenserwartung der Bürger eines Staates bei 85 Jahren läge, Erwachsene zu 100 % alphabetisiert wären, 100 % aller Kinder Schulen besuchten und das reale Pro-Kopf-Einkommen 40 000 US$ betragen würde. Dagegen indiziert ein HDI von 0,0 einen Staat mit Alphabetisierungs- und Einschulungsrate von 0 %, ein Pro-Kopf-Einkommen von 100 US$ und eine mittlere Lebenserwartung von 25 Jahren. Alle Staaten dieser Welt liegen irgendwo zwischen diesen beiden Extremwerten. Zu den Schlusslichtern der Skala zählen seit Jahrzehnten vor allem Staaten Schwarzafrikas. Nach der UNDP-Listung erreicht Gambia mit 0,46 nur Rang 174 von 189 indizierten Staaten.

Banjul

Geschichtlicher Rückblick

Der Name Banjul bedeutet „Bambus"

Die unbewohnte Sandbankinsel an der Mündung des Gambia wurde unter dem Namen *Cabo Santa Maria* erstmals im 15. Jh. durch die Portugiesen erwähnt. Während der folgenden Jahrhunderte blieb die Bambus- und Baobabinsel einsam und unbeachtet, nur entlaufene Sklaven hielten sich in diesem Dickicht versteckt. Von Zeit zu Zeit besuchten die Kombo mit Booten die Insel, um aus den Fasern der Baobabs Taue zu flechten. Sie nannten die Insel *'Banjulo'*, d. h. Bambus.

Strategische Beweggründe führen 1816 zur Gründung einer britischen Siedlung

1783 wurde der Gambiafluss auf der Pariser Friedenskonferenz den Briten zugesprochen. 24 Jahre später schaffte Großbritannien offiziell die Sklaverei ab. Die künftige Kolonialmacht suchte nun dringend nach einer strategisch günstigen Lage am Gambia, um den internationalen Sklavenhandel in ihrem westafrikanischen Einflussgebiet zu unterbinden. Die Wahl fiel auf die **sumpfige Mündungsinsel**, welche sie nach der portugiesischen Bezeichnung St. Mary's Island tauften. Am 23. April 1816 unterzeichnete Kapitän Alexander Grant vom Royal African Corps einen Pachtvertrag mit Tomany Bojang, dem König von Kombo, der die Briten zu einer jährlichen Zahlung von 100 Spanischen Dollar verpflichtete (etwa 35 Euro).

Die Ansiedlung erhält den Namen Bathurst

Innerhalb der nächsten drei Monate rodeten die 50 Soldaten und diverse Arbeiter die Insel und errichteten am Banyan Point erste Baracken und eine Garnison. Noch im selben Jahr wurden bereits vier Sklavenschiffe abgefangen. Der kleine Stützpunkt zog rasch britische Händler aus der französischen Senegalregion an. Sie brachten ihre afrikanischen Frauen und Bediensteten mit und errichteten erste Steinhäuser an der Uferfront. Zu Ehren des britischen Kolonialministers Lord Bathurst wurde die kleine expandierende Siedlung Bathurst getauft. 1820, nur vier Jahre nach dem ersten Spatenstich, wies Bathurst bereits ein Militärkrankenhaus und Regierungsgebäude auf, und die Händler hatten sich entlang der Wellington Street zweistöckige Häuser gebaut – im Erdgeschoss führten sie ihre Läden, die Wohnräume lagen darüber.

Kapitän Grant ließ die Straßen rechtwinklig nach genauem Plan anlegen und gründete für die verschiedenen Volksgruppen eigene, zunächst durch Ackerland voneinander getrennte Wohnviertel. Auf diese Weise entstanden *Portuguese Town* für

die Mulatten, *Jola* bzw. *Melville Town* – später auch *New Town* genannt – für befreite Sklaven, und *Jolof Town* für die Wolof, welche die Gruppe der Handwerker, Händler und Haussklaven bildeten. In *Soldier Town* kamen pensionierte britische Soldaten unter. Der ärmste Stadtteil, *Mokam Town,* lag an der sumpfigen, feuchten Landspitze und wurde nach der verheerenden Choleraepidemie von 1869, bei der eine Vielzahl seiner Bewohner starben, in *Half Die* umbenannt. Diesen Namen trägt das Viertel bis heute.

Für jede Volksgruppe ein eigenes Wohnviertel

Die hervorragende strategische Lage und der geschützte Hafen an der Gambia-Mündung begünstigten die Entwicklung von Bathurst einerseits; schwere Überschwemmungen, das feuchte Klima und die Ankunft zahlloser befreiter Sklaven ab 1830 führten andererseits zu steigenden Belastungen. Die Briten organisierten einen ungeheuren Rückstrom ehemaliger Sklaven an die westafrikanischen Küste. Viele dieser Rückkehrer wurden an die schwach besiedelte Gambia-Mündung gebracht und dort den Händlern als Arbeitskräfte vermittelt. Der größte Teil dieser befreiten Sklaven erreichte Bathurst jedoch in erbarmungswürdigem Zustand – geschwächt, fieberkrank und psychisch völlig verstört. Die meisten starben denn auch schon kurz nach ihrer Ankunft an Entkräftung und allerlei Krankheiten.

Tausende befreite Sklaven kehren aus Amerika zurück und suchen eine neue Heimat an der afrikanischen Westküste

Oben: Häuserzeile in der Altstadt von Banjul nahe dem Fährhafen

Banjul — Aus Bathurst wird Banjul

Die ehemaligen Sklaven gliedern sich nur sehr langsam in das Leben der kleinen Kolonie ein

Die Überlebenden wurden in neu gegründete Dörfer wie das Goderich Village am Oyster Creek zusammengeführt, um sich zunächst zu erholen und an die Freiheit in einem ihnen fremden Land zu gewöhnen. Anschließend bot man ihnen eine etwa siebenjährige handwerkliche Ausbildung bei den Siedlern an; ohne Bezahlung, bei freier Kost und Logis. Nach Beendigung der Ausbildung waren Arbeitsplätze selten, Frustration und Kriminalität daher die Folge. Da den Ex-Sklaven und ihren Kindern die Schulausbildung verwehrt wurde, blieben sie für lange Zeit die benachteiligte, unterste Gesellschaftsschicht.

Eine verheerende Choleraepidemie bricht aus

Als britisches Verwaltungszentrum und größte Siedlung der Kolonie wuchs Bathurst ständig weiter. Seine Bevölkerung stieg von 30 Europäern und 1800 Afrikanern im Jahre 1826 in den folgenden zwanzig Jahren auf knapp 200 Europäer und 4000 Afrikaner an. Die landwirtschaftlichen Flächen zwischen den verschiedenen Stadtvierteln verschwanden, die ethnische Trennung entfiel zugunsten eines bunt gemischten Stadtbildes. Die Choleraepidemie von 1869 forderte besonders unter den Armen viele Opfer, doch danach stieg die Einwohnerzahl Bathursts wieder an. Hundert Jahre nach der Stadtgründung lebten etwa 8000 Menschen in Bathurst, um 1940 jedoch bereits 20 000. Der Ort dehnte sich bald bis an seine natürliche Grenzen, die Mangrovensümpfe, aus. Erst in den 1950er Jahren wurden mit Hilfe einer Pumpstation an der Bund Road große Flächen der Insel endgültig trockengelegt.

Bathurst wird zu Banjul

1965 wurde Bathurst Hauptstadt und Regierungssitz des unabhängigen Staates Gambia und erhielt acht Jahre später auch seinen afrikanischen Namen Banjul zurück. Die Stadt ist in drei Verwaltungsbereiche aufgeteilt worden: Soldier Town, Portuguese Town und Half Die.

Die Insellage macht eine weitere Ausdehnung unmöglich

Bis heute ist die Einwohnerzahl auf ca. 35 000 Menschen angestiegen und hat damit längst ihre Kapazität ausgeschöpft. Die ehemaligen Vororte auf dem Festland haben all die Menschen aufgefangen, für die in Banjul kein Platz mehr ist. Ausländer und wohlhabende Gambier zogen bevorzugt nach Bakau, Fajara und Kotu. Serekunda wurde dagegen zum Wohngebiet der einfachen Leute, Händler und Handwerker, und ist rasch zur größten Stadt Gambias angewachsen.

Info *Zahlreiche Straßen wurden offiziell umbenannt; gebräuchlich sind aber auch noch die alten Namen*

In den letzten Jahren wurden viele **Straßennamen** Banjuls **umbenannt**. Weil aber bei den meisten Anwohnern und Taxifahrern noch die bisherigen Namen gebräuchlich sind, verwenden auch wir diese weiterhin und nennen die neuen Namen zusätzlich auf dem Stadtplan auf S. 72/73.

Der erste Eindruck — Banjul

Erste Orientierung

Ein Blick auf die Landkarte veranschaulicht Banjuls vorgestreckte Lage in der Gambiamündung. Die Insel entstand im Laufe von Jahrhunderten durch angespülten Schlick und wird von drei Seiten durch Wasser und im Westen durch Mangrovensümpfe begrenzt. Einzige Verbindung zum Festland stellt die 210 m lange Denton Bridge über den **Oyster Creek** dar.

Oyster Creek verdankt seinen Namen den vielen Austern, die hier geerntet werden

Städtebaulich wird Banjul keinesfalls europäischen Vorstellungen einer Hauptstadt gerecht. Es gibt keine Skyline, keine Glasfassaden oder modernen Bürokomplexe und kaum herausragende Hochhäuser, sondern überwiegend zwei- bis dreistöckige Gebäude mit Wellblechdächern. Das provinzielle Stadtbild wird allerdings durch den chaotischen Verkehr und die Vielfalt der Menschen belebt. Bunt gekleidete Wolof, Mandingo, Serer und Fulbe betreiben hier lebhaften Straßenhandel mit Angehörigen der Diola, Aku und Serahuli. Überladene Lastwagen und Taxis verstopfen die Straßen, libanesische Stoffhändler bieten ihre Waren in unscheinbaren Läden an, Marktfrauen aus Senegal feilschen am Albert Market, und zwinschendrin sieht man neugierig schlendernde Touristen.

Banjul ist klein und lässt sich auch zu Fuß erkunden

Banjuls wenige und unspektakuläre Sehenswürdigkeiten kann man leicht an einem halben Tag besuchen. Bitte beachten: Fotografieren ist fast überall unerwünscht.

Unten: Die Fischerboote in der Nähe des Albert Market bringen morgens frischen Fang

Stadtbesichtigung

Mit dem Bus oder Taxi nähert man sich der Stadt über die von Serekunda kommende vierspurige Autobahn. Nach der Polizeikontrolle, die manche spöttisch Check Point Charlie nennen, überquert die **Denton Bridge** den Oyster Creek, einen breiten Wasserarm im Mangrovensumpf. Rechts der Brücke liegen Fischerboote und Yachten, anschließend fährt man an Gambias Erdnussfabrik vorbei. Die Straße führt weiter durch den flachen Mangrovensumpf voller pittoresker Baobabs und nähert sich bald wieder der Küste. Rechter Hand befindet sich das größte Gefängnis des Landes, gegenüber liegen an einer flachen Lagune das verfallenen Palm Grove Hotel und später der ehemalige Radiosender SYD. Hier zweigt nach rechts die Bund Road ab, eine unbefestigte Deichstraße, an der man Wat- und Wasservögel am schlickigen Ufer vor den rostigen Schiffswracks beobachten kann.

Wir bleiben jedoch auf dem Serekunda Highway und erreichen bald die alten Friedhöfe. Die rauen Atlantikwellen rauben hier immer mehr von der Sandküste, manche Gräber sind den Wellen bereits zum Opfer gefallen. Küstenschutzprogramme sollen nun weiteren Landverlust verhindern.

Der Highway führt nun an Gambias Hochschule vorbei direkt auf Banjuls imposanten **Triumphbogen Arch 22** zu, dem Monument zu Ehren des Militärputsches vom 22. Juli 1994 und der daraus resultierenden Zweiten Republik. Auf acht Säulen steht das 35 m hohe dreigeschossige Gebäude. Über Fahrstühle und Wendeltreppen in den Säulen gelangt man hinauf zu einem Freiluft-Ausguck und einem kleinen Museum. Hier oben genießt man eine gute Aussicht über Banjuls Wellblechdächer und die Mangroven bis zur Denton Bridge. Öffnungszeiten: Täglich von 8–18 Uhr. Der Eintritt beträgt 100 D, für Kinder die Hälfte. Zum Fotografieren eignet sich der späte Nachmittag am besten.

Moschee

Am Rondell, in dessen Mitte Arch 22 steht, teilt sich der Highway in drei Straßen. Nach rechts führt die Box Bar Road zur **King Fahad-Moschee** (auch Jammeh-Moschee), die 6000 Menschen aufnehmen kann. Sie wurde 1988 mit finanzieller Unterstützung Saudi-Arabiens erbaut, und darf – barfuß und ordentlich bekleidet – auch von Nichtgläubigen betreten werden, sofern nicht gebetet wird. Fotografieren ist unerwünscht!

Zweigt man dagegen links zur baumbestandenen **Marina Parade** ab, gelangt man an verschiedenen Ministerien vorbei, die überwiegend in kolonialen Gebäuden untergebracht sind, zum Laico Atlantic Hotel und dem Royal Victoria Hospital, wo die Straße vor dem State House, dem Präsidentenpalast, endet (ein Fußweg führt hier am Strand entlang zum MacCarthy Square bzw. July 22nd Square).

Geradeaus, als Verlängerung des Serekunda Highway, führt der **Independence Drive** vom Arch 22 direkt ins Zentrum von Banjul. Am einfachen Carlton Hotel, dem Parlament und einer kleinen Moschee vorbei gelangt man zum Royal Victoria Hospital (links) und dem Taxistand (rechts). Direkt anschließend befindet sich links der ehemalige Sitz des British Council. In diesem älteren Kolonialbau ist heute das **Nationalmuseum** untergebracht. Es beherbergt kunsthandwerkliche und kulturelle Gegenstände, archäologische Funde, historische Landkarten und zeigt eine Ausstellung zur Kolonial- und Landesgeschichte. Der kleine Innenhof wirkt wie eine ruhige Oase inmitten des Stadtgetümmels. Das Museum ist montags bis donnerstags von 8–18 Uhr freitags von 8–13 Uhr und samstags von 8–14 Uhr geöffnet. Eintritt: 50 D.

Nationalmuseum

Im Museumsshop gibt es ein paar Broschüren zu kaufen

Nur ein Stück weiter auf der gleichen Straßenseite befindet sich St Mary's Anglican Cathedral, eine neugotische Backsteinkirche mit großer Orgel. An den Innenwänden wurden viele Gedenktafeln zur Erinnerung an Verstorbene angebracht, die eindrucksvoll an die einzelnen Schicksale erinnern. Dahinter schließt sich der Kolonialbau **Quadrangle** mit seinem viereckigen Innenhof an, in dessen Räumen u. a. das Ministerium für Tourismus untergebracht ist.

St Mary's Anglican Cathedral

Quadrangle

Wir befinden uns nun direkt am MacCarthy Square (bzw. July 22nd Square), einem eingezäunten Platz mit kleiner Tribüne, der bereits von Kapitän Grant als Mittelpunkt der Siedlung angelegt wurde. Benannt wurde der Sport- und Versammlungsplatz nach Sir Charles MacCarthy, dem Gouverneur von Westafrika. Auf seinem Gelände befindet sich das **Kriegerdenkmal** Bathurst Memorial zur Erinnerung an die 38 gambischen Opfer des Ersten Weltkriegs.

MacCarthy Square

Links von oben: King Fahad Mosque; Banjuls Fährhafen; Triumphbogen Arch 22
Oben: Museumsausstellung im Triumphbogen

Wesley Church

Bild unten: Das Kolonialgebäude Quadrangle
Rechts: Christlicher Friedhof am Ozean, Eingang zum Albert Market

Vor dem Besuch der Hauptgeschäftsstraßen Wellington Street und Buckle Street empfiehlt sich ein kurzer Abstecher zur ältesten Kirche Banjuls in der Dobson Street. Die Wandtafeln der 1835 erbauten **Wesley Church** weisen teilweise originelle Texte auf und spiegeln den Geist der Kolonialzeit sehr lebendig wieder. Der freundliche Aufseher berichtet gerne von vergangenen Zeiten und bittet um Eintragung ins Besucherbuch.

Rhömisch-Katholische Kirche

Zwei Querstraßen weiter in der Picton Street / Ecke Hagan Street dominiert die römisch-katholische Kirche das Straßenbild. Der Haupteingang dieser Kirche ist meist verschlossen, und der Zugang erfolgt über den linken Seiteneingang. Größer als die beiden anderen Kirchen, wirkt sie auf Besucher wie ein ruhiges, zeitloses Mahnmal. Beachtenswert sind die hölzerne Kanzel und das schöne Gestühl.

Dank Queen Elisabeth wurde die Hagan Street 1960 als erste Straße des Landes geteert, denn damals schritt die Königin bei ihrem Besuch der Kolonie mit Soldaten vom Hafen durch die Hagan Street zum MacCarthy Square.

In der Buckle Street und der quer verlaufenden Nelson Mandela Street befinden sich Geschäfte wie der Methodist Bookshop und preiswerte, einfache Lokale wie die libanesischen Restaurants "Ali Baba" und "King of Shawarma".

Nicht weit entfernt an der Russel Street kündigen neben dem Postgebäude fliegende Händler und dichtes Menschengedränge den größten Anziehungspunkt der Stadt an: **Albert Market.** Der ausufernde, quirlige Stadtmarkt bildet eindeutig den pulsierenden Mittelpunkt Banjuls. Bereits 1855 wurde hier ein Marktgebäude errichtet, das bedauerlicherweise 1986 abbrannte. Auch die neuen Markthallen platzen längst aus allen Nähten. Hier gibt es nichts, was es nicht gibt! Basarartige schattige Arkadengänge führen an Gewürzständen mit fremdartigen Gerüchen vorbei zu den bunten Lebensmittelständen und Garküchen. Dazwischen findet man Haushaltswaren aller Art, Elektroartikel, Kleidung und Uhren. In einem kleinen Gebäude befindet sich der Fischmarkt, anschließend gelangt man nahtlos in den touristischen Bereich, der früher einmal als Handicrafts Centre abgetrennt war. Hier werben die selbstbewussten Händlerinnen in buntbedruckten Kleidern für ihre Waren und fordern die Touristen zum Verweilen und Kaufen auf. Das Angebot ist groß – Holzschnitzereien in allen erdenklichen Größen, bunte Stoffe und Kleider, Lederwaren und Silberschmuck. Kaufen Sie nichts, ohne

vorher ausgiebig zu handeln und passen Sie im Gedränge besonders gut auf Ihre Wertsachen auf! Außer sonntags ist der Markt täglich ganztags geöffnet.

Folgt man der Russel Street, mündet diese in die **Wellington Street**, die älteste Straße Banjuls, wo sich noch viele koloniale Häuser befinden. Wie vor 200 Jahren ist es eine Straße der Händler, mit kleinen Stoff- und Haushaltsläden, aber auch dem Gerichtsgebäude und dem Zollhauptquartier. Hinter dem Zoll landen nahe der Old Government Wharf die farbenfrohen Fischerboote mit ihrem frischen Fang an.

Noch weiter nach Süden erreicht man den stets überfüllten **Barra Ferry Terminal** zur Überfahrt ans Nordufer, und schließlich den modernen Containerhafen Banjuls. Unscheinbar und versteckt liegt dahinter die kleine **Half-Die-Moschee**, die seit 1926 an die Choleraopfer von 1869 erinnert.

Banjul Stadtplan

72

Stadtplan Banjul

What's On in Banjul?

Tipps zum Essen und Trinken

Am besten, aber auch teuersten, speiste man bisher im Laico Atlantic Hotel an der Marine Parade. Hier werden abends Themenbuffets angeboten, was man ansonsten in Banjul kaum findet. Gleich nebenan liegt das **Nefertiti Beachside Restaurant**, Tel. 3962770, ein Café mit guter Musik und Atmosphäre, Sonnenliegen und gratis WLAN.
Alle anderen Lokalitäten der Stadt sind deutlich einfachere und preisgünstigere Etablissements. Die Gastronomie Banjuls scheint fest in libanesischer Hand zu sein, und preiswerte Spezialitäten wie Shawarma und Felafal erfreuen sich großer Beliebtheit. Wer es ausprobieren möchte, sollte "Ali Baba" oder "King of Shawarma", beide in der Nelson Mandela Street gelegen, aufsuchen.

Post & Telefon

Das Hauptpostamt an der Russel Street neben dem Albert Market hat montags bis freitags von 8.30–12.15 und 14–16 Uhr geöffnet, samstags nur von 8.30–12 Uhr. Die Telecom-Gesellschaft GAMTEL befindet sich gleich nebenan und ist täglich rund um die Uhr geöffnet.

Einkaufen

Einziger Buchladen Gambias ist der Methodist Bookshop an der Nelson Mandela/Ecke Buckle Street. Der Laden ist unbeschildert! Öffnungszeiten: Mo–Do von 8.30–16 Uhr, Fr/Sa nur vormittags.

Stoffe in großer Auswahl finden Sie im Bereich Nelson Mandela und Russel Street. Alles andere kauft man am besten am Albert Market – aber nicht, ohne vorher intensiv zu feilschen!

Die beste Lebensmittelversorgung bietet der VIP Supermarkt beim Albert Market. Die Auswahl ist in Banjul allerdings bescheidener als in Bakau und Kololi, wo aufgrund der Touristennachfrage moderne Supermärkte auch importierte (Luxus-)Güter anbieten.

Touristeninformation

Es gibt in Banjul kein öffentlich zugängliches Informationsbüro. Das Ministerium für Tourismus finden Sie im Quadrangle am MacCarthy Square, Tel. 4462496.

Polizei

Ecowas Ave, Tel. 4227223,
Polizei-Notruf Tel. 4224914.

Warnung

Fotografieren Sie äußerst zurückhaltend und Menschen grundsätzlich erst, wenn diese deutlich ihr Einverständnis gegeben haben. Vorsicht auch vor Taschendiebstahl! Besonders im Marktgedränge, auf der Fähre und in den überfüllten Straßen im Stadtzentrum gibt es zahlreiche Langfinger.

Für Autofahrer

Beim Polizei- und Militär-Check-Point an der Zufahrt nach Banjul bleibt jeder Autofahrer defensiv an den Absperrungen stehen, bis ihm der Soldat durch Winken die Erlaubnis gibt, zu ihm aufzuschließen.

Barra-Fähre

Die Autofähre nach Barra legt zwischen 7 Uhr und 19 Uhr offiziell alle zwei Stunden ab. Die Überfahrt dauert rund 30–50 Minuten. Soweit die offiziellen Angaben, doch in der Regel herrscht an der Fähre so ein chaotischer und unübersichtlicher Andrang, dass mit stundenlangen Wartezeiten zu rechnen ist. Personen bezahlen 30 Dalasi pro Überfahrt, Pkw kosten je nach Größe ab 600 Dalasi.

Wegen der vielen Kriminaldelikte im Wartebereich und auf der Fähre rät das

Auswärtige Amt in Berlin Reisenden ab, diese Fähre zu benützen. Auch die örtlichen Reiseagenturen meiden eine Fährüberfahrt mit Fahrzeugen und lassen Touristengruppen deshalb am Nordufer die Fahrzeuge wechseln.

Taxi und Bus

Der Taxistand für Buschtaxis nach Serekunda und Bakau (je 18 D pro Person) befindet sich gegenüber dem Nationalmuseum. Alle paar Minuten fahren von hier unterschiedliche Sammeltaxis ab.

Auch die gelben Town Taxis kann man hier antreffen. Nach Serekunda oder Bakau kostet einen Fahrt rund 250 D, der gleiche Tarif gilt für eine Stadtrundfahrt. Im grünen Taxi müssen für eine Fahrt nach Serekunda oder Bakau mindestens 500 D veranschlagt werden (hin und zurück mit Wartezeit ab 1000 D).

Busse und Buschtaxis für Fahrten ins entfernte Landesinnere wie nach Farafenni, Janjanbureh oder Basse Santa Su halten am zentralen Busbahnhof in Half Die in der Cotton Street.

Unterkunft

Atlantic Hotel: Marina Parade, Banjul. Tel. 4228601, Fax 4227861, email: sales@laico-atlantic.gm. Das traditionsreiche Stadthotel der guten Mittelklasse (4 Sterne, Laico Hotelgruppe), beliebt bei Geschäftsreisenden und Urlaubern, ist Banjuls beste und mittlerweile auch einzige Unterkunft. Das vor wenigen Jahren renovierte Resort erstreckt sich direkt am schmalen, wenig attraktiven und etwas schattenlosen Strand an der Gambia-Mündung, bietet aber einen schönen Poolbereich (mit Animation und Musik) sowie mehrere Bars und Restaurants, Massagesalon und Fahrradverleih. Die 204 ansprechenden Zimmer und Suiten verfügen über Klimaanlagen, Zimmersafe und kleine Balkone. WLAN gegen Gebühr.
Preise: AI ab 65 €/DZpP und 90 €/EZ.

Oben: In Banjul scheint die Zeit stillzustehen; an vielen Stellen stehen noch alte Gebäude aus der späten Kolonialzeit
Links: Hier wurden einige Häuser restauriert

Küstenregion

Landkarte: Die touristische Küstenregion

Landkarte: Die touristische Küstenregion — Küstenregion

Gambias touristische Küstenregion

Das Dreieck Bakau – Kololi – Serekunda mit seinen Traumstränden und Badehotels

Die meisten Besucher Gambias halten sich am Küstenstreifen zwischen Bakau / Cape St Mary und der Senegambia-Region bei Kololi und Bijilo auf. Hier findet man lange, palmengesäumte Sandstrände mit Hotelanlagen und Kneipen für jeden Geschmack und Geldbeutel.

Bakau

In Bakau wohnten einst die Besserverdiener und Diplomaten; heute kämpft der Ort durch den starken Zuzug vom Land mit Abwasserproblemen und Vermüllung

Das ehemalige Fischerdorf Bakau entwickelte sich durch seine reizvolle Lage früh zur bevorzugten Residenz der Diplomaten, Europäer und Reichen. Schon vor Jahrzehnten entstanden hier die ersten Hotels neben feinen Villen und Wohnhäusern. Heute ist Bakau im Gegensatz zu den weiter südlich gelegenen Touristenzentren Kotu und Kololi ein gewachsener, vielseitiger und sehr lebhafter Ort mit etwa 55 000 Einwohnern. Hier entdeckt man noch am ehesten den gambischen Alltag: In Bakau befinden sich das Independence Stadion, Radio Gambia und der Sitz der Tageszeitung "Daily Observer". Bekannt ist der Küstenort aber vor allem durch den „Heiligen Krokodilteich von Kachikally" (siehe S. 82f).

Zufahrt

Bakau liegt etwa 10 km westlich von Banjul. Als nördlichste Zufahrt führt die Uferstraße Old Cape Road durch Mangrovensümpfe und an knorrigen Baobabs vorbei entlang dem Tanbi Wetlands Schutzgebiet. Viel stärker befahren ist die neue Cape Road, die direkt im Zentrum Bakaus auf die Atlantic Road trifft.

Zur ersten Orientierung

Die Atlantic Road führt als Lebensader von Bakau von Cape Point bzw. Cape St. Mary bis an den Golf Club von Fajara. Bei Cape Point liegen neben den Ferienresorts Cape Point und Ocean Bay einige kleinere Hotels und Lokale. Daran schließen sich ein unauffälliger Botanischer Garten (50 D Eintritt) und gegenüber der katholischen Kirche der Batikmarkt mit seinen Souvenirständen an, der wiederum praktisch nahtlos in den Lebensmittelmarkt übergeht. Am Landungssteg der Fischerboote vorbei gelangt man schließlich zum "Right Choice"-Supermarkt, Bankfilialen und Taxiständen.

Foto rechts oben: Der Landungssteg am Fischerhafen von Bakau

What's On in Bakau?

Essen und Trinken

Zwischen Cape Point und Old Cape Road besteht das größte Gastronomieangebot. Beliebt sind folgende Lokale:

Calypso Beach Bar: Das idyllisch am Cape Point Beach neben dem Ocean Bay Resort gelegene Restaurant ist ein echter Geheimtipp für Vogel- und Naturfreunde, denn hier verteilen sich die Sitzgelegenheiten an einem hübsch bewachsenen Krokodiltümpel und auf ein Stelzendeck unter riesigen Baobabs. Es werden u. a. Burger, Fischgerichte und Snacks serviert, abends spielt oft Livemusik. Sehr stimmungsvoll! Tel. 9920201.

Zaika (Taj India) Restaurant: Gegenüber dem Ocean Bay Resort finden Freunde der feurigen, aromatischen indischen Küche ihr Glück.

Mr. Bass Happy Corner Bar & Restaurant: Lässige Kneipe an der Landspitze von Cape Point, in der ebenfalls oft Livemusik gespielt wird. Tel. 7727660.

Belgam Bar: Weniger der Küche wegen als wegen der großartigen Lage über dem Fischerhafen von Bakau lohnt sich eine Einkehr auf der Aussichtsterrasse des Bakau Guesthouse. Tel. 4497460.

Strandqualität

Die Landzunge Cape Point weist feine, flache Sandstrände auf mit günstigen Verhältnissen zum Windsurfen. Der Ort Bakau dagegen liegt an einer teils felsigen Steilküste mit schmalem Sandstrand. In Richtung Fajara, etwa ab der Leybato Beach Bar, geht die Küste wieder in weiten Sandstrand über.

Einkaufen

Lebensmittel aller Art und Spirituosen sind im "Right Choice"-Supermarkt beim Markt erhältlich. Täglich geöffnet, der Laden akzeptiert VISA. Marktstände voller Obst, Gemüse und Meeresfrüchten befinden sich zwischen dem Supermarkt und der Old Cape Road-Abzweigung. Ein kleiner Craft Market liegt vor dem Cape Point Hotel.

Taxi und Buschtaxi

Buschtaxis befahren die Hauptstraßen und kosten nach Banjul oder Serekunda je 8 D pP. Wer zur Senegambia-Region fahren möchte, muss allerdings an der Kairaba Ave in Serekunda umsteigen und bezahlt zwei Mal 8 D pP. Mit etwas Verhandlungsgeschick kostet die Fahrt nach Kololi im gelben Taxi 150–220 D, im grünen Taxi ab 300 D.

Bargeldbeschaffung

Bankomaten für VISA befinden sich zwischen Ocean Bay Hotel und Cape Point Hotel sowie in der Standard Chartered Bank an der Atlantic Road.

Polizei

Touristenpolizei von Bakau: Tel. 4495328.

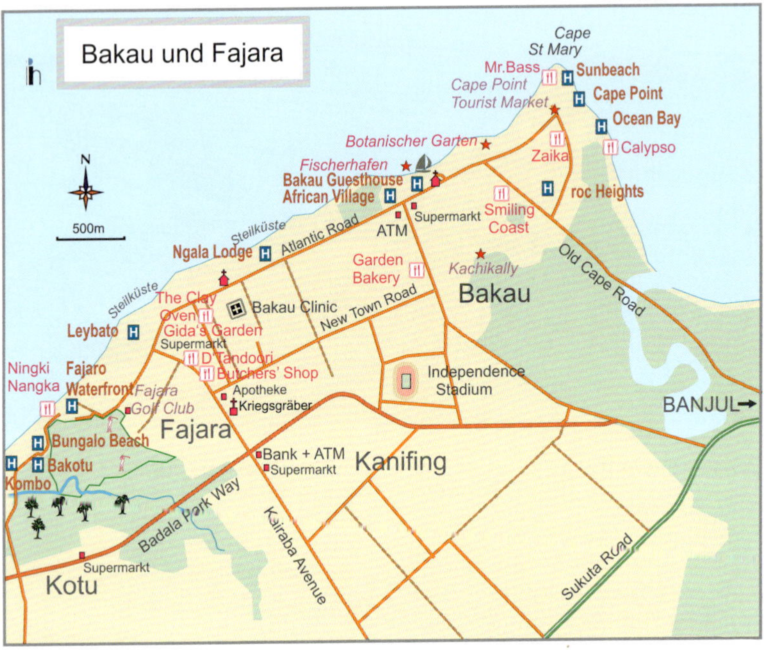

Sehenswertes in Bakau / Cape Point

Tipp Unbedingt anschauen! Der malerische Fischmarkt am Steg lässt sich besonders schön von der Terrasse der Bar im ehemaligen Bakau Guesthouse aus beobachten (siehe Foto rechts)

Fischmarkt und Bootshafen von Bakau

Direkt unterhalb der Marktstände für Obst, Gemüse und Fisch, wo sich auch das Bakau Guesthouse befindet, liegen die Fischerboote an der Steilküste von Bakau. Hier herrscht ein buntes Kommen und Gehen. Auf dem Steg filettieren die Fischer ihren Fang, am Strand stehen Kühlschränke für die Lagerung bereit. Seezungen, Ladyfish, Butterfish, Barrakudas, Garnelen und Muscheln wechseln hier ihre Besitzer. Man sieht die Marktfrauen feilschen, Kinder spielen und erlebt intensive Gerüche. Hier spielt sich vor den Augen der neugierigen Touristen das Alltagsleben der gambischen Fischer ab.

Shopping!

Batik- und Souvenirmarkt

Bakaus offener Touristenmarkt bietet neben Schmuck und Schnitzereien insbesondere bunte Batikstoffe und Batikkleider an. Die Batiken werden u. a. in der *Batic Factory* in Serekunda hergestellt (siehe S. 101).

Heiliger Krokodilteich von Kachikally

Das Heilige Krokodilbecken mit seinen friedfertigen Riesenechsen sollte man sich unbedingt ansehen (siehe S. 82f).

Hotels in Bakau

Sunbeach Hotel / Red Croc Hotel & Resort: Kofi Annan Road, Cape Point, Bakau. Tel. 4497190, 4495787, Fax 4497193, www.sunbeachhotelthegambia.com. Das älteste Ferienresort Gambias mit 100 Zimmern in ruhiger, exponierter Lage direkt am Cape Point wurde 2017 grundlegend renoviert und als All-inclusive-Bungalowanlage wiedereröffnet. Schöner Garten, Spa- und Poolbereich, zwei Bars, gratis WLAN. Abends viele Shows und Themenbuffets. Preise: AI ab 83 €/DZpP und 155 €/EZ.

Cape Point Hotel: Kofi Annan Road, Cape Point, Bakau. Tel. 4495005, Fax 4495375, email: info@capepointhotel.net, www.capepointhotel.net. Kleinere einfache und familiäre Anlage mit Pool, Restaurant, gratis WLAN und Safe sowie 75 Zimmern und Apartments, die sich zwischen die beiden größeren Hotelkomplexe am Cape Point schmiegt. Preise: ÜF je nach Saison ab 35 €/DZpP und 70 €/EZ.

Ocean Bay Resort: Kofi Annan Road, Cape Point, Bakau. Tel. 4494265, Fax 4494268, email: info@oceanbayhotel.com, www.oceanbayhotel.com. Die ansprechend begrünte Bungalowanlage ist bisher das beste Hotel in Bakau. Alle 195 Zimmer mit Klimaanlage. Ansprechender Pool; kleiner Spielplatz, abends Shows und Animation, WLAN, Spa. Preise: ÜF je nach Saison ab 67 €/DZpP und 95 €/EZ.

African Village: 98 Atlantic Road, Bakau. Tel. 3079645, Fax 4495307, email: africanvillagehotel@yahoo.com, www.africanvillagehotel.gm. Mitten im Zentrum von Bakau an der steinigen Steilküste gelegenes Bungalowhotel mit 73 Zimmern. Zum Meer steigt man hinab, der kleine Strandbereich liegt auf einem hässlichen künstlichen Betonsockel. Dafür schöner Blick seitlich zum Hafen. Mit Fahrradverleih und Pool. Ein beengtes Hotel mit Lokalkolorit für Aktive ohne große Ansprüche (viele junge Gäste). Preise: ÜF je nach Saison ab 22 €/DZpP und 35 €/EZ.

Tropic Garden Hotel: Neues Mittelklassehotel, bei Redaktionsschluss noch in Bau.

Unterkünfte für Individualreisende:

Atlanticoast Residence (ehemals Bakau Guesthouse): 110 Atlantic Road, Bakau. Tel. 7701711, 9746389. Eine Bleibe für Backpacker: Das Haus am Fischmarkt bietet einen genialen Ausblick über das chaotische Hafentreiben (kein Strand), saubere Zimmer mit gratis WLAN und viel Atmosphäre. Preise: Zimmer mit Meerblick ab 22 €/Nacht.

Roc Heights Lodge: Cape Point Area, Bakau. Tel. 4495428, enquiries@rocheightslodge.com, www.rocheightslodge.com. Die beschauliche Residenz mit 18 sauberen Zimmern und Apartments, Restaurant, Bar und Pool beherbergt viele Expats und Geschäftsreisende. Preise: ÜF ab 28 €/DZpP und 56 €/EZ.

Unsere Meinung

Die Hotels am windigen Cape Point liegen etwas isoliert, was sich auf die Preise im Bereich Gastronomie und Aktivitäten auswirkt. Um von hier aus etwas zu unternehmen, braucht man fast immer ein Taxi. Dafür findet man hier eine gute Mischung aus touristischem Angebot und gambischem Alltagsleben.

Die „Heiligen Krokodile von Kachikally"

Das Heilige Krokodilbecken in Bakau ist eine seit vielen Generationen gehütete Kultstätte. Waschungen mit dem Wasser dieses Tümpels sollen große Heilwirkung gegen Unfruchtbarkeit erzielen. Die meisten Besucher zieht Kachikally allerdings wegen seiner rund hundert Krokodile an, die geschützt und zutiefst verehrt gemütlich im Teich leben und sich teilweise sogar von den Menschen anfassen lassen.

Öffnungszeiten: tgl. von 7–19 Uhr, der Eintritt beträgt 150 Dalasi. Man beginnt mit dem Rundgang durch ein kleines Museum, in dem die Geschichte von Kachikally beschrieben wird, Fotografien aus der Kolonialzeit gezeigt werden, Heilpflanzen der gambischen Kultur, traditionelle Werkzeuge und Rituale vorgestellt werden. Danach führt ein kurzer Weg zwischen uralten riesigen Kapokbäumen hindurch – unser Tipp für Vogelfreunde! – zum Krokodilteich. Hier liegen immer einige Krokodile am Ufer oder spazieren gelassen durch die staunende Menschenmenge.

Die Legende der Heiligen Krokodile von Kachikally

Vor etlichen Generationen ließ sich Ncooping Bojang, Urahn der noch heute in Kachikally ansässigen Familie Bojang, in dieser Region nieder. Mit seiner Familie führte er ein bescheidenes Dasein, bis ihm eines Tages ein guter Geist namens Kachikally in Gestalt einer Frau erschien. Kachikally führte ihn zu einer kleinen Quelle, die heilbringendes Wasser gegen allerlei Krankheiten, insbesondere aber gegen Unfruchtbarkeit, hervorbringt. Sodann ernannte die geheimnisvolle Frau Ncooping und seine Familie zu den Hütern der Quelle. Sie verlangte, dass die Quelle für immer ihren Namen tragen müsse und trug Ncooping auf, eine Gabe zu bringen, die in der Quelle verbleiben und unter den gleichen Schutz gestellt werden solle. Ncooping und seine Familie waren sehr unsicher, welche Gabe Kachikally wohl erwarten würde. So schickte Ncooping seine beiden Söhne zum Fischen. Der erste Fang der beiden Kinder waren zwei junge Krokodile. Diese brachte Ncooping zu Kachikally, die sehr zufrieden schien. Fortan lebten die Krokodile unter dem Schutz der Familie Bojang in der kleinen Quelle. Pilger und Kranke kamen, um sich in der Quelle rituellen Waschungen zu unterziehen oder von ihrem heilenden Wasser zu trinken. Von Zeit zu Zeit verstopften Schlingpflanzen die Quelle und mussten entfernt werden. Dabei wurde der Teich ausgegraben und vergrößerte sich beträchtlich. Obwohl Ncoopings Nachfahren zum Islam konvertierten, pflegten sie die Kultstätte mit dem gleichen Eifer wie ihre Vorgänger.

Noch heute unterstehen Pflege und Aufsicht von Kachikally der Familie Bojang. Die Heilwirkung seines Wassers zieht Pilger aus dem ganzen Land an. Die vielen Touristen kommen vor allem wegen der Krokodile, die sich offensichtlich wohlfühlen und kräftig vermehren. Absoluter Star unter den Panzerechsen ist Charlie, der sich sogar die Vorderbeine schütteln lässt! Die Touristenführer taufen die Tiere übrigens gerne Charly, und man weiß auch bei mehrmaligem Besuch nicht, welcher der müden Gesellen nun eigentlich wirklich Charly ist...

Unerklärlich bleibt, warum die Krokodile niemanden attackieren. Wer je die gefährlich schnellen Reaktionen dieser unzähmbaren Riesenechsen beobachtet hat, kann über das Verhalten der Heiligen Krokodile von Kachikally nur staunen. Wo sonst können Menschen Krokodile anfassen? Es mag vielleicht an ihrer fürstlichen Lebensweise liegen, denn sie haben noch niemals jagen müssen und werden zweimal täglich mit frischem Fisch gefüttert. Oder wacht am Ende doch der gute Geist von Kachikally über dieser Stätte?

Küstenregion — Prosperierender Küstenort

Fajara

Nahezu unmerklich geht Bakau nach Westen in den Ort Fajara über. Hier trafen sich früher die Kolonialherren im Club zum Golfen und Snooker spielen. Von seinem einstigen Glanz hat Fajara viel eingebüßt, doch gilt die „Pipeline nach Serekunda", die Kairaba Avenue, heute als eine der wichtigsten Geschäftsstraßen der Region. Neben flachen, feinsandigen Palmenstränden hat Fajara auch ein interessantes gastronomisches Angebot zu bieten.

What's On in Fajara?

Fajara Golf Club

Der 18-Loch-Golfplatz liegt ausgesprochen schön zwischen dem Atlantik und dem Flüsschen Kotu. Hier spielt man nicht auf Gras (Turf Green) sondern auf Sand (Browns bzw. Sand Greens). Die Greenfee beträgt 1800 D/Tag, Ausrüstung und Caddies können gemietet werden. Für einen geringen Tageseintritt erhält man freien Zugang zum Club und seinen sportlichen Angeboten (Tennis, Snooker, Badminton, Pool, Restaurant und Bar). Tel. 4496597, 9496547.

Freizeitgestaltung

Neben dem sportlichen Angebot im Golf Club bieten sich von hier aus kilometerlange Strandwanderungen bis weit über die Hotelanlagen von Kololi hinaus an. Wer sich für Geschichte interessiert, kann dem kleinen Soldatenfriedhof (War Cemetery) an der Kairaba Ave einen Besuch abstatten. Vogelfreunde sollten sich beim Kotu Stream und im Bereich des Golf Clubs umsehen.

Einkaufen

Souvenirs findet man im neuen Fajara Craft Market, der allerdings leichter von Kotu aus erreichbar ist (S. 86). Selbstversorger finden beim "Butcher's Shop" diverse europäische Delikatessen und eine gute Fleischauswahl. Noch weiter in Richtung Serekunda, kurz vor der Abzweigung nach Kololi, befindet sich ein Seafood-Shop. "The Emporium" an der Kairaba Ave ist eines der größten Einkaufszentren Gambias. Entlang der Kairaba Ave findet man auch Apotheken.

Bargeldbeschaffung

Standard Chartered Bank an der Kairaba Ave/ Ecke Senegambia Ave (mit Geldautomat für Bargeldabhebungen mit Kreditkarten).

Essen und Trinken

The Butcher's Shop: 130 Kairaba Ave, Fajara. Tel. 4495069. Metzgerei, Delikatessengeschäft und exquisites Restaurant an der Hauptstraße – nicht billig, aber von hoher Qualität. Wir empfehlen die gefüllten Teigtaschen (auch zum Mitnehmen).

D Tandoori: Tel. 2000101. Grandiose Indische Küche! Cooles Restaurant mit gutem Service und vielfältiger Speisekarte, gleich neben The Butcher's Shop gelegen. Unser Tipp!

Gida's: Tel. 3709008, 7074444. Ein wenig versteckt in einer ruhigen Parallelstraße zum Atlantic Boulevard liegt das Gartenlokal eines Litauers. Tropisch eingewachsen, freundlicher Service, es gibt litauische Spezialitäten und ist geöffnet von Mo–Sa ab 12.30 Uhr.

Leybato Beach Bar: Tel. 4497186. Vor allem bei jungen Leuten ist das preiswerte, lässige Strandlokal mit Hängematten und Sonnenliegen sehr beliebt.

Tipp Die meisten der weiter in Richtung Serekunda an der Kairaba Ave liegenden Lokale bieten Gästen abends einen kostenlosen Rücktransport zum Hotel.

Hotels in Fajara

Ngala Lodge: Atlantic Boulevard, Tel. 4494045, www.ngalalodge.nl. Elegantes Boutiquehotel in ehemaliger Botschaftervilla mit nur 24 Suiten in einem tropischen Anwesen über der Steilküste (großartiger Ausblick, Baden im Ozean ist jedoch schwierig, das steile Gelände voller Treppen eignet sich auch nicht für Gehbehinderte). Ngala Lodge gibt sich elitär, erlaubt keine Kinder und gewährt viel Privatsphäre. Es gibt zwei schön gelegene Pools und ein gepflegtes Fischrestaurant (nicht ganz preiswert, aber ein schönes Ambiente für einen besonderen Abend). Alles wurde idyllisch begrünt und steckt voller schmiedeeiserner Details. Dieses Haus ist unsere Empfehlung für ruhesuchende, anspruchsvolle Individualisten. Preise: strikt auf Anfrage, da die Vermarktung direkt über The Gambia Experience (S. 209) läuft.

Leybato Motel: Atlantic Road, Fajara. Tel. 9902408, 4497186, email: leybato47@hotmail.com, www.leybatobeachhotel.com. Kleines Gästehaus mit Aussteigerfeeling, Hängematten am Strand, Restaurant und Apartments zur Selbstversorgung. Preise: Klimatisierte Zimmer mit Küche 52 €/Nacht, Zimmer mit Ventilator und Frühstück (ohne Küche/Klimaanlage) 20 €/DZpP und 31 €/EZ.

Unsere Meinung

In Fajara quartieren sich zumeist Leute ein, die entweder abseits der Touristenströme bleiben möchten oder als Wiederholungsreisende enge Kontakte zu Gambiern pflegen.

Bild links oben: Gegrillte Garnelen mit Zitrone und Bier. Unten: Fischerboote im Hafen von Bakau

Küstenregion — Ferienkomplex am Kotu Stream

Kotu

An der Mündung des Kotu-Flüsschens in den Atlantik, zwischen Kotu Point und dem Golfplatz von Fajara, befindet sich der Touristenkomplex Kotu. Die meisten Hotels sind hier schon älterer Bauart und rustikal renoviert worden, in Richtung Palma Rima entstanden hier aber auch ein paar Neuzugänge. In Kotu sind die Urlauber weitgehend unter sich und werden durch einen stationären Touristenpolizei-Checkpoint am Badala Highway abgeschirmt (Tel. 4463351), der nur zugangsberechtigte Einheimische in den Hotelkomplex vordringen lässt. Traditionelles Dorfleben gibt es an diesem schönen Strandabschnitt nicht (mehr). Der Kotu Stream und seine Lagunen sind die Heimat vieler Wasservögel, aber auch die Ursache, dass es hier etwas schwüler ist als an den Nachbarstränden.

What's On in Kotu?

Freizeitgestaltung

Eine Strandwanderung von Kotu nach Kololi dauert rund 45 Minuten. Neben endlosen Strandwanderungen, die man auch noch weit über Kololi hinaus unternehmen kann, kommen in Kotu Hobby-Ornithologen auf ihre Kosten: Palmen soweit man schaut und immer wieder Vögel! An der Kotu-Brücke, einem der bekanntesten „Birding Spots" Gambias, warten beim Bird Information Centre stets einige versierte Guides, die Interessierten auf **vogelkundlichen Führungen** an der mangrovengesäumten Kotumündung die reiche Vogelwelt zeigen. Wer sich lieber massieren lässt, findet in den meisten Hotels entsprechende Angebote. Vor dem Badala Park Hotel werden auch Fahrräder vermietet (250 D/Tag).

Einkaufen

Lebensmittel und Getränke gibt es im kleinen Supermarkt neben dem Bakotu Hotel, nahebei findet man eine Wechselstube. Daran schließt sich der kreisförmig angelegte Kotu Bendula Craft Market mit allerlei Kunsthandwerk, bunten Stoffen und Kleidung an. Hinter dem Ningki Nangka Restaurant entstand der neue Fajara Craft Market. Gut bestückt sind die modernen, größeren Supermärkte Marouns und Xpress an der Hauptstraße in Richtung Kololi.

Taxis

Vor den Hotels oder am Supermarkt warten ständig grüne Touristentaxis auf Gäste. Kotu ist verkehrsberuhigt. Buschtaxis nach Serekunda (8 D) und gelbe Town Taxis dürfen nur an der Kreuzung bei der Polizeistation halten und Touristen aufnehmen, nicht jedoch vor den Hotels warten.

Wer mit einem Buschtaxi nach Kololi fahren möchte, muss erst zur Kreuzung bei der Polizeistation und weiter bis zum Palma Rima Hotel laufen (nochmals etwa 1 km), wo man bei einem der Buschtaxis zwischen Serekunda und Senegambia zusteigt (8 D).

Bargeldbeschaffung

Es gibt in Kotu eine Wechselstube, aber keine Bank. Geldautomaten findet man in Kololi oder bei der Standard Chartered Bank an der Kairaba Ave/Ecke Senegambia Ave.

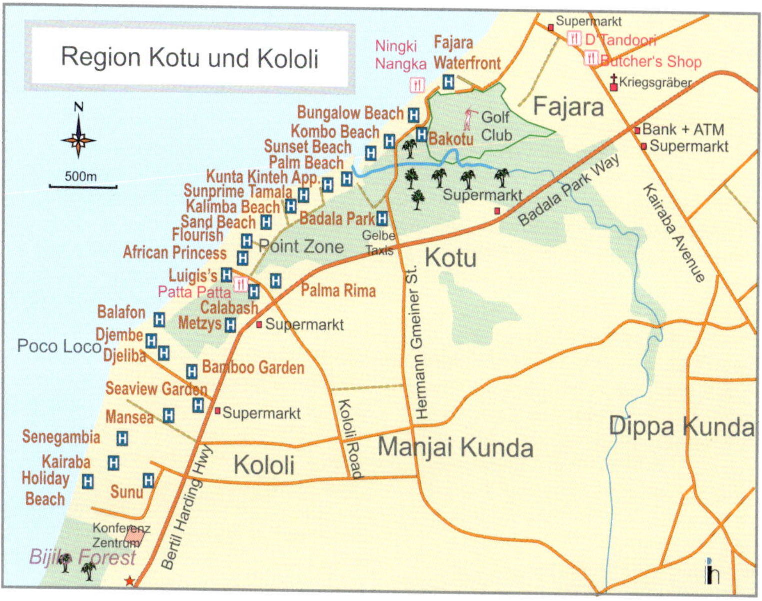

Ausgehen in Kotu — Küstenregion

Region Kotu und Kololi

Tipps zum Essen und Trinken

Bakotu Hotel: Tel. 4465555. Das kleine Hotel verfügt über zwei Restaurants: **Captain's Table**, ein gepflegtes A-la-Carte-Restaurant mit Kerzenschein und Livemusik, und das kleine Straßenlokal **Boss Lady** mit preiswerten gambischen Gerichten und Buffet am Sonntagabend. Unser Tipp gilt allerdings der ruhigen Bar des Hotels, wo man bei Barman Lamin auch Essen bestellen kann und statt Straßenlärm die Frösche im Teich quaken hört.

Tandoor: Tel. 2211803. Der Inder im Craft Market ist deutlich vertrauenserweckender als Ali Baba mit seiner breiten Speisekarte, aber nachlässigen Hygiene.

Sunset Beach Hotel: Tel. 4466398. Das Strandrestaurant serviert preiswerte Fischgerichte, Pizza und Pasta.

Ningki Nangka: Tel. 3699930. Das Gebäude am Strand jenseits des Bungalow Beach Hotels ist hässlich, aber die asiatisch angehauchte Küche sehr gut.

Fruchtsaftstände: Überall entlang der Strände bieten die Einheimischen Obstsalate und frisch gepresste Fruchtsäfte an.

Nightlife

Für Nachtschwärmer gibt es die LIV Sports Bar im Kombo Beach Hotel. Wir raten, nächtliche Spaziergänge auf den belebten und beleuchteten Teil von Kotu zu beschränken.

Strandqualität

Der flache Strand an der Kotu-Bucht ist breit, feinsandig und bestens für Badeferien und Strandwanderungen geeignet. Er zählt zu den schönsten des Landes.

Hotels in Kotu

Bungalow Beach Hotel: Tel. 4465623, Fax 4466180, email: info@bbhotel.gm, www.bbhotel.gm. Zweistöckige Apartmentanlage direkt am Strand mit Pool und Restaurant. Alle Zimmer sind mit Küchenzeile und Kühlschrank ausgestattet, teilweise auch mit Klimaanlage. Leider wäre eine Renovierung angesagt, denn das Resort hat viel von seinem einstigen Charme eingebüßt. Preise: B&B ab 38 €/DZpP und 60 €/EZ.

Bakotu Hotel: Tel. 4465555, Fax 4465959, email: bookings@bakotuhotel.com, www.bakotuhotel.com. Die sehr familiäre Mittelklasseanlage gleich nebenan liegt nicht unmittelbar am Strand (etwa 100 m abseits). Sie ist üppig tropisch bepflanzt und bietet daher viel Schatten. Um den kleinen Pool reihen sich etwas beengt die Bungalows mit Mini-Terrassen. Ein Tipp für Individualisten, die weder Luxus noch Trubel suchen, und für Vogelfreunde, da der Garten viele Vögel anzieht. Mit Massagesalon und zwei Restaurants. Preise: ab 43 €/DZpP und 83 €/EZ.

Kombo Beach Hotel: Tel. 4465466, Fax 4465490, email: info@kombobeachhotel.gm, www.kombobeachhotel.gm. Kotus größte Hotelanlage breitet sich mit dreistöckigen Gebäuden am Strand aus. Die 250 klimatisierten Zimmer haben unterschiedliche Ausstattungen (auch Studios mit Kitchenette), aber alle haben gemein, dass die letzten Renovierungen nur halbherzig durchgeführt wurden. Die offiziellen vier Sterne halten wir daher für überbewertet. Die Gartenanlage ist ansprechend, der Poolbereich dafür beengt und ganztägig mit Musik beschallt. Es gibt mehrere Restaurants, Sports Bar, Massagesalon und ein breites sportliches Animationsprogramm. Preise: ÜF ab 38 €/DZpP und 75 €/EZ.

Sunset Beach Hotel: Tel. 4466397, Fax 4463874, email: info@sunsetbeachhotel.gm, www.sunsetbeachhotel.gm. Gepflegtes Mittelklassehotel unter libanesisch-gambischer Leitung mit Zimmern und Apartments. Die Lage direkt an der Kotu-Mündung ist auf Dauer nicht unproblematisch, weil der Fluss den Strand vor der Poolterrasse wegspült. Mehrmals wöchentlich Abendbuffets und Abendunterhaltung am großen Pool, wo man auch einen sehr schönen Ausblick genießt. Preise: AI ab 58 €/DZpP, 105 €/EZ.

Palm Beach Hotel: Kotu Stream, Tel. 7837074, Fax 4463836, email: palmbeachhotel@hotmail.com, www.palmbeachgambia.com. Einfaches beengtes Badehotel mit tropisch eingewachsenen zweistöckigen Rundbungalows; auch der Poolbereich liegt windgeschützt unter Palmen. Schöner Strand. Eher jüngeres Publikum (vielen Briten, Niederländer und Osteuropäer). Preise: ÜF ab 20 €/DZpP, 35 €/EZ.

Badala Park Hotel: Tel. 4460400, Fax 4460402, email: badalaparkhotel@gmail.com, www.badalaparkhotel.com. Das ältere, etwas stickige und insgesamt renovierungsbedürftige Hotel liegt landeinwärts am Kotu Stream (viele Vögel, aber etwa 5 min. Fußweg zum Strand). Eigener Bird Pool und Birding Guide, großer Pool, chinesische Küche, Massagepraxis und Fahrradverleih. Die Zimmer sind einfach, aber geräumig. Preise: ÜF ab 16 €/DZpP und 25 €/EZ (Klimaanlage 10 Euro Zuschlag).

Kunta Kinteh Beach Complex: Tel. 5153680, email: info@kuntakinteh.com, www.kuntakinteh.com. Die kleine Bungalowanlage schmiegt sich mit einer Beach Bar neben das Palm Beach Hotel und ist ein guter Tipp für preisbewusste Selbstversorger (da mit Kitchenette). Preise: ab 65 € pro Nacht.

Unsere Meinung

In Kotu fühlen sich Jüngere und Junggebliebene wohl, die lebhafte Hotels zu günstigen Preisen mögen; aber auch wer ein Apartment zur Selbstversorgung sucht, wird hier fündig. Der Strand ist großartig, dafür sind hier die vielen Bumster mitunter problematisch.

Kotu Point und Palma Rima

Südwestlich von Kotu, auf dem Weg zur Senegambia-Region mit ihren vielen Hotels, Strandlokalen und Nachtclubs, bildet sich entlang der Palma Rima Road ein neuer Touristenkomplex. Einige Resorts haben schon geöffnet, vieles ist noch in Bau.

What's On?

Taxis & Strandspaziergänge

Vor dem Palma Rima Hotel warten grüne Touristentaxis. Buschtaxis fahren häufig zwischen Serekunda und Senegambia (8 D); einfach an der Kreuzung warten! Nach 15–20 Minuten Strandspaziergang erreicht man das Senegambia Hotel tagsüber auch prima zu Fuß (jedoch nicht im Dunkeln zu empfehlen).

Nightlife & Tipps zum Essen und Trinken

The Terrace bei Calabash ist eine britische Sports Bar, und im niederländischen Gartenlokal **Patta Patta** gibt es mehrmals wöchentlich ab 22 Uhr Livemusik.

Solomon's Beach Restaurant: Tel. 4460716. Ein besonders tagsüber beliebtes Strandlokal mit Sonnenliegen und guter Küche (viele Fischgerichte und einheimische Spezialitäten zu fairen Preisen).

Hotels in der Palma-Rima-Region

Smartline Palma Rima Hotel: Tel. 4463380, Fax 4463382, email: palmarimahotel@hotmail.com, www.palmarimahotel.com. Ältere Bungalowanlage an der Hauptstraße, die überwiegend britische All-inclusive-Gäste beherbergt. Preise: ÜF ab 24 €/DZpP und 35 €/EZ.

Calabash Residence: Tel. 7776600, 4462293, email: reservations@calabashresidence.gm, www.calabashresidence.gm. Das Gästehaus mit zehn Studios und Apartments (mit Küche und Sitzbereich), Bar und einer ruhigen Gartenanlage mit Pool liegt auf halbem Weg zwischen Hauptstraße und Ozean. Selbstversorger sind hier gut aufgehoben. Preise: Studios und Apartments ab 40 € pro Nacht.

Luigi's: Tel. 9908218, Fax 4460282, email: info@luigis.gm, www.luigis.gm. Gästehaus und Restaurant nahe dem Strand erfreuen sich seit vielen Jahren großer Beliebtheit – hier werden behagliche Zimmer angeboten und Apartments, die zur Selbstversorgung mit Ventilatoren, Kochnische und Kühlschrank ausgestattet sind. Zusätzlich ein Pool und ein Gym. Unser Tipp für Individualisten! Preise: ÜF ab 28 €/DZpP und 35 €/EZ, Apartments ab 75 €/Nacht.

Metzy Residence Hotel: Tel. 2949631, email: info@metzyresidencehotel.com, www.metzyresidencehotel.com. Von außen eher abschreckend, bietet das neuere Hotel am Highway große, moderne Zimmer mit gratis WLAN und Kühlschrank, einen schönen Pool im Garten und ein gutes Restaurant. Preise: ÜF ab 33 €/DZpP und 43 €/EZ.

Sunprime Tamala Beach Erwachsenenhotel: Tel. 2096512, https://tamalabeach.sunprime.net. Das 2019 eröffnete, im modernen urbanen Stil errichtete Resort bietet einen einladenden Pool inmitten der zweistöckigen Gebäude; die Suiten haben teilweise direkten Poolzugang und private Sonnenliegen. Schöner Strand, wenig Schatten, Gym und Restaurant. Preise: AI ab 185 €/DZpP und 265 €/EZ.

Kalimba Beach Resort: Das Schwesterhotel des Sunprime Tamala eröffnete im Januar 2020. Keine Kinder unter 16 Jahren erlaubt. Preise: AI ab 161 €/DZpP und 221 €/EZ.

Sand Beach Holiday Resort: Tel. 4464734, email: infosbhrgambia@gmail.com, www.sandbeach.gm. Das einfache farbenfrohe Bungalowdorf liegt in Strandnähe und bietet einen großzügigen Poolbereich, dem noch die hohen Palmen fehlen. Preise: ÜF ab 46 €/DZpP und 70 €/EZ.

African Princess Beach Resort: Tel. 4462426, email: info@africanprincesshotel.com, http://africanprincesshotel.com. Das 2019 eröffnete Strandresort erlaubt Kinder erst ab 12 Jahren und bietet ein modernes Ambiente in hellen Farben. Die Zimmer im Erdgeschoss haben direkten Poolzugang. Schöner breiter Strand. Preise: ÜF ab 76 €/DZpP und 114 €/EZ.

Küstenregion — Die touristische Hochburg Gambias

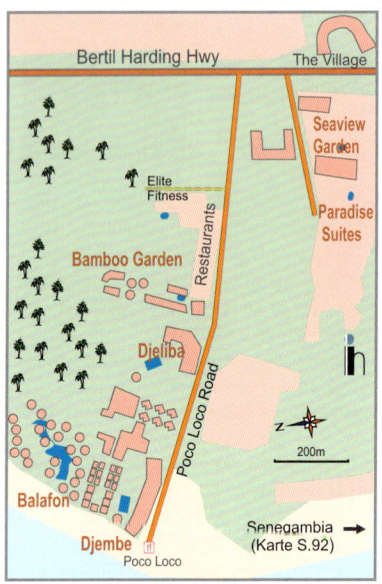

Die Senegambia-Region: Poco Loco und Kololi

Rund um das traditionsreiche Senegambia Hotel befindet sich die umtriebigste Region des Landes. Auf der Touristenmeile „Senegambia Strip" ist von morgens bis spät nachts etwas los; der neuere „Poco Loco Strip" (Karte links) entwickelt sich ähnlich und ist besonders beliebt bei niederländischen Urlaubern. Hier können Sie Jeeps und Fahrräder mieten, Vogelfütterungen beobachten, sich massieren lassen, ein Fitness Centre und einen Naturpark besuchen (Monkey Park genannt, S. 96). Wer gerne mitten drin ist im Geschehen und schon mal die Nacht zum Tage macht, der ist hier gut aufgehoben. Auch Anspruchsvollen wird die Region durch gute Hotels und vielfältige Restaurants gerecht.

Hotels am Poco Loco Strip

Seaview Gardens Hotel: Tel. 4466660, Fax 4466650, email: reservations@seaviewgardens hotel.gm. Eine kleinere, einfache und beengte Hotelanlage, nahe der Hauptstraße gelegen. Mit Pool und Restaurant im Innenhof. Preise: ÜF ab 19 €/DZpP und 36 €/EZ.

Bamboo Garden Hotel: Tel. 4463079, Fax 446381, email: info@bamboohotel.gm. Zwischen Strand und Senegambia Highway liegt diese familiäre Anlage für Rucksackreisende und Individualisten (viele Stammgäste). Mit 58 Zimmern, Pool und Massagesalon. Preise: ÜF ab 23 €/DZpP und 38 €/EZ.

Djeliba Resort: Tel. 7884498, email: info@djelibaresort.com, www.djelibaresort.com. Ein ruhiges Mittelklassehotel mit Massagesalon und Pool, das hinter dem Djembe Resort und damit nicht direkt am Strand liegt und über 74 Zimmer und Apartments verfügt. Familiäre Atmosphäre. Preise: ÜF ab 28 €/DZpP und 50 €/EZ.

Djembe Beach Resort: Tel. 2026200, Fax 4466701, email: info@djembeesort.com, www.djemberesort.com. Das ehemalige Sunswing Hotel liegt direkt am Strand und bietet Zimmer und Selbstversorger-Bungalows innerhalb einer Anlage mit Pool, Restaurant und Beach Bar. Gute Mittelklasse, moderne Zimmereinrichtung, freundlicher Service. Preise: ÜF ab 32 €/DZpP und 64 €/EZ.

Balafon Beach Resort: Tel. 2026200, email: info@balafonresort.com, www.balafonresort.com. Das neue kleine Erwachsenenresort erstreckt sich mit Rundbungalows, Pool und Spa am Strand neben dem Schwesterhotel Djembe Beach. Ungewöhnliche Architektur, originell mit vielen Wasserläufen und Pools, aber teilweise auch beengt und einsichtig. Preise: ÜF ab 53 €/DZpP und 94 €/EZ.

Hotels in Kololi (am Senegambia Strip)

Senegambia Hotel: Tel. 4462717, Fax 4463811, email: info@senegambiahotel.com, www.senegambiahotel.com. Das weitläufige traditionsreichste Hotel Gambias mit 351 Zimmern ist schon etwas in die Jahre gekommen, aber dafür ist hier nichts neumodisch oder steril. Es hat einen ganz spezifischen Charakter und beherbergt eine grandiose Vogelwelt in seinem riesigen Garten (täglich

um 11.30 Uhr Geier-Fütterung). Morgens und abends gibt es reichhaltige Buffets, fast täglich Abendshows und tagsüber Musik und Animation am Hauptpool, zudem mehrere Bars mit Fassbierausschank, eine Pizzeria und einen zusätzlichen Pool mit Strandbar direkt am Meeresstrand. Dieses Mittelklassehotel hat etliche Stammgäste.
Preise: ÜF je nach Saison ab 55 €/DZpP und 68 €/EZ, Zimmersafe gegen Gebühr.

Kairaba Beach Hotel: Tel. 4462940, Fax 4465870, email: info@kairabahotel.com, www.kairabahotel.com. Einst war es das beste Hotel des Landes, doch Service und Zimmer verraten inzwischen das Alter der Anlage. Der herrliche Garten mit üppiger Vogelwelt, Flughunden, Pfauen, Nilwaranen und Meerkatzen gleicht das für Naturfreunde aus. Besonders originell sind die Kuhreiher, die hier mitunter im Pool baden. Tipp: Die Standard-Zimmer liegen an der unruhigen Hoteleinfahrt, empfehlenswerter sind die Zimmer im Garten. Von den zwölf Gebäudekomplexen à acht Zimmern liegen Nr. 1, 2, 11 und 12 am Meer (oft windig bei hoher Luftfeuchtigkeit). Nr. 7 und 8 schließen direkt an Rezeption und Frühstücksraum an. Ruhig mit Gartenblick liegen die Gebäude Nr. 3 bis 6, 9 und 10. Alle Zimmer haben deutsche Steckdosen, und es gibt Nichtraucherzimmer.
Preise: ÜF je nach Saison ab 47 €/DZpP und ab 83 €/EZ.

Holiday Beach Club Hotel: Tel. 7768006, email: hbc.gambia@yahoo.com, www.holidaybeachclubgambia.com. Einfache ältere Strandanlage direkt neben dem Kairaba Beach Hotel. Bescheidene Bungalows mit Ventilatoren und Mini-Terrasse ohne Privatsphäre, großem Poolbereich und Restaurant. Die meisten Gäste kommen aus Großbritannien. Preise: ÜF ab 32 €/DZpP und 54 €/EZ.

Kololi Beach Resort: Tel. 4464897, Fax 4463257, email: bookings@kololi.com, www.kololi.com. Der weitläufige Club mit zweistöckigen Ferienhäusern, Pool, Shop, Restaurant und Golfplatz ist eine gepflegte Time-Sharing-Anlage, die inzwischen auch Nichtmitgliedern offen steht. Mehrheitlich britische und chinesische Gäste.
Preise: Apartments zur Selbstversorgung ab 200 €/Nacht, Villen ab 250 €/Nacht.

Sunu Hotel (ehemals Sarge's Hotel): Tel. 4460510, Fax 4460515. Mittelklassehotel unter gambischer Leitung, das an der Straße hinter dem Kairaba Hotel liegt. Die klimatisierten Zimmer haben Balkone zum Innenhof und sind mit Kühlschrank und Wasserkocher ausgestattet, einige Studios auch mit Küchenzeile. Im Innenhof liegen ein schmuckloser Pool, ein Massagesalon und ein Restaurant.
Preise: ÜF ab 32 €/DZpP und 50 €/EZ.

Mansea Hotel: Tel. 4461188, Fax 4465010, email: info@manseabeachhotelandresort.com, http://www.manseabeachhotelandresort.com. Mehrstöckige Hotelanlage mit 126 Zimmern, die etwa 300 m vom Strand in einem einsamen Bereich zwischen der Pocoloco Strip und Kololi liegt.
Preise: ÜF ab 32 €/DZpP und 45 €/EZ.

Unsere Meinung

Von Poco Loco bis Kotu sind die Strände großartig. Am Strand von Kololi sind aufgrund von Erosionen Schutzvorrichtungen errichtet worden (Foto unten), wodurch der Strand sehr schmal geworden ist.

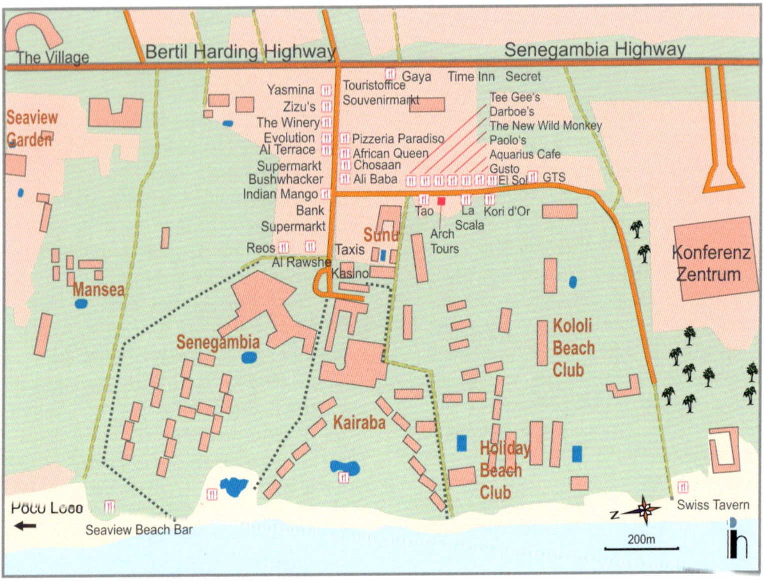

Küstenregion — What's On in Kololi?

What's On in der Senegambia Region?

Strände

Von Kololi kann man in beiden Richtungen endlose Strandwanderungen unternehmen. Weil der Atlantik hier kontinuierlich Land raubt, musste der Strand mehrfach aufgeschüttet werden. Besonders deutlich wird dies im Bereich des Senegambia Hotels.

Tipps für Vogelfreunde

Vorbildliches Angebot im Senegambia Hotel: Täglich um 11.30 Uhr findet im Hotelgarten eine Greifvogel-Fütterung statt, zu der sich stets zahlreiche Milane, Kappengeier und Schildraben einfinden (Foto S. 94). Vogelexperten bieten hier zusätzliche Exkursionen an. Auch im Garten des Kairaba Hotels und im Bijilo Forest Reserve (S. 96) kann man Vögel wie Scharlachwürger und Bienenfresser beobachten. An den Hotelpools lassen sich gerne die Kuhreiher zum Trinken nieder.

Einkaufen und Geldwechsel

Die "Meile" Senegambia Strip bietet alles: Einen Craft Market für Souvenirs, zwei kleine Supermärkte, die abends lange geöffnet haben, mehrere Wechselstuben und Geldautomaten. Tipp: Je weiter die Wechselstube von den großen Hotels entfernt liegt, umso besser wird der Wechselkurs. Apotheken, Backshops und große Supermärkte findet man am Bertil Harding Highway (Right Chice, My Supermarket, Xpress).

Taxis & Mietwagen

Am großen Taxistand dürfen nur die teuren grünen Touristentaxis warten (Tel. 9980003). Fahrten nach Bakau, zum Abuko Reserve oder zum Flughafen kosten je 900 D, nach Banjul 1200 D. Buschtaxis und gelbe Taxis dürfen nicht im Senegambia Strip warten, halten jedoch an der Gabelung zum Bertil Harding/Senegambia Highway.

Fitness Centre

Bei „Elite Fitness" hinter dem Kasino von Poco Loco nahe dem Bertil Harding Highway kann man seinen Körper stählen und saunieren. Im Angebot sind auch Kampfsportarten, Aerobic und Yoga. Tel. 7900561.

Mietwagen

AB Rent a Car: Tel. 4460926, 9320776, www.ab.gm. Niederlassung neben dem Maroun's Supermarkt am Bertil Harding Hwy.

Afriq Cars: Tel. 3344443, 7700900, www.afriqcars.com. Büro beim „Village Complex" am Senegambia Highway.

Rentacar Gambia: Tel. 3197575, www.rentacargambia.com. Das Büro liegt 200 m in einer Straße, die gegenüber der Atlas Tankstelle vom Bertil Harding Hwy abzweigt. Siehe außerdem: S. 182f, 208.

Massage & Wellness

Fürs Wohlbefinden offerieren Massagestudios in zahlreichen Hotels Spa Treatments, Massagen (ca. 10 €/20 Min.), Aromatherapie und Schönheitspflege. Im Djeliba Hotel gibt es auch einen Hammam.

Golfen

Beim Kololi Beach Club dürfen auch Besucher gegen eine Greenfee von ca. 20 € den 9-Loch-Golfplatz benützen. Tel. 4464897.

Küstenregion — What's On in Kololi?

Reisebüros für Ausflüge

Es wimmelt hier von Ausflugsangeboten, die den Besuchern von jungen Gambiern per Handzettel auf der Straße feilgeboten werden. Zu den renommierten und zuverlässigen Anbietern zählen:

Arch Tours: Tel. 9906890, www.arch-tours.com. Das Büro liegt schräg gegenüber dem Eingang zum Sarge's Hotel. Arch Tours unternimmt in kleinen Gruppen ein- und mehrtägige Ausflüge zu allerlei Sehenswürdigkeiten .

Bushwhacker Tours: Tel. 9912891, www.bushwhackertours.com. Kleinerer Anbieter mit ähnlichem Programm, neben dem Jewel of India Restaurant gelegen.

Touristen-Polizei

An den Zufahrten zum Senegambia Strip und zur Poco Loco Area befinden sich zur Sicherheit der Touristenregionen jeweils stationäre Polizei-Checkpoints, die den Autoverkehr kontrollieren.

Tourist-Guides & Information

Ein kleines Büro der Tourist Info liegt an der Kreuzung zum Senegambia Highway (Foto oben). Außerdem warten zwischen den Hoteleingängen von Senegambia und Kairaba Hotel offizielle „Tourist Guides", um Besucher bei ihren Unternehmungen zu begleiten und Hilfestellung zu leisten. Sie verlangen dafür 1000 D pro Tag (plus Trinkgeld).

Ausgehen in Kololi — Küstenregion

Tipps zum Essen und Trinken

The Winery: Tel. 2713577. Das lässige Lokal am Senegambia Strip ist immer gut besucht. Spezialität sind spanische Tapas und Fassbier.

Cassy's Café, Tel. 2222622, und das Restaurant **Vineyard**, Tel. 2637711, beide im The Village Komplex am Bertil Harding Highway, haben einen hervorragenden Ruf.

Gaya Art Café: Tel. 3774022. Freunde ausgefallener Kochkunst kommen hier auf ihre Kosten. Das etwas außergewöhnliche Restaurant liegt am Senegambia Hwy.

Scala: Tel. 4460813. Feine Steaks und mehr. Sonntags Grill Night für 12 €.

Darboe's Gambian Restaurant: Tel. 7816814. Authentische gambische Küche.

Al Rawshe: Tel. 7722821. Beliebtes libanesisches Restaurant, freitags Buffet für 10 €.

Tao: Tel. 4461191. Thailändisch angehauchte, mild gewürzte Küche unter dänischer Leitung. Donnerstags Buffet für 10 €.

Sea Shells Bar & Restaurant: Tel. 7760070. Internationale Küche in einer gepflegten Atmosphäre am Bertil Harding Hwy in Richtung Bijilo. Ein Tipp für Anspruchsvolle.

Legere Strandrestaurants wie **Cabana's Beach Bar, Poco Loco Beach Bar** und **Sizzler's** wetteifern um Gäste mit guter Musik, coolen Drinks und gambischen Spezialitäten.

Info: Zahlreiche Lokale offerieren zudem eine Happy Hour für Getränke ab 17 Uhr.

Nightlife

Kasinos mit Slot Machines, beim Pokern, Roulette und Black Jack findet man neben dem Kairaba Hotel und an der Poco-Loco-Zufahrt. Ein paar Nachtclubs wie **Time Inn** und **Secret** liegen östlich des Gaya Art Café am Senegambia Highway.

Küstenregion · Ein Ausflug in die Natur Gambias

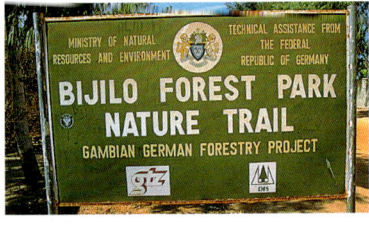

Bijilo Forest Reserve (Monkey Park)
Der 1950 gegründete und 51,3 ha kleine Park sollte zunächst der kontrollierten Nutzholzgewinnung dienen. Doch erwies sich der Wald als zu klein und unrentabel, außerdem nahm die illegale Abholzung drastisch zu. So wurde der Park 1982 unter Schutz gestellt und mit Unterstützung der deutschen GTZ umgezäunt, ein Naturlehrpfad errichtet und 1991 der Öffentlichkeit zugänglich gemacht. Heute gilt das Waldreservat als **letzter natürlicher Küstenwald** mit einer Vielzahl an Pflanzenarten. Zu den auffälligsten Bäumen zählen skurrile Baobabs, Zimtapfel-Bäume, Rote Baumwollbäume, Feigenbäume und die riesigen Öl- und Borassuspalmen. Die vielseitige Vegetation bietet zahlreichen Tierarten wie Geiern, Adlern, Eulen sowie Waranen, Buschhörnchen, bunten Schmetterlingen und verschiedenen Affen einen geschützten Lebensraum. Während die scheuen **Roten Stummelaffen** kaum die sicheren Baumwipfel verlassen, bedrängen neugierige **Grünmeerkatzen** die Besucher, um sich mit Erdnüssen füttern zu lassen. Dies ist zwar eigentlich nicht mehr erlaubt, seit

Reste natürlichen Küstenwalds — Küstenregion

die Meerkatzen immer aggressiver wurden; die meisten Guides füttern die Tiere trotzdem an.

Der Park öffnet täglich von 7–19 Uhr. Beste Besuchszeiten sind morgens und der späte Nachmittag. Der Eintritt beträgt 150 D (ab zehn Jahre). Der Eingang liegt am Bertil Harding Hwy ca. 1 km südlich der Senegambia-Zufahrt, seit der alte Zugang einem modernen Konferenzzentrum weichen musste. Zahlreiche Guides bieten sich hier gegen ein Trinkgeld als Führer an, wobei man sich auch gut allein zurechtfindet.

Der "Monkey Park", wie er landläufig heißt, ist in **vier Wandersektionen** aufgeteilt, die aneinanderfolgen und je ca. 30 Min. dauern. Die erste Sektion mit grünen Baummarkierungen ist leicht zu gehen; hier halten sich auch die meisten Meerkatzen auf. Im zweiten, rot gekennzeichneten Bereich muss man einige Steigungen mit Treppen bewältigen. Der schwarze Weg führt teilweise sonnig am ehemaligen Küstenzaun entlang. Die blaue Strecke wurde durch das Konferenzzentrum halbiert; hier genießt man rauschende Palmenwälder und muss man nochmal eine Treppe besteigen.

Bilder links: Rote Stummelaffen in den Bäumen; Beschilderung und Eingangstor zum Park; ein Nilwaran. Rechts: Kappengeier, Meerkatze bei der Fütterung

Südlich von Kololi: Bijilo Beach

Südwestlich von Kololi schließt sich nach dem Forest Reserve der Bijilo Beach an, der später in den Strand von Brufut übergeht. Dieser gesamte, einst unberührte Bereich wird seit einigen Jahren mit neuen Hotelanlagen erschlossen, die leicht erhöht entlang der Küstenböschung liegen; mit weitem Ausblick und einem kurzen Fußweg hinab zum Meer. Die weitläufigen Sandstrände von Bijilo sind sogar schöner als in Kololi, auch ist es hier noch deutlich beschaulicher als in Kotu und Kololi.

Hotels und Gästehäuser in Bijilo

Coco Ocean Resort & Spa: Tel. 4466500, Fax 4466900, email: info@cocoocean.com, www.cocoocean.com. Das Luxushotel im maurischen Architekturstil ist etwas beengt gebaut (viele Treppen), die hochwertigen Zimmer sind aber sehr schön. Lobenswert sind das vielseitige A-la-Carte-Frühstück und Live Cooking im Chinesischen Restaurant. Eleganter Spa-Bereich. Gäste der Beach Club Villas haben einen zusätzlichen Gartenpool. Preise: ÜF ab 72 €/DZpP und 138 €/EZ.

Seafront Residence Hotel: Tel. 4463147, email: info@seafront.gm, www.seafront.gm. Ruhige Apartmentanlage mit Privatsphäre und Charme. 20 Ferienwohnungen, zwei Restaurants, netter Poolbereich, direkte Strandlage. Preise: ÜF ab 50 €/DZpP und 75 €/EZ.

Baobab Holiday Resort: Tel. 9905787, email: baobabbookings@hotmail.com, http://baobabresort.net. Direkt am Highway hinter dem Coco Ocean Resort liegen 40 Zimmer und Bungalows in einer Gartenanlage mit Bar, Pool und gambischem Restaurant. Zum Strand ca. 5 Min. Fußweg. Preise: ÜF ab 23 €/DZpP und 28 €/EZ.

Lemon Creek Hotel: Tel. 6611200, Fax, email: booking@lemoncreek.net, www.lemoncreek.net. In einem weitläufigen, unebenen Palmengarten verteilen sich mehrere terrakottafarbene Gebäude mit 40 großzügigen Zimmern. Die Anlage bietet gute Mittelkasse, ist aber nicht für Kinderwagen, Rollstuhlfahrer oder Gehbehinderte geeignet (lange Wege und zahlreiche Steigungen). Preise: ÜF ab 36 €/DZpP und 70 €/EZ.

Swiss Boutique Hotel: Tel. 2022121, email: admin@swisshotelgambia.com, www.swisshotelgambia.com. Das beschauliche, hochwertige Gästehaus mit zehn Zimmern, gratis WLAN, Restaurant und Pool kostet mit ÜF ab 45 €/DZpP und ab 80 €/EZ.

Casa Carla Bed & Breakfast: Tel. 7700057, email: imagineclub@hotmail.com, www.casacarla.gm. Ein einfaches familiäres Gästehaus in der Residential Area von Bijilo mit fünf Zimmern und kleinem Pool. Niederländische Leitung. Preise: ab 15 €/DZpP und 25 €/EZ.

Kingfishers Guest House: Tel. 7488345, email: info@gambiastudioholidays.com, www.gambiastudioholidays.com. Vier Apartments zur Selbstversorgung in einer liebevoll gestalteten Villa mit Pool in der Residential Area von Bijilo. Nette schottische Leitung. Zimmerpreise: ab 49 €/Nacht.

Bijilo Beach Hotel: Tel. 4462706. Die ältere Ferienanlage ist derzeit nicht buchbar.

Golden Beach Hotel: Tel. 4465111. Auch diese vernachlässigte, ältere Anlage wird aktuell nicht mehr vermarktet.

Unsere Meinung

Bijilo bietet gepflegte Urlaubskulisse mit einem herrlichen Strand und beschauliche kleine Gästehäuser für Individualisten, zudem Supermarkt, Bäckerei und nette Strandlokale.

What's On in Bijilo Beach?

Tipps zum Essen und Trinken

Kasumai Beach Bar: Tel. 7791278. Nettes Strandlokal in Nachbarschaft zum Coco Ocean Resort, wo man nicht nur gut und günstig isst, sondern auch die schattigen Strandliegen benützen darf.

Sea Shells Bar & Restaurant: Herausragende Küche in gepflegter Atmosphäre am Highway zwischen Kololi und Bijilo (siehe S. 95).

Pizza Hut: Beim Baobab Holiday Resort direkt am Highway gelegene Fastfood-Pizzeria.

„Fishing under the Mango Trees"

Das „Bijilo Eco Fishing Village" bietet Hobbyfischern die Möglichkeit, in mehreren Süßwasserbecken ihrer Leidenschaft nachzugehen, und zusätzlich eine Snackbar. Tel. 2670972, www.bijiloecofishing.co.uk.

Arzt & Notfallklinik

Bijilo Medical Centre: Dr. Musa Touray, Tel. 6665555 und 9980371.

Fotos: Schwarzschwanz-Lärmvogel, Coco Ocean Resort
Foto links: Pool im Labranda Coral Beach Resort, S. 100

Brufut und Sukuta

In Brufut Heights wohnen nicht nur die Bessergestellten Gambias, an diesem bisher noch einsamen Strand entsteht derzeit auch ein neuer touristischer Komplex mit Luxushotels, außergewöhnlichen Gästehäusern und netten Strandkneipen.

Hotels in Brufut und Brufut Heights

Labranda Coral Beach Resort: Tel. 4410889, email: reservation.coralbeach@labranda.com, www.labrandacoralbeach.com. Das ehemalige Sheraton Resort gehört jetzt zur FTI-eigenen Hotelgruppe Labranda und liegt in einem weitläufigen Palmengarten einsam am Strand von Brufut Heights. Es bietet 181 Zimmer und Suiten, zwei Restaurants und Bars, gratis WLAN und Spa. Für eigene Unternehmungen ist die Lage eher unpraktisch; man braucht immer ein Taxi. Preise: AI ab 52 €/DZpP und 82 €/EZ.

Hibiscus House: Tel. 7784552, email: info@hibiscushousegambia.com, www.hibiscushousegambia.com. Gepflegtes, ruhiges und persönlich geführtes Gästehaus in Brufut mit Pool im blühenden Garten, Restaurant, Massagesalon unterschiedlichen Zimmern. Kein Animationsprogramm! Hoher Wohlfühlfaktor für Vogelfreunde, ruhesuchende Individualisten und alleinreisende Frauen. Zum Strand ca. 20 min. Fußweg. Preise: ÜF ab 27 €/DZpP und 54 €/EZ.

Leo's Beach Hotel: Tel. 7212830, email: info@leosgambia.com, www.leosgambia.com. Ein modernes Erwachsenen-Designhotel mit fünf Luxuszimmern und einer Suite, Edelrestaurant und großem Gartenpool (siehe Foto unten). Ein Fußweg führt vom Steilufer an den Strand hinab. Österr. Management. Preise: ÜF ab 55 €/DZpP und 90 €/EZ.

Ocean Villa Heights: Tel. 2487430, email: info@oceanvillaheights.com, www.oceanvillaheights.com. In Leo's Nachbarschaft befindet sich ein weiteres Gästehaus mit sieben geräumigen Zimmern, Restaurant und Pool. Preise: ab 25 €/DZpP und 50 €/EZ.

Harmony Resort Boutique Hotel: Tel. 2385501, email: info@harmonyresortgm.com. Neues Hotel in Brufut Heights mit 13 Zimmern, Pool, Restaurant und Fußweg vom Steilhang zum Strand. Preise: ÜF ab 35 €/DZpP und 72 €/EZ.

Camping Sukuta: Tel. 9917786, Fax 4460023, email: campingsukutagambia@yahoo.de, www.campingsukuta.com. Campingplatz und Backpackerlodge unter deutscher Leitung in Sukuta (ca. 2 km zum Strand). 18 Zimmer mit Moskitonetzen und teilweise mit Küche/Bad in sehr lockerer Atmosphäre. Gemeinschaftsküche, Bar. Langzeitparken für Autos und Autoverkauf möglich. Preise: Camping ab 5 € pP, Zimmer 8–16 €/DZpP und ab 12 €/EZ.

Serekunda

Durch die Insellage Banjuls, die eine flächenmäßige Ausbreitung schon frühzeitig begrenzte, erlebten die Dörfer auf dem angrenzenden Festland enorme Bevölkerungszuwächse. Zu den in Banjul Arbeitenden kamen Flüchtlinge aus den Nachbarstaaten, Händler und Arbeitswillige aus dem Hinterland, die sich in den neuen Siedlungszentren niederließen. So geriet Serekunda zur größten Ansiedlung in Gambia. Den Rang als Handelsmetropole und Verkehrsknotenpunkt hat es Banjul längst abgelaufen. Wieviele Menschen heute in Serekunda leben, weiß niemand so recht. Schätzungen zufolge sind es mindestens 160 000 Einwohner, manche sprechen aber von weit über 360 000. Wie ein Geschwür wächst Serekunda unaufhaltsam und unüberschaubar weiter. Seine Grenzen sind fließend, mit Fajara und Bakau wächst dieses Riesendorf bereits zusammen.

Unübersichtliches und pulsierendes Riesendorf

Gambisches Alltagsleben anstelle der Touristenzentren an der Küste

Ein Riesendorf deshalb, weil Serekunda kaum ein erkennbares Zentrum und nur wenige mehrstöckige Häuser aufweist. Wellblechdächer, Lehmwände und Zäune aus ehemaligen militärischen Luftlandeblechen sind dagegen typisch. Hoffnungslos verstopfte Straßen, unzählige kleine Läden, bunt gekleidete Fußgänger, Ochsenkarren und hupende Taxis, hin und wieder eine Moschee und verwirrend viele Marktstände prägen das Straßenbild. Der **große Markt** in der Ortsmitte ist rund um die Uhr geöffnet und gilt als besonderes sehenswert, wenn man einmal eintauchen möchte in den fremdartigen gambischen Alltag. Er ist viel authentischer als der touristische Albert Market in Banjul. Passen Sie im Marktgedränge unbedingt gut auf Ihre Habseligkeiten auf (Touristen-Polizei: Tel. 4392208)!

Viele Reisegruppen besuchen in Serekunda auch eine Batikfabrik nahe dem großen Markt, um dort Stoffe einzukaufen:
Batik Factory,
Dippa Kunda Section,
Tel. 4392258.

Im Industriegebiet Kanifeng befindet sich die gambische Brauerei *Julbrew Breweries*. Besichtigungen sind gelegentlich möglich. Nahebei in Jasweng befand sich einmal ein deutscher Luftlandeplatz. Er diente der Lufthansa ab 1933 für ihre Zwischenlandungen bei Transatlantikflügen, wurde allerdings 1939 bei Kriegsbeginn wieder aufgegeben. Erst anschließend errichteten die Briten einen Flughafen in Yundum.

Unten: Ein Kuhreiher am Hotelpool

Im Südwesten Serekundas, an der Straße nach Brufut und Sukuta, gelangt man zu einer unscheinbaren Wrestling-Arena, in der am Wochenende Ringkämpfe stattfinden, und gerät anschließend zur Abzweigung in die Hermann Gmeiner Street zu einem großflächigen SOS-Kinderdorf.

Wer in Serekunda übernachten möchte, findet im Ortsteil Kanifing in der Pipeline/GRTS MDI Road die preiswerte Backpackerunterkunft Banjul International House, Tel. 4382736.

Landkarte: Gambias Highlights

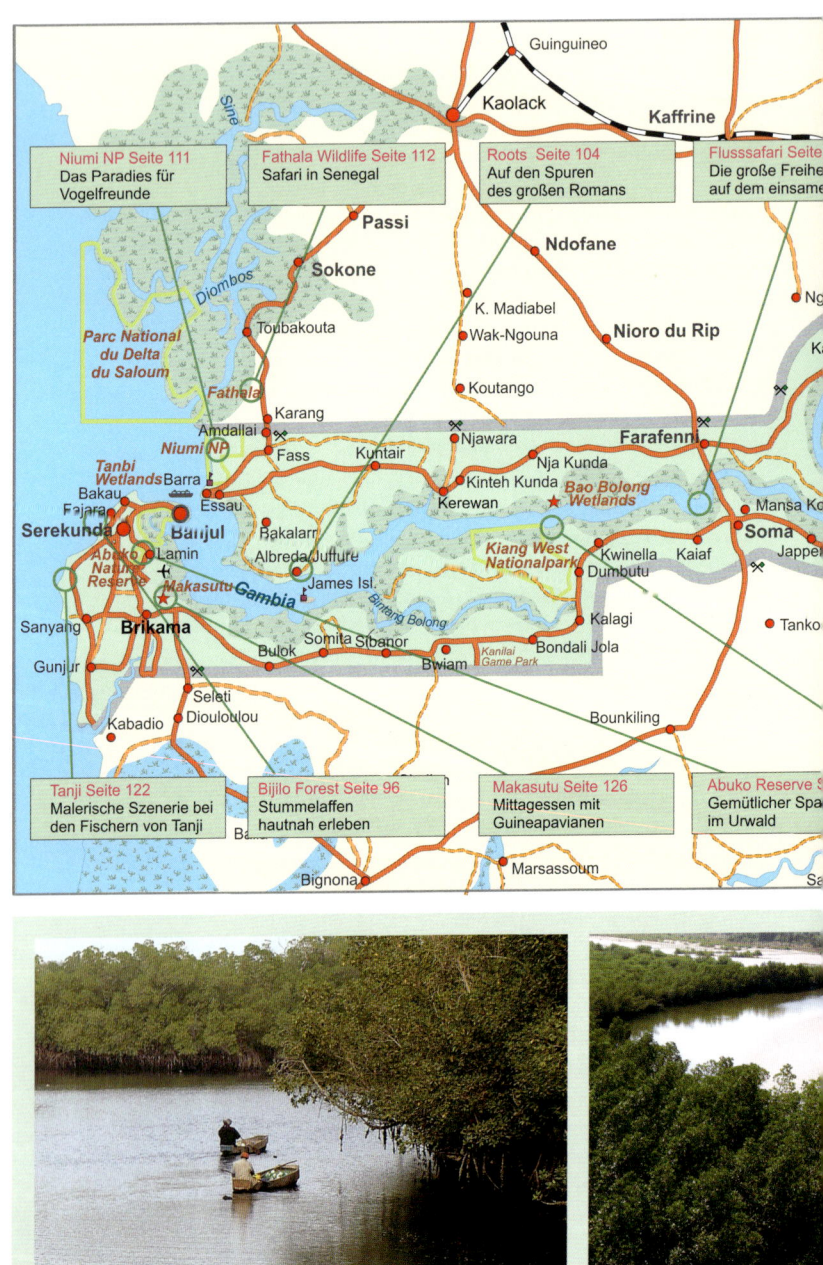

Auf einen Blick

Ausflüge in die nähere Umgebung

Von den Küstenhotels lassen sich eine Reihe abwechslungsreicher Tagesausflüge unternehmen, die sowohl pauschal von den örtlichen Reiseagenturen angeboten werden, zumeist aber auch individuell organisiert werden können. Der berühmteste Ausflug Gambias ist eine Begegnung mit dem dunkelsten Kapitel seiner Geschichte, dem Sklavenhandel.

Ausflug I

„Roots" und die historischen Stätten Albreda, Juffure und James Island (Kunta Kinteh Island)

Begegnung mit einem dunklen Kapitel der Geschichte

Es gibt in Gambia viele Ruinen ehemaliger Handelsniederlassungen, doch keine wurden annähernd so berühmt wie die Relikte in Albreda und auf James Island. Die Ursache für das große Interesse an diesen nah beieinander liegenden historischen Stätten ist ein Roman aus den 1970er Jahren: Nach intensiven Recherchen glaubte der amerikanische Autor Alex Haley die Heimat seines einst verschleppten Vorfahren Kunta Kinte in Juffure ausfindig gemacht zu haben und veröffentlichte seine bewegende Familienchronik. "Roots" wurde ein Bestseller und sogleich verfilmt. Für den Ministaat Gambia war dies ein Glücksfall, denn nun avancierte der verschlafene Ort in Windeseile zum berühmtesten Dorf Schwarzafrikas.

Ein gambisches Dorf wird zum Symbol der Sklaverei

Wie zu einem Wallfahrtsort strömen seither die Besucher aus aller Welt nach Juffure, vor allem Afroamerikaner auf der Suche nach ihrer Vergangenheit und europäische Touristen mit Geschichtsinteresse. Dabei bleibt fragwürdig, ob Juffure tatsächlich das Heimatdorf Kunta Kintes gewesen sein kann. Vergleicht man dessen Überlieferungen mit den örtlichen Gegebenheiten, fallen Ungereimtheiten auf. So war z. B. dem jungen Kunta Kinte Sklaverei nur vom Hörensagen bekannt, als er 1767 in seinem Heimatdorf Juffure überfallen und verschleppt wurde. Zu diesem Zeitpunkt war Albreda aber bereits eine Hochburg des Sklavenhandels und Juffure lag schon damals in unmittelbarer Nachbarschaft. Doch völlig unabhängig davon, ob Kunta Kinte wirklich im Dorf Juffure gelebt hat, ist das Dorf heute ein Symbol für die unmenschliche Epoche der Sklaverei und "Roots" ein Synonym für tausende grausamer Schicksale.

George Haley, der Bruder von Alex Haley, war unter Präsident Clinton US-Botschafter in Gambia

Bild rechts und S. 106: Impressionen aus Albreda

"Roots", der Touristenmagnet — Ausflüge

Ausflüge in die nähere Umgebung
1. Roots: Albreda, Juffure, James Island
2. Nordbank: Fort Bullen, Barra, Niumi NP
3. Fathala Safari Park, Senegal
4. Hochseefischen
5. Mangrovenwälder und Lamin Lodge

Historisches Handelskontor Albreda und das Dorf Juffure

Albreda und Juffure liegen etwa 32 km flussaufwärts von der Mündung am Nordufer des Gambia. Die meisten Tagesausflügler kommen per Boot und erreichen den Landungssteg von Albreda nach ca. 1,5 Stunden Fahrt ab Banjul. Es ist nicht mehr allzu viel von dieser ehemaligen französischen **Handelsfaktorei** erhalten: eine Kanone, die auf den Fluss gerichtet ist, und die Reste eines Lagerhauses im Schatten riesiger Kapokbäume, das dem Verfall preisgegeben wurde. In diesem Gebäude sollen einst die Sklaven aneinandergekettet auf den Transport nach Amerika gewartet haben. Albreda war zwischen 1681 und 1857 eines der großen Sammellager für Sklaven und für tausende Unglückliche der letzte Aufenthaltsort vor ihrer langen Überfahrt ins Ungewisse. Fortsetzung der Beschreibung: siehe S. 108

Ausflüge — Relikte aus der Zeit des Sklavenhandels

Die Familiensaga „Roots"

Die Geschichte reicht bis 1750 zurück, als der Mandingo-Junge Kunta Kinte in einem kleinen gambischen Dorf geboren wird. 17 Jahre später wird der kräftige junge Mann beim Holzschlagen in einem Wald überfallen und niedergeschlagen. Als er wieder zu sich kommt, liegt er in Ketten und hat seine Freiheit für immer verloren. Er wird verschleppt, verkauft und landet mit 140 anderen Sklaven im düsteren Bauch eines Schiffes nach Amerika. Die Überfahrt wird zum Martyrium, jeder dritte Gefangene stirbt. Kunta wird an einen Südstaatenfarmer verkauft. Sein Freiheitsdrang ist stark, viermal versucht er zu fliehen, bis ihm zur Strafe ein Fuß abgeschlagen wird. Erst als Krüppel findet er sich mit seinem Schicksal ab, heiratet später eine Sklavin und wird Vater einer Tochter namens Kizzy. Ihr erzählt der einsame Kunta wieder und wieder die Geschichte seiner Herkunft, beschreibt seine Heimat und lehrt sie seine Sprache. Kizzy wird jedoch früh ihren Eltern entrissen und weiter verkauft. Ihr neuer 'Besitzer' schwängert das Mädchen. Sohn George wächst

als Sklavenkind auf, der Farmer verleugnet die Vaterschaft. Hühner-George wird der Junge bald genannt, weil er sich bei der Pflege von Kampfhähnen für Wettkämpfe auszeichnet. Er heiratet und gibt die Geschichte seines Großvaters an seine eigenen Kinder weiter. Sein Sohn Tom erlebt den amerikanischen Bürgerkrieg und erlangt seine Freiheit. Die Geschichten Kunta Kintes an die nächste Generation weiterzugeben, ist längst Familientradition, und so erfährt auch seine Tochter Cynthia von ihrer afrikanischen Herkunft. Sie übermittelt die Familiensaga an Martha, die 1922 Alex Haley zur Welt bringt. Alex ist bereits ein erwachsener Mann, als er sich entschließt, nach seinen afrikanischen Wurzeln zu forschen. Sprachanalysen lenken die Spur nach Gambia, von dessen Existenz der Schriftsteller bis dahin noch niemals gehört hatte. Mehrere Afrikareisen folgen, und letztlich schließt sich für ihn der Kreis bei der Begegnung mit einem Griot, einem der traditionellen Geschichtserzähler Westafrikas. Haley findet den Namen des Schiffes heraus, auf dem sein Urahn in die Neue Welt gebracht wurde, und auch die folgenden Stationen seines Leidensweges. Die Familienchronik schreibt Haley in einem packenden Mammutroman nieder und erregt damit weltweites Aufsehen. Sehr interessant schildert Haley am Schluss der Geschichte die zwölfjährigen Nachforschungen, seinen ersten Besuch in Juffure und die Begegnung mit dem Griot.
(Alex Haley: Wurzeln „Roots", im Fischer Taschenbuch Verlag)

Ausflüge — Besuch bei den Nachfahren Kunta Kintes

Info Der Besuch von Albreda und James Island kostet 100 D Eintritt. In Juffure wird man um 50 D gebeten, die einem Gemeindeprojekt zufließen sollen, damit weniger gebettelt wird.

Nicht weit entfernt wurde im restaurierten Handelskontor von Maurel Freres ein kleines **Museum der Sklaverei** eingerichtet (Öffnungszeiten: Mo–Do und Sa von 10–17 Uhr, Fr von 10–13 Uhr, So geschlossen).

Wenige hundert Meter weiter liegt das Dorf **Juffure**. Reisegruppen werden in der Regel durch das Mandingodorf geführt und von der betagten Bürgermeisterin empfangen, ehe sie dann die Nachkommen Kunta Kintes in ihrer Wohnanlage besuchen. Hier werden gerne Zeitungsartikel und Fotografien von Alex Haley und seiner greisen Verwandten Binta Kinte herumgereicht. Die Begeisterung der Familie Kinte für Alex Haley ist inzwischen merklich abgekühlt, da sie ihm vorwerfen, seine Tantiemen nicht mit ihnen geteilt zu haben. Nichtsdestotrotz lassen sie sich gegen eine Spende mit seinem Foto ablichten und begrüßen das seit 1996 jährlich im Sommer stattfindende Spektakel *Roots Homecoming Festival*. An den Souvenirständen vorbei gelangt man schließlich wieder zum Landungssteg.

James Island (Kunta Kinteh Island)

James Island wurde 2003 als Welterbe eingestuft und heißt heute offiziell Kunta Kinteh Island

Die unbewohnte Insel, die neuerdings gambianisiert „Kunta Kinteh Island" genannt wird, liegt in Sichtweite von Albreda in der breiten Mündung des mangrovengesäumten Gambia. Sobald man sich ihr nähert, wird augenscheinlich, warum im Laufe der Jahrhunderte so schwer um James Island gekämpft wurde: Wie ein Bollwerk muss das alte Fort einst den Fluss Gambia verteidigt und kontrolliert haben. Kein Schiff konnte von den Besatzern dieser Insel unbemerkt den Gambia stromaufwärts fahren. Ihre strategische Lage machte die kleine Insel so wertvoll für die Seemächte.

Der bizarren Stimmung vermag sich kaum ein Besucher zu entziehen

Von seiner vergangenen Stärke ist jedoch nicht mehr viel zu sehen, denn die Mauerreste des Forts sind schon stark verfallen. Außerdem hat sich die Insel im Laufe der Jahrhunderte deutlich verkleinert, weil der Gambiastrom kontinuierlich Land wegspült. Trotzdem ist die Atmosphäre fremdartig und selbst am hellichten Tage ein wenig gespenstisch. Fast hat man das Gefühl, verzweifelte Schreie aus den Kellerverliesen zu hören oder die Kanonenschüsse einer alten Seeschlacht. Knorrige Baobabs breiten wie stumme Zeitzeugen ihre Wurzeln über den Steinruinen aus, einzelne Kanonen erinnern mahnend an die militärische Bedeutung dieses Platzes. Ein zeitloser Dämmerzustand scheint sich über der kleinen Insel auszubreiten, wären da nicht die Besucherströme, die nachmittags für eine Stunde James Island heimsuchen.

Bild S. 107: James Island
Bild rechts: Markanter Baobab auf James Island

Die wechselvolle Geschichte von Kunta Kinteh Island (James Island)

Die kleine Insel im Mündungsgebiet des Gambia war zunächst von portugiesischen Seeleuten "Ilha de Santo André" genannt worden, als sie hier verstorbene Seefahrer bestatteten. 1651 pachtete der deutsche Herzog von Kurland die strategisch günstig gelegene Insel beim König von Barra und gründete einen kleinen Stützpunkt für seine Sklaventransporte in die Karibik. 1659 überfielen französische Piraten die Insel. Der Kurfürst eroberte sie zwar zurück, verkaufte sie jedoch bald danach aus Geldnöten an die Holländer. Wieder ein Jahr später, 1661, besetzten die Briten trotz heftiger Proteste der Siedler kurzerhand das kleine Eiland und tauften es nach ihrem Thronfolger James Island. Noch während des Umbaus der Festungsanlage gab es einige Scharmützel mit Holländern, die versuchten, James Island zurückzugewinnen. 1665 wurde das imposante britische Fort fertiggestellt. Vier Wehrtürme und 36 Kanonen schützten nun die inzwischen von einer dicken Steinmauer umgebene Insel. Außerdem waren Baracken für 70 Soldaten, Lagerhallen und Verliese für die Sklaven errichtet worden. So sicherte Fort James den Briten für mehr als hundert Jahre den lukrativen Sklavenhandel am Gambia. Doch das Leben auf James Island war klimatisch höchst ungesund und forderte viele Opfer. So starben von den 20 weißen Frauen, die als Krankenschwestern nach James Island gekommen waren, 19 schon im Jahr ihrer Ankunft.

Das beginnende 18. Jh. brachte weitere Unruhen: Vorübergehend vertrieben französische Soldaten die Engländer, dann mussten Piratenangriffe abgewehrt werden und schließlich explodierte 1725 ein Pulvermagazin – die Festung flog in die Luft und viele Soldaten starben. Anschließend wurde Fort James mühsam wieder aufgebaut und blieb in britischem Besitz, bis die Franzosen die kleine Insel 1779 erneut überfielen, völlig zerstörten und deren Besatzung deportierten. Von diesem Zeitpunkt an verlor James Island seine strategische Bedeutung und konnte sie auch nicht mehr wiedererlangen, als der Friedensvertrag von Versailles 1783 die Rechte Großbritanniens am Gambia manifestierte.

Ein weiteres Kuriosum stand der Insel allerdings noch bevor: Als Umschlagplatz für Sklaven erbaut und umkämpft, wurde Fort James nach 1807 eine vollkommen gegensätzliche Aufgabe zuteil. Nachdem Großbritannien die Sklaverei abgeschafft hatte, begannen die Briten, von James Island und später Bathurst und Fort Bullen aus die Sklavenschiffe anderer Nationen im Gambia abzufangen. Mehr als hundert portugiesische und französische Sklaventransporte sollen dabei allein von James Island, der einstigen Hochburg des Sklavenhandels, aus vereitelt worden sein.

Tipps und Infos

Die Roots-Tour ist wohl der berühmteste Tagesausflug in Gambia und für Geschichtsinteressierte lohnenswert. Er wird in den Hotels und bei örtlichen Anbietern wie Arch Tours und Bushwhacker für 55–69 Euro pP angeboten (Kinder 30–35 Euro). Die Anreise nach Juffure ist sowohl auf dem Landweg über Barra als auch per Boot ab Banjul möglich. Man sollte wissen, dass das altersschwache Schiff 2018 einen Motorschaden hatte, der nur notdürftig repariert wurde. Seither ist die Fahrtzeit auf dem Schiff stark abhängig von den Strömungszeiten und seriös nicht mehr kalkulierbar. Deswegen finden die meisten Roots-Fahrten nun ausschließlich auf dem Landweg statt; d. h. nach der Fährüberfahrt mit unbequemen offenen Fahrzeugen entlang der beschwerlichen Norduferstraße.

Wer große Reisegruppen meiden möchte, kann den Ausflug auch auf eigene Faust organisieren: Die preiswerteste Variante sind die Buschtaxis oder Taxis von Barra nach Juffure (etwa 30 km), dazu muss man aber erst eigenständig nach Barra am Nordufer des Gambia River gelangen.

Der Tourist-Taxi-Ausflug kostet je nach Verhandlungsgeschick zwischen 60 und 100 Euro, hinzu kommen Verpflegung, Eintritte und die Fahrt nach James Island, zu der man mit einer der Pirogen von Albreda gelangt (unbedingt vorab die Fahrpreise aushandeln). Für die Autofähre nach Barra müssen Sie außerdem längere Wartezeiten einrechnen (siehe auch S. 74).

Wer in Albreda und Juffure übernachten möchte, findet bescheidene Unterkunft im "Home at Last" Hostel (Tel. 9926276) neben dem Museum, dem „Kunta Kinte Roots Camp" (Tel. 9905322) oder dem "Juffureh Rest House".

Ein offenes Wort

Durch Albreda und Juffure werden seit vielen Jahren alltäglich Touristengruppen geschleust. Ob beim Besuch der Vorschulklasse oder bei der Bürgermeisterin und den Nachfahren Kunta Kintes – überall werden von den Besuchern Spenden wie Geld, Süßigkeiten und Kugelschreiber erwartet. Der Massenansturm hat die sozialen Strukturen völlig verändert. Aufdringlich appellieren Kinder und Erwachsene an das Mitgefühl der Touristen, die wiederum schockiert sind und sich belästigt fühlen. Um die ausufernde Bettelei einzuschränken, werden Reisegruppen jetzt von Polizisten durch den Ort begleitet. Durch diese Probleme ist der früher beliebte Ausflug inzwischen in Verruf geraten.

Unten: Fort Bullen in Barra nahe dem Anlegeplatz der Fähre aus Banjul

Fort Bullen, Jinack Island und Niumi Nationalpark Ausflug 2

Die Tour führt mit der Autofähre von Banjul nach Barra am Nordufer des Gambia River, wo den Besucher am Anlegeplatz ein chaotisch-geschäftiges Treiben und bunter Straßenhandel erwarten. Nur wenige hundert Meter weiter stehen am Barra Point die Reste der Festungsanlage Fort Bullen.

Unten: Ein Pelikan schwimmt lautlos im Mündungsgebiet des Gambia River

Fährt man von Barra landeinwärts, gelangt man nach 3 km die Ortschaft **Essau**, wo nichts mehr an ihre Vergangenheit als Hauptstadt von Niumi erinnert. 7 km weiter befindet sich kurz nach der Juffure-Abzweigung in Berending ein Heiliger Krokodilteich. Wie in Kachikally pilgern Kinderlose, Kranke und Ringer vor den Wrestlingkämpfen an die kleinen Teiche.

Zweigt man dagegen in Essau In Richtung Senegal ab, erreicht man nach wenigen Kilometern im Dorf Kamuna die Zufahrt in den **Niumi Nationalpark**. Der 49 km² große Park bildet mit dem senegalesischen "Delta du Saloum" ein wertvolles Meeresküsten-Schutzgebiet. Der breite Masarinko Bolong und der kleinere Niji Bolong durchschneiden den Niumi NP, weshalb der westliche Landstreifen am Ozean gerne als Insel bezeichnet wird. **Jinack Island** hat sich wegen ihrer unberührten, „paradiesischen" Strände den Titel "Paradise Island" erworben.

Infos zur Anreise und Unterkunft
Manche Hotels organisieren Ausflüge im Landrover, mitunter ist Paradise Island auch das Ziel von Bootsausflügen. Wer länger die einsamen Strände genießen möchte, quartiert sich in der **Feel Free Lodge** ein (Tel. 3430994, www.feelfreegambia.com, einfache Rundhütten mit Restaurant, ÜF ab 23 €/DZpP und 27 €/EZ) oder in der beschaulichen **Jinack Lodge** mit vier Chalets, Restaurant und gratis WLAN (Tel. 3688230, 7778935, www.jinacklodge.com, ÜF 24 € pP), die beide einsam, idyllisch und ohne Anschluss zur Straße am Ozean liegen (hier wird das Gepäck im Eselkarren befördert).

Fort Bullen
Zwar kontrollierten die Briten ab 1816 die Mündung des Gambia, doch die Reichweite ihrer Kanonen war begrenzt, und das Verhältnis zum Königreich Niumi in Essau am Nordufer des Gambia hatte sich seit der Gründung Bathursts angespannt. Die britische Expansion nach Norden wurde 1826 durch einen Vertrag mit König Burungai Sonko möglich, der Großbritannien die alleinigen Rechte am Gambia und jeweils einer Meile landeinwärts abtrat. Unter Kommandant Charles Bullen errichteten die Briten sogleich ein bewaffnetes Fort und Soldatendorf. Dieser militärische Aufmarsch direkt neben dem Königssitz Essau verunsicherte die Niuminka, denen nun bewusst wurde, welche Machtposition Großbritannien durch den "Ceded Mile Treaty" erlangt hatte. Argwohn und Misstrauen führten 1831 zum Ausbruch des Barra-Krieges. Da Fort Bullen nicht für die Verteidigung gegen einen Landangriff ausgerichtet war, wurde die Festung vorübergehend verlassen, bis die Briten mit Unterstützung herbei geeilter Regimente aus Senegal und Sierra Leone die Niuminka zur Aufgabe zwangen. Nach 1835 wurde Fort Bullen zwar wieder instandgesetzt, blieb aber nur mehr ein unbedeutender Stützpunkt. Heute ist Fort Bullen ein Nationaldenkmal.

Ausflug 3

Safari in Senegal: Fathala Wildlife Park

Gambias derzeit beliebtester Tagesausflug führt ins Nachbarland Senegal, denn dort bestehen viel bessere Chancen auf Wildtiersichtungen. Die Tour beginnt schon frühmorgens mit der Fährüberfahrt nach Barra. Am Nordufer des Gambia River warten offene Safarifahrzeuge, zumeist rustikale Lkw und ältere Landrover, mit denen man in ca. 45 Minuten zur Grenze und anschließend noch zehn Minuten bis zum Parkeingang fährt.

Dort steigen die Wildhüter zu, und die eigentliche Safari im bewaldeten Schutzgebiet beginnt. Die Pirschfahrt dauert eineinhalb bis zwei Stunden, in denen die Wildhüter Ausschau halten nach Zebras, Giraffen, Pferde- und Riesen-Elenantilopen, Wasser- und Buschböcken, Büffeln, Warzenschweinen und dreierlei Affenarten. Dabei geht es auf schmalen Sandpisten durch den schönen Akazien- und Mischwald zu diversen Wasserstellen, an denen die Wildtiere angefüttert werden. Vogelfreunde können Zimtroller, Nashornvögel und Fischadler erspähen. Der Star des Parks ist allerdings Kevin, ein stattliches, freundliches männliches Breitmaulnashorn, das sich aber längst nicht allen Reisegruppen zeigt.

Fotos unten: Eingangsschild im Fathala Park; Breitmaulnashorn Kevin vor den Steppenzebras
Fotos rechts von oben: Pirschfahrt im alten Landy; Zebra mit neugeborenem Fohlen; zwei weibliche Kap-Giraffen; Lkw von Discovery Tours mit Kevin

An die Pirschfahrt schließt sich ein Mittagessen (zumeist Beef Dodoma oder Chicken Yassa) beim Hauptzugang an. Für 31 Euro Aufpreis können Interessierte danach einen kurzen „Lion Walk" unternehmen: man besucht mit Wildhütern zwei träge Löwen in einem abgeschlossenen Gehege.

Am frühen Nachmittag geht es auf dem gleichen Weg wieder zurück. Ankunft im Hotel ist dennoch meistens erst spät nachmittags, weil Grenze und Fähre sehr zeitaufwändig sind.

Tipps und Infos

Der Tagesausflug kostet inklusive Parkeintritt und Mittagessen 100–110 Euro pP, für Kinder die Hälfte. Für den Grenzwechsel muss jeder Gast seinen Reisepass und offiziell auch einen Gelbfieber-Impfnachweis dabei haben.

Von Gästen, die keine Gelbfieberimpfung vorweisen können, lassen sich die Reiseleiter vor der Grenze 10 Euro bezahlen, um die Angelegenheit „auf dem kleinen Dienstweg zu klären". In der Regel wird man am Grenzposten aber gar nicht nach einem Impfnachweis gefragt.

Wir empfehlen eine wärmende Jacke für die Morgenstunden auf der Fähre und dem offenen Pirschwagen. Im Fathala Park gibt es Tsetsefliegen, die sich von (menschlichem) Blut ernähren und die Schlafkrankheit übertragen können. Mückenschutz ist hilfreich. Zudem sollte man feste Schuhe und bequeme sportliche Kleidung tragen (mit der man die Sitzreihen eines Lkw erklimmen kann).

Beim Parkeingang von Fathala sind saubere Toiletten und ein kleiner Laden mit kalten Getränken (zahlbar auch in Dalasi und Euro).

Fathala Park bietet auch Übernachtungen in sehr ansprechenden Luxuszelten; die Preise beginnen ab 65 Euro pP. Wer ohne Reiseagentur den Park besucht, bezahlt 28 Euro Eintritt pro Person und 8 Euro pro Fahrzeug. Weitere Infos: www.fathala.com.

Ausflug 4: Hochseefischen, Sportfischen und Angeln in den Mangroven

Sportfischen ist eher etwas für Angelprofis

Sportfischer kommen beim Hochseefischen auf hoher See und im fischreichen Mündungsgebiet des Gambia River meist voll auf ihre Kosten. Barrakudas bis 20 kg sind hier keine Seltenheit. In sehr kleinen Gruppen bis max. 4 Personen können Sportfischer hier ihrer Passion nachgehen und Red Snapper oder Ladyfish angeln. Wahlweise ist Schlepp- und Grundangeln möglich; die Ausrüstung wird gestellt, kann aber selbstverständlich auch mitgebracht werden. Die Crew besteht aus erfahrenen Anglern, die Motorboote sind mit Funkverbindung und Erste-Hilfe-Notversorgung ausgerüstet.

Eine weitere Variante ist das „Creek Fishing" im Bereich der Mangrovengürtel und Bolongs, das deutlich ruhiger abläuft als beim Hochseefischen auf dem Atlantik.

Die entspannte Alternative für Ungeübte, Familien mit Kindern und Vogelfreunde

Für Leute, die weniger Interesse am Angeln haben, aber dennoch eine entspannte Bootsfahrt mit Badegelegenheit und Mittagsbuffet an Deck genießen möchten – z. B. um die vielfältige Vogelwelt zu beobachten – empfiehlt sich der „Lazy Day Cruise", alternativ auch ein gezielter vogelkundlicher Bootsausflug. Beides wird von den Hotels und örtlichen Anbietern vermarktet. Ein möglicher Startpunkt ist die Lamin Lodge (S. 116).

Tipps und Infos

Hochseefischen empfiehlt sich nur für geübte Angler und kostet als Pauschalausflug rund 70–85 Euro pro Tag, „Creek Fishing" etwa 55 Euro, vogelkundliche Bootstouren 60 Euro.

Darüber hinaus gibt es in Gambia mehrere Anbieter zum Chartern von Yachten und Motorbooten für individuelle Fishing Trips (Tagesmiete ca. 170 Euro):
- "African Angling", Tel. 7721228, http://www.african-angling.co.uk.
- "Janneh Boating & Fishing", Tel. 9905984, http://gambiafishing.tripod.com/.
- "Jane's Boats", Tel. 7768074, http://www.janesboats.gm.

Hierbei kann man wählen, ob man in den Creeks und Bolongs fischen möchte oder im offenen Mündungsgebiet des Gambia River. Enthusiasten können sogar mehrtägige Fishing-Touren buchen. Auf alle Fälle – sobald Sie aufs Boot steigen, sollten Sie einen guten Sonnenschutz nicht vergessen!

Mangrovenwälder – die Kunst, im Salzwasser zu überleben

Es ist schon erstaunlich, dass eine so faszinierende und nützliche Pflanze nicht stärker gewürdigt wird. Sicherlich sind Mangrovensümpfe stickig, schwül, ein undurchdringliches, übelriechendes Gewirr voller Moskitos und wenig abwechslungsreich. Doch besetzen hier skurrile Gewächse einen höchst unwirtlichen Lebensraum und schaffen ein Biotop für viele Meeres- und Küstenbewohner.

Mangroven wachsen dort, wo andere Pflanzen nicht mehr lebensfähig sind: im Gezeitenbereich tropischer Küsten. Ihre geniale Anpassungsfähigkeit ermöglicht diesen unscheinbaren immergrünen Tropengehölzen die Existenz in einer ständig wechselnden Umgebung. Alle sechs Stunden, mit jeder Ebbe und Flut, durchleben sie ein Wechselbad, liegen ihre langen **Stütz- und Atemwurzeln** frei bzw. unter Wasser. Dem enormen Salzgehalt, der alle anderen Bäume abtöten würde, begegnen Mangroven auf unterschiedliche Weise. Manche entwickeln Blattdrüsen, durch die mit Hilfe einer Flüssigkeit das Salz wieder ausgeschieden wird. Andere befördern Salz durch ihre Wurzeln bis in die Blätter, die sie bald danach abwerfen.

Es gibt viele verschiedene Mangrovenarten, die sich zwar ähnlich sehen, aber nicht unbedingt miteinander verwandt sind. **Rote Mangroven** vermehren sich sehr schnell und effektiv und sind in Gambia am häufigsten. Aus den Früchten sprießen auf dem Baum pro Jahr einige hundert Keimlinge, die bereits dort bis zu 50 cm lange Wurzeln bilden, ehe sie schließlich abfallen. Sie treiben im Wasser und verankern sich bei der ersten Bodenberührung sofort mit ihren langen Wurzeln. Sehr schnell entwickeln sie Seitenwurzeln, um sich gegen die Strömung zu schützen. Finden die Keimlinge keinen Nährboden, können sie bis zu ein Jahr lang im salzhaltigen Mündungsgewässer treiben, ohne abzusterben.

Da Mangroven lebenslang den Gezeitenströmungen ausgesetzt sind, bilden sie starke, pfahlartige Stützwurzeln. Zwischen diesen Wurzeln lagert sich angeschwemmter Schlamm ab, der mit abgestorbenen Wurzelteilen und enormen Mengen abgeworfenen Laubes die Mangrovensümpfe stabilisiert und als nährstoffreicher Morast wiederum das Wachstum der Mangroven beschleunigt. Wie ein bis zu 20 km breiter Gürtel umschließt das wuchernde Dickicht schließlich Küsten und Wasserwege und schützt als **natürlicher Filter** die Uferzonen vor Brandung, Treibgut und Abfällen. In Gambia sind mehr als 5000 km Uferflächen von Mangroven bewachsen, in deren Schutz Schalentiere, Muscheln, Krabben und Austern einen hervorragenden Lebensraum finden. Wasser- und Watvögel nisten in den Sümpfen, und Barsche, Welse und Hummer halten sich im brackigen Flachwasser auf.

Ausflug 5

Ausflug zur Lamin Lodge: Stimmungsvolle Bootsfahrten bei der Mangrovenlodge

Bootsfahrten durch die Bolongs, die verwinkelten Seitenarme des Gambia River, gehören zu den typischen Ausflugsprogrammen des Landes. Lautlos durch die Wasserlandschaft zu gleiten, dabei zu angeln oder nach seltenen Vögeln Ausschau zu halten, ist eine reizvolle Variante, die fremdartigen Mangrovensümpfe kennenzulernen. Wer sich besonders für die Sumpf- und Wasservögel in den Mangrovenwälder interessiert, sollte besser frühmorgens auf Tour gehen, denn dann bestehen die besten Chancen, Seiden- und Silberreiher, Eisvögel, Schlangenhalsvögel, Ibisse und sogar Pelikane zu sehen (Fernglas nicht vergessen). Krokodile, Nilwarane und die äußerst scheuen Weißwangenotter entdeckt man allerdings nur sehr selten.

Vor langer Zeit eröffnete ein deutscher Auswanderer im eigenwilligen Mangroven-Brackwassergebiet am Lamin Bolong ein Ausflugslokal. Weil sein Mangrovenrestaurant von der Straße wie auch per Boot leicht zu erreichen war, etablierte es sich rasch als Touristenziel. Die raffinierte Pfahlbautenkonstruktion wirkt wie ein riesiges Baumhaus. Auf verwinkelten Etagen verteilen sich die Holztische, und man genießt einen schönen Ausblick über die Mangroven und den Gambia River. Ein Brand zerstörte das Holzgebäude vor einigen Jahren; der Wiederaufbau ließ lange auf sich warten, doch heute ist die Lamin Lodge wieder ein Anziehungspunkt für die Urlauber, mit kleinem Restaurant im Obergeschoss und Booten und Pirogen zum Angeln und für vogelkundliche Touren.

Links: Lamin Lodge – leicht morbid, irgendwie aber auch malerisch. Rechts: Der berühmte Baobab

Ausflug zur Lamin Lodge — Ausflüge

Tipps und Infos

Anreise auf dem Landweg: Taxifahrer verlangen für die Hin- und Rückfahrt sowie zwei Stunden Wartezeit an der Lamin Lodge zwischen 11–17 Euro (gelbe Taxis) und 20–30 Euro (grüne Taxis). Wer in Serekunda ein Buschtaxi nach Brikama nimmt und im Dorf Lamin aussteigt, muss die 3 km lange Piste zum Restaurant laufen. Diese Zufahrt ist auch nicht ausgeschildert. Sie beginnt etwa 500 m nach dem Abuko Naturreservat (siehe S. 118), direkt vor einer kleinen Moschee.

Pirogen- und Motorbootfahrten: Bootsausflüge werden an der Denton Bridge und an der Lamin Lodge angeboten sowie zwischen den beiden Stationen, sodass zahlreiche Gäste z. B. im Taxi zur Lamin Lodge fahren, dort auf ein Boot umsteigen und sich später vom Taxifahrer wieder an der Denton Bridge abholen lassen. Individualisten müssen etwa 30 Euro für einen Bootstransfer zwischen Denton Bridge und Lamin Lodge ansetzen. An der Lamin Lodge stehen Kanus (ab 250 D/Std.), Pirogen (500 D/Std.) und Motorboote (800 D/Std.) zur Verfügung, mit denen man ganz individuell auf Mangroventour gehen kann. Auch Stand-Up-Paddeln ist hier möglich. Die Preise sind stark verhandelbar.

Reiseveranstalter chartern die größeren Motorboote und bieten einen Halbtagesausflug an, der für 50–58 Euro pP eine Bootsfahrt in den Mangroven an der Lamin Lodge und den Besuch im Abuko Naturpark (S. 118) beinhaltet. Vogelfreunde können den Ausflug mit einem versierten Bird Guide z. B. vom Bird Centre im Senegambia Hotel (S. 92) für 28–40 Euro erleben.

Angeln in den Mangroven: "Creek Fishing" findet in Kleingruppen auf Pirogen statt, die mit Sonnendach und Funkgerät ausgestattet sind. Vorkenntnisse sind nicht erforderlich; der erfahrene Skipper und seine Besatzung bieten professionelle Unterstützung sowohl für Anfänger als auch Angelprofis. Ausrüstung und Köder werden gestellt. Die Ausbeute an tropischen Fischen ist meist ausgezeichnet, daher gilt hier in der Regel die Devise: "No Fish? No Pay!" (Wer keinen Fisch fängt, bekommt sein Geld zurück).

Übrigens: Bei Ebbe lassen sich im Schlick vom Holzsteg aus hervorragend Winkerkrabben und Schlammspringer beobachten.

Ausflug 6 Abuko-Naturreservat

23 km südlich von Banjul liegt an der Straße nach Brikama der kleine Vorzeige-Naturpark Gambias. Auf gerade einmal 100 ha präsentiert sich hier eine stattliche Pflanzen- und Vogelvielfalt: über 250 Vogelarten, 115 Pflanzenspezies, mehr als 70 Schmetterlingsarten und 37 verschiedene Reptilien wurden hier bereits ermittelt – eine ganze Menge für diesen kleinen Park. Man kann natürlich nicht von einer afrikanischen Wildnis sprechen, eher von einem Tierpark, und bleibt im Grunde fast stets in Hörweite der stark befahrenen Teerstraße, doch zeigt das Reservat einen schönen Querschnitt gambischer Natur. Ein knapp 3 km langer, mit Nummern markierter sandiger Fußweg führt an Tümpeln und Beobachtungspunkten vorbei durch den tropischen Feuchtwald. An manchen Stellen ist der Pfad richtig stark eingewachsen. Die natürliche Vegetation konnte sich hier bis heute erhalten, weil das Reservat seit 1916 als Wasserschutzgebiet umzäunt ist und die Abholzung verboten war. 1968 wurde es auf Initiative von Eddie Brewer, dem späteren Naturschutzdirektor, zum Naturreservat ernannt. Dank der Nähe zu den Touristenhotels zählt Abuko zu den regelmäßig besuchten Sehenswürdigkeiten des Landes.

Markierte Fußwege und Beobachtungsplattformen

Leise und aufmerksam sollte man sein, um die Tiere auch zu entdecken

Am Crocodile Pool, den man schon kurz nach dem Eingang erreicht, kann man sich im Education Centre auf die Lauer legen. Ein versteckter Ausguck gibt den Blick frei auf einen großen Wassertümpel und seine Uferzone. Reiher, Kormorane, Schlangenhalsvögel und Spornkiebitze sind hier häufig. Auch der anmutige African Jacana, das sog. Blaustirnblatthühnchen, kommt vor. Mit etwas Glück entdeckt man sogar dösende Schildkröten oder ein lautlos im Wasser treibendes Krokodil, von denen es hier etwa 20 Exemplare gibt.

Crocodile Pool

Entlang des Lamin-Flüsschens dominiert dichter Galeriewald mit Palmen und riesigen Bambusstauden, der in Wald- und Trockensavanne übergeht. In diesen Wäldern finden unzählige Vogelarten ihren Lebensraum. Zu den schönsten zählen die Paradiesschnäpper, Turakos, Nektar- und Eisvögel. Neben den Adlern, Palm- und Kappengeiern entdeckt man mit Geduld und Ausdauer auch scheue, flinke **Husarenaffen** und **Stummelaffen** in den Baumwipfeln. Sehr viel zutraulicher und häufig am Boden zu sehen sind **Grünmeerkatzen**. Aufmerksame Beobachter entdecken entlang des Weges auch Mangusten und Nilwarane. Zu den ganz scheuen Wildtieren, die kaum ein Besucher zu Gesicht bekommt, zählen Buschböcke und Ducker sowie kleine Wildkatzen wie Serval oder Ginsterkatze.

Vögel und Affen

Die Vielfalt der Insekten mit bunten Schmetterlingen und Käfern ist beachtenswert

Begegnung mit der Tierwelt — Ausflüge

Etwa in der Mitte des Geländes, am Ende des touristischen, viel besuchten Teils, gelangt man zum "**Animal Orphanage**", einer Art Waisenhaus für Wildtiere, die theoretisch einmal ausgewildert werden sollten, aber seither hier ein eher trauriges Dasein fristen. In Käfigen werden einige Tüpfelhyänen und mehrere Affenhorden gehalten. Seien Sie beim Paviangehege sehr vorsichtig: Die Tiere greifen blitzschnell durch den Zaun, um nach etwas zu grabschen, und springen gerne aggressiv direkt in den Zaun. In einem Nachbargehege leben Stummelaffen, während die Grünmeerkatzen frei herumspazieren und sich von den Touristen mit Erdnüssen füttern lassen. In der Nähe der Gehege gibt es gekühlte Erfrischungen zu kaufen.

Eine Erfolgsstory war dem Projekt mit der Auswilderung von Schimpansen auf Baboon Island geglückt. Über den Nutzen dieses Minizoos mag man dennoch geteilter Meinung sein, denn die halbzahmen Hyänen in ihrem tristen Gehege vermitteln ein wenig den traurigen Eindruck, die faszinierenden Wildtiere müssten als Anziehungspunkt für Touristen herhalten.

Hinter dem Hyänengehege beginnt der ornithologische Rundweg. Dieser "**Extended Bird Walk**" führt als langer Rundweg durch ein Vogelschutzgebiet, in dem vor allem Savannenvögel leben. Die meisten Besucher verzichten auf diesen Teil des Parks und drehen wieder um. Der Besuch Abukos dauert in etwa zwei Stunden.

Oben: Ausguck im Education Centre beim Crocodile Pool; Stummelaffen und ein Husarenaffe

Ausflüge — Spaziergang im Abuko Reservat

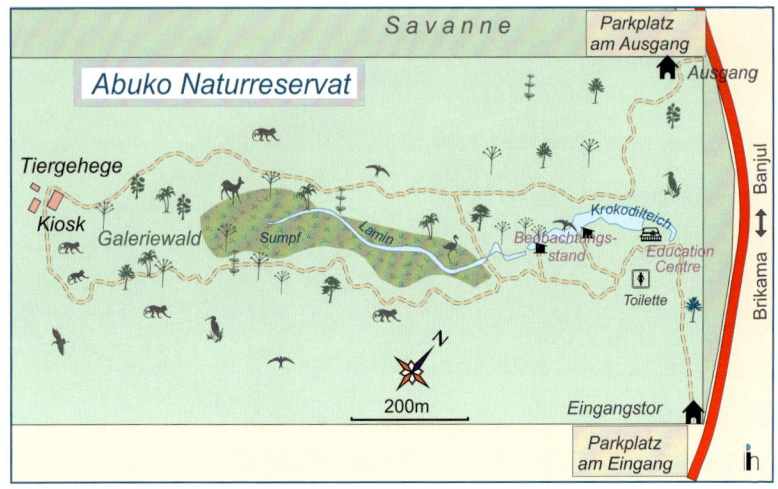

Tipps und Infos

Info Das Naturreservat Abuko zählt zu den oft besuchten Ausflügen im Küstengebiet von Gambia, weil es eine der wenigen Stellen ist, wo man noch ursprüngliche Flora und Fauna erleben kann. Leider sind viele Tiergehege in einem traurigen Zustand, die Wegweiser sind unleserlich und verblichen, und der ganze Park wirkt stark vernachlässigt. Naturfreunden möchten wir einen Besuch dennoch empfehlen.

Der Naturpark ist täglich von 7–18 Uhr geöffnet, der Eintritt beträgt 70 D pP (Kinder über zehn Jahre 35 D) und 300 D für einen Guide. Der Eingang mit Parkplatz liegt direkt neben einem Polizei-Checkpoint. Achtung: Der Ausgang liegt 400 m westlich des Eingangs. Wenn Sie mit einem Taxi anreisen, sollten Sie mit dem Fahrer abklären, ob er Sie am Eingang oder Ausgang erwarten wird (man kann auf dem Rückweg zum Ausgang auf halber Strecke nach rechts abzweigen und kommt so an den Eingang des Reservats zurück). Frühmorgens und der späte Nachmittag sind die besten Tageszeiten, um Tiere zu entdecken. Tragen Sie bequeme Laufschuhe oder Trekkingsandalen und verhalten Sie sich unterwegs möglichst leise!

Eine Taxifahrt (Hin und zurück mit Wartezeit) kostet von den Badehotels aus zwischen 10–15 Euro (gelbes Taxi) und 15–20 Euro (grünes Taxi). Es geht auch noch preiswerter und sehr unkompliziert per Buschtaxi, da der Park direkt an der Straße zwischen Serekunda und Brikama liegt. Organisierte Ausflüge, die sich auf den Abuko Naturpark beschränken, gibt es kaum. Örtliche Reiseveranstalter bieten in der Regel als Halbtagestrip eine Kombination aus dem Besuch des Abuko Naturparks, des Holzschnitzermarkts in Brikama und einer Bootsfahrt bei der Lamin Lodge an (ab 45 Euro pP). Manchmal wird auch ein Naturausflug angeboten, welcher anstelle von Brikama die Batikfabrik oder das Museum in Tanji und den Bijilo Park einbaut. Die Reisegruppen halten zudem häufig für einen Fotostopp am Viehmarkt von Abuko, wo neben den Ziegenherden auch geschlachtetes Vieh offen vor den "Metzgerei-Ständen" hängt.

Bilder rechts:
Arbeiter im Hyänengehege; Wegweiser und Sitzgelegenheit mit Grünmeerkatze im Animal Orphanage; ein Hinweisschild und ein stolzer Kronenkranich

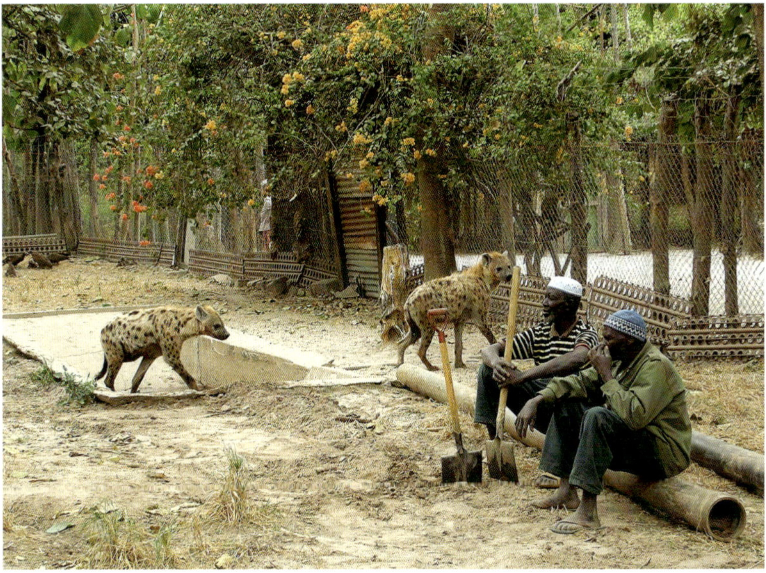

ANTELOPES
HYENAS
PLEASE DO
ANIMALS
65

"BACK TO
A PROJECT TO RETURN PARROTS AND PRIMATES THAT HAVE BEEN ILLEGALLY HELD IN CAPTIVITY TO THEIR NATURAL HABITATS.
THE BIRDS IN THESE CAGES ARE UNDERGOING REHABILITATION PRIOR TO THEIR RELEASE INTO ONE OF THE GAMBIA'S NATIONAL PARKS AND RESERVES.
THIS PROJECT, INITIATED AND ORGANISED BY THE DEPARTMENT OF WILDLIFE & PARKS MANAGEMENT IS PARTLY FINANCED BY TANJI BIRDERS, A UK BASED GROUP DEDICATED TO SUPPORTING GAMBIAN CONSERVATION,
THE PARROT SOCIETY (UK) & RODE BIRD GARDENS

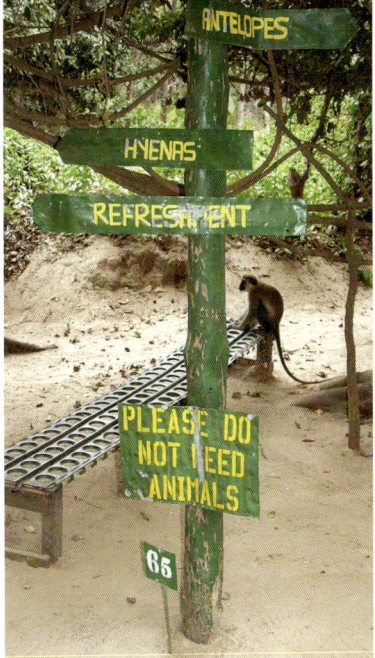

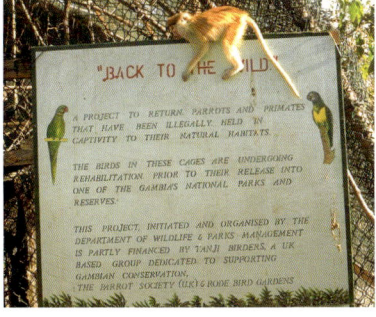

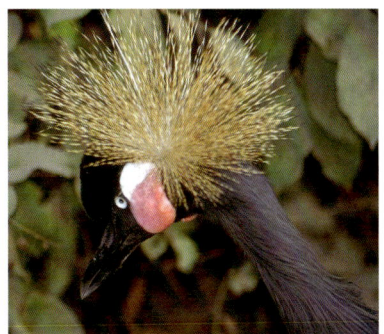

Ausflug 7

Ursprünglicher Süden – Von Ghanatown über Tanji nach Gunjur und Kartong

Bilder dieser Seite:
Fischräuchereien und
Pirogen im Hafen von Tanji

Trotz relativer Nähe zu den Badezentren ist der Süden touristisch bisher weitgehend unberührt. Die kilometerlangen Sandstrände sind noch nahezu menschenleer. Bunte Fischerboote, Maniokfelder und kleine Ortschaften, in denen die Menschen ihrer traditionellen Lebensweise nachgehen, zeigen hier die Facetten des gambischen Alltags, wie man ihn sonst nur im Landesinneren zu sehen bekommt.

Die Fahrt nach Süden führt über den Brusabi- bzw. Turntable Roundabout nach **Brufut Heights** (S. 100), wo 2007 das Sheraton Resort eröffnete (heute heißt es Labranda Coral Beach). Danach wird es einsam und ländlich, und man gelangt in das kleine Fischerdorf **Ghanatown**. Hier haben sich vor Jahrzehnten ghanaische Fischer niedergelassen. Im Dorf sieht man viele Holzgestelle zum Trocknen der Fische, die anschließend zum größten Teil nach Ghana und Nigeria exportiert werden. Etliche bunt bemalte Fischerboote liegen hier am Strand.

Am südlichen Dorfrand schließt sich direkt das "**Tanji Bird Sanctuary**" an. Die Teerstraße durchschneidet dieses 6 km² große ornithologische Kleinod, in dem man mit einem Guide wandern und nach den mehr als 300 registrierten Vogelarten, Meerkatzen, Husarenaffen und Mangusten Ausschau halten kann. Hier eröffnete auch die Tanji Bird Reserve Eco Lodge (S. 125).

Ländliches Treiben und malerische Fischerdörfer — Ausflüge

Ausflüge in die nähere Umgebung
- ④ Hochseefischen
- ⑤ Lamin Lodge, Mangroven
- ⑥ Abuko-Naturreservat
- ⑦ Südtour: Tanji, Ghanatown und Gunjur
- ⑧ Brikama Market und Makasutu Culture Forest

Gleich danach überquert man den Tanji River und erreicht den gleichnamigen Strand. Gegenüber von Nyangas Beach Bar werden Kamelsafaris angeboten. Größtes Highlight ist jedoch der **Hafen von Tanji** mit seinen malerischen **Fischerbooten**, dem lebhaften Treiben der Marktfrauen, den vielen Graukopf- und Gelbfußmöwen, den intensiven Gerüchen nach totem Fisch und salzigem Meer und seinen sehenswerten Fischräuchereien. Mittendrin stehen zwischen den Markthütten unzählige ausrangierte, rostige Kühlboxen, in denen auf Eis der frische Fang gelagert wird. Ein paar Kilometer weiter südlich liegt das **Tanje Village Museum**, ein Freilichtmuseum mit botanischem Lehrpfad, einer Galerie mit Schaukästen zu Flora und Fauna, kleinem Restaurant und Übernachtungsgelegenheit.

Nach Tanji wird es sofort wieder ländlich. In Batukunku liegt das koloniale Gästehaus White Horse, und südlich von Tujering beginnt die Zufahrt zu den Farakunku Lodges (S. 125). Der nächste Abstecher führt zum schönen **Sanyang Beach** (**Paradise Beach**). Entlang der Zufahrt liegen ein paar Kneipen wie die Bird Garden Bar, und direkt am Sandstrand, neben dem kleinen Hafen mit seinen Fischerbooten, werben die Rainbow Beach Bar und das Jungle Beach Holiday Resort mit ihren Sonnenliegen und cooler Musik um Tagesgäste.

Unten: Auch das ist Tanji: Kamelsafaris und ein kleines Dorfmuseum

Oben: Leben am und vom Meer

Folgt man der Straße von Sanyang nach Süden, die nun durch eine malerische Savannenlandschaft mit Palmen und kleinen Dörfern führt, gelangt man schließlich in die größte Ortschaft der Region, in das bunte, lebhafte **Gunjur** (nicht direkt am Strand und Fischerhafen gelegen). Die Straße führt weiter bis **Kartong** kurz vor dem Grenzfluss Allahein. Unterwegs kommt man an ein paar vereinzelten Öko- und Strandlodges vorbei, ansonsten ist dieser Küstenabschnitt touristisch noch ziemlich unberührt. Kurz vor Kartong lohnt sich ein Besuch der **Gambian Reptiles Farm**. In Kartong befindet sich außerdem der dritte verehrte Krokodiltümpel des Landes. Über einen kurzen Weg, der am Ortsausgang gegenüber der katholischen Schule und Kirche nach rechts abzweigt, gelangt man zur Pilgerstätte. Die **Heiligen Krokodile von Folonko** sind allerdings nur selten zu sehen, denn der Tümpel ist von Schling- und Wasserpflanzen überwuchert. Außerdem kann man hier die Kunstgalerie Lemon Fish Gallery besuchen und den Fischern beim Räuchern von Austern über die Schulter gucken. Auf dem mangrovengesäumten Grenzfluss Allahein herrscht reger Bootsverkehr zwischen Gambia und Senegal. Nahebei fördert die EU ein Projekt zur Verarbeitung (Räuchern, Salzen und Verpacken) von frischem Bongafisch. Die Region ist auch ein beliebtes Ziel vogelkundlicher Reisender.

Tipps und Infos

Tanji Bird Sanctuary: Das kleine Vogelschutzgebiet ist täglich von 8–18 Uhr geöffnet, der Eintritt beträgt 35 D, für Kinder 15 D. Ornithologen werden außerdem am Hafen von Ghanatown fündig, wo sich hunderte Wasservögel von den Fischabfällen ernähren. Wer eine Bootsfahrt nach Bijol Island unternehmen möchte (ca. 15 min. Fahrt), einer Brutstätte vieler Küstenvögel, wendet sich an Mr. Dembo und Mr. Cassama, Tel. 9816799, 3866986.

Kamelsafaris: Tel. 6849600. Täglich von 9–16 Uhr kann man hier auf Kamelen am Strand entlang reiten (500 D/Std.). Wer nur die fünf Kamele besuchen möchte, bezahlt 75 D.

Tanje Village Museum: Tel. 7057045, www.tanjevillagemuseum.com. Der Eintritt in dieses dörfliche Freiluftmuseum beträgt 200 D, für Kinder 50 D (inkl. Führung), geöffnet ist es täglich von 9–17 Uhr. Es bietet auch eine sehr bescheidene Unterkunft im traditionellen Dorfstil ab 500 D pP mit Frühstück.

Gambian Reptiles Farm: Tel. 7004672. Hier werden Schildkröten, Krokodile, Warane, Schlangen und Chamäleons gehalten. Während der Führung legt der Guide den Gästen manchmal auch einen Python um den Hals. Die Reptilienfarm liegt 500 m neben der Straße nach Kartong, ist täglich von 8.30–17 Uhr zugänglich und kostet 150 D Eintritt.

Individuelle Tour: Am besten lässt sich die Tour durch den Süden mit einem Mietwagen oder Taxi realisieren; allerdings ist die Straßenbeschilderung dürftig. Taxifahrer in gelben Taxis veranschlagen je nach Fahrtstrecke zwischen 20 und 35 Euro; von Kololi nur bis Tanji etwa 8–11 Euro und bis Sanyang Beach etwa 22–28 Euro.

Organisierte Ausflüge: Als Halb- und Ganztagestouren werden Kombinationen wie Kamelsafari und Reptilienfarm (45–60 Euro) oder Tanji mit Museum und Reptilienfarm (55 Euro) angeboten. Eine „Lazy Beach Tour" führt an den Paradise Beach (55 Euro); als Offroad-Tour ab 70 Euro.

Unterkünfte für Individualisten — Ausflüge

Unterkunft in Tanji
Tanji Bird Reserve Eco Lodge: Tel. 7288221, email: ecocamptanjibirdreserve@yahoo.com. Sehr einsam am Strand des Schutzgebiets gelegene Chalets (man sollte einen Mietwagen haben). Preise: ÜF ab 32 €/DZpP, 41 €/EZ.

Unterkunft in Batukunku
White Horse Residence: Tel. 360111, email: info@whitehorseresidence.com, www.whitehorseresidence.com. Die liebevoll gepflegte und beschauliche Bungalowanlage im Kolonialstil in einem tropischen Garten leicht erhöht über dem Meer gelegen ist unsere Empfehlung für anspruchsvolle Individualisten. Mit Pool und Restaurant. Preise: ÜF ab 60 €/DZpP und 83 €/EZ.

Unterkunft in Tujering
Farakunku Lodges: Tel. 7260669, email: heather-moses@farakunku-lodges.com, www.farakunku-lodges.com. Einsam gelegene Öko-Lodge mit vier Bungalows, Mini-Pool und Restaurant im Garten. Britisch-gambische Leitung, Gratis-Transfer zum Strand. Preise: HP 51 €/DZpP und 86 €/EZ.

Evergreen Eco Retreat: Tel. 7021151, www.evergreengambia.com. Tropisch eingewachsene Rundbungalows mit Aussteigerfeeling am Strand von Tintinto bei Tujering. Preise: HP ab 45 €/DZpP und 77 €/EZ.

Unterkunft in Sanyang Beach
Rainbow Beach Lodge: Tel. 9726806, www.rainbow.gm. Direkt am Sanyang Beach gelegene Bar/Restaurant, wo im Hintergrund auch einfache Zimmer vermietet werden. Sonntags findet hier um 16 Uhr Wrestling statt. Preise: ÜF ab 15 €/DZpP und 24 €/EZ.

Jungle Beach Holiday Resort: Tel. 9986143, email: info@junglebeach-resort.com, www.junglebeach-resort.com. Diese bescheidene Anlage liegt gleich nebenan. Hier werden auch Workshops und Trommelkurse angeboten. Preise: ÜF 20 €/DZpP und 30 €/EZ.

Footsteps Eco Lodge: Tel. 7700125, www.footstepsinthegambia.com. Britische Öko-Lodge kurz vor Gunjur mit 12 Zimmern, Restaurant, Pool, Yoga-Kursen, Fahrradverleih und Transfers zum nahen Strand. Preise: ÜF ab 25€/DZpP, ab 35 €/EZ, Ferienhaus ab 53 €/Nacht.

Unterkunft zwischen Gunjur und Kartong
Balaba Nature Camp: Tel. 9919012, email: balabacamp@icloud.com, www.balabacamp.co.uk. Zwischen Gunjur und Kartong im Hinterland gelegene einfache Öko-Lodge mit traditionellen Hütten (Moskitonetze), in der auch Trommelkurse angeboten werden. Preise: VP 50 € pP.

Nemasu Eco Lodge: Tel. 3686127, email: hotelnemasu@gmail.com, www.hotelnemasu.com. Gepflegte Anlage unter amerikanisch-australischer Leitung, die direkt am Strand liegt und Rundhütten ab 48 € pP offeriert.

Sandele Eco Retreat: Tel. 7711209, email: sandeleeco@hotmail.com, www.sandele.com. Weitläufige Öko-Lodge bei Kartong unter britischer Leitung gegenüber der Reptilienfarm, direkt am Atlantikstrand. Vier Dome-Chalets, zehn Zimmer und ein Restaurant ÜF ab 38 €/DZpP und 75 €/EZ.

Boboi Beach Lodge: Tel. 7776736, email: booking@southgambia.com, http://boboibeachlodge.com. Bungalows und Baumhäuser unter britischer Leitung direkt am Strand etwa 2 km nördlich von Kartong. Preise: ÜF 15–22 €/DZpP.

Lemon Fish Eco-Guesthouse: Tel. 7643948, email: h.stokbroekx@gmail.com, http://lemonfishgambia.nl/en. Kunstgalerie in Kartong mit Zimmervermietung (25 €/Zimmer), Töpfer-/Batikkurse möglich.

Unterkunft im Hinterland von Gunjur
Soforal Lodge & Cultural Centre: Tel. 7588387, email: soforallodge@gmail.com, www.soforal.nl. Niederländisches Kulturzentrum mit zehn Gästezimmern in Berending, wo Koch-, Tanz- und Trommelkurse veranstaltet werden. Preise: ÜF 25 € pP.

Marakissa Rivercamp: Tel. 7779487, email: info@marakissarivercamp.nl, www.marakissarivercamp.nl. Dieses niederländische Naturcamp am Allahein River in Marakissa ist ein Tipp für Vogelfreunde. Arch-Tours unternimmt Tagestouren in das Camp (55 Euro pP), um von hier aus vogelkundliche Bootsfahrten durchzuführen. Preise: ab 50 € pP.

Ausflug 8

Brikama Markt und Makasutu Culture Forest

Dieser Ausflug führt zu Gambias größtem Holzschnitzermarkt in Brikama und zu den Mangrovensümpfen des Mandina Bolong. Von Serekunda geht es auf der breiten Süduferstraße zunächst am großen Viehmarkt und dem Naturreservat von Abuko vorbei. Wenig später fährt man durch das Mandingodorf Lamin, wo nach alter Tradition alle männlichen Erstgeborenen auf den Namen Lamin getauft werden. Trotz der überwiegend muslimischen Bevölkerung verfügt der Ort über eine große katholische Mittel- und Hochschule. Auf der linken Seite sieht man bald danach die Abzweigung zum Internationalen Flughafen Yundum, anschließend folgen rechts ein großes Militärlager und schließlich kurz vor Brikama der Ziegen- und Holzschnitzermarkt beiderseits der Hauptstraße.

Auf engem Raum offenbart sich dem Besucher hier das breiteste Schnitzereiangebot Gambias. Die Auswahl reicht von Masken, Trommeln und Schalen über Menschen- und Tierfiguren zu Löffeln, Brieföffnern und anderem Krimskrams. Die Handwerker und Künstler sind ausgesprochen produktiv; man sagt, nahezu alle Schnitzereien, die in Gambia verkauft werden, seien in Brikama gefertigt worden. Zumeist wird das rötliche einheimische Mahagoniholz verarbeitet, seltener findet man

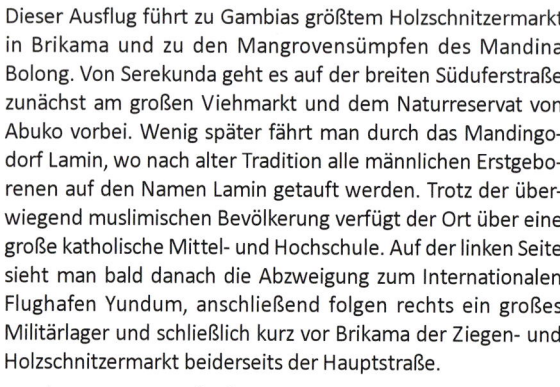

Werke aus dem dunklen, teuren und schwereren Ebenholz. Umweltbewusste Käufer halten sich beim Großeinkauf von Holzartikeln zurück, um die Abholzung nicht noch mehr zu fördern.

Brikama, die drittgrößte Stadt des Landes und Hauptstadt der Provinz Western Division, blickt auf eine bewegte Geschichte zurück. Zweimal (1854 und 1874) wurde das Mandingodorf als Sitz eines Soninke-Herrschers während der Marabutkriege zerstört, danach hatten sich die muslimischen Glaubenskämpfer durchgesetzt. Heute leben neben den Mandingo auch viele andere Volksgruppen in Brikama, darunter eine große Anzahl aus Senegal eingewanderte Diola.

Auf der Weiterfahrt verweisen am Ortsausgang von Brikama Schilder auf zwei deutsche Hilfsprojekte: Die Städte Wattenscheid und Bottrop finanzieren hier jeweils einen Kindergarten.

5 km außerhalb von Brikama zweigt die nur unauffällig ausgeschilderte Piste zu einem preisgekrönten Vorzeigeprojekt ab, dem **Makasutu Culture Forest.** Innerhalb von nur zehn Jahren schufen zwei Briten aus 1000 ha Fläche mit Palmwäldern und Mangrovensümpfen entlang des Mandina Bolongs ein Naturschutzgebiet mit Besucherzentrum und einer luxuriösen Öko-Lodge, die heute fast 100 Arbeitskräfte beschäftigen und zu den meist besuchten Ausflugsorten Gambias zählen.

Gambias Abholzung ist so weit fortgeschritten, dass die meisten Hölzer für die Schnitzkunst aus Senegal importiert werden müssen

Von Westen ist die Zufahrt nur mit „Kembujeh" ausgeschildert

Bilder beider Seiten: Impressionen vom Holzschnitzermarkt und vom Ziegenmarkt am Ortsrand von Brikama

Ausflüge — Makasutu, der „Heilige Wald"

Für **Tagesbesucher** hat **Makasutu** zwei Angebote: Die Halbtagestour für 800 D pP (Kinder 400 D) beinhaltet einen rund 1,5-stündigen Bush Walk, bei dem man eine Menge über die Flora und Fauna erfährt, Palmwein testen darf und mitunter einen Traditionellen Heiler besucht. Danach folgt eine etwa halbstündige Pirogenfahrt auf dem Mandina Bolong, um Vögel, Winkerkrabben und Austern in den Mangrovenwäldern zu entdecken.

Wer sich für die "Full Tour" entscheidet, die 1000 D kostet bzw. 500 D für Kinder, nimmt zusätzlich am **gambischen Mittagsbuffet** teil. Während die Gäste Reis, Maniok, gebratenen Fisch und Beef Dodoma testen, werden sie von den selbstbewussten und sehr imposanten Guineapavianen unterhalten, die immer wieder versuchen, Nahrungsmittel vom Buffet zu stehlen, und genießen später traditionelle Tänze mit Trommelmusik. Das Mittagessen findet recht rustikal unter einer hohen Holzkonstruktion mit Schilfgrasdach statt. Die meisten Mitarbeiter von Makasutu sind freundlich und motiviert, und einige Guides haben eine versierte Kenntnis der örtlichen Flora und Fauna.

Beim Eingang und dem Parkplatz befindet sich außerdem ein kleiner Craft Market mit allerlei Souvenirartikeln.

Schwimmende Luxusvillen im Mangrovenwald — Ausflüge

Tipps und Infos

Zahlreiche Buschtaxis fahren von Serekunda nach Brikama bzw. direkt zum Holz- und Ziegenmarkt und an der Abzweigung nach Makasutu vorbei, allerdings nicht bis direkt zum Eingang von Makasutu.

Gelbe Taxis verlangen für die Hin- und Rückfahrt nach Makasutu inklusive der Wartezeit vor Ort und dem Besuch des Holzschnitzermarkts von Brikama je nach Verhandlungsgeschick 20–27 Euro. Grüne Tourist Taxis berechnen 25–35 Euro für die gleiche Strecke inklusive Wartezeit.

Örtliche Reiseveranstalter und Hotels bieten Makasutu-Ausflüge mit dem Besuch des Markts von Brikama als Pauschalausflug an. Der Halbtagesausflug kostet etwa 45 Euro pP, der Tagesausflug inklusive Mittagsbuffet 55–65 Euro pP (dabei fallen natürlich keine Eintrittsgebühren mehr in Makasutu an).

Unterkunft in Makasutu

Mandina River Lodge: Tel. 4463867, email: mandina@gambia.co.uk, www.mandinalodges.com. Die reizvoll am Mandina Bolong und abseits des Tagesbesucherrummels gelegene Lodge ist ganz auf den komfortverwöhnten und naturbegeisterten Gast zugeschnitten, denn sie kombiniert geschmackvollen Luxus mit Öko-Ansprüchen. Zahlreiche Auszeichnungen der internationalen Presse bestätigen den Erfolg dieses idyllischen Luxuscamps.

Eine fast fernöstlich anmutende Architektur und die detailverliebte Dekoration geben der Anlage ihren harmonischen, eleganten Stil. Dem Besucher stehen drei **Dschungellodges** mit sichtgeschützten Sonnenterrassen, ein **Stelzenbungalow** am Ufer des Bolongs und vier "**Floating Lodges**", die im auf- und absteigenden Mangrovengewässer schwimmen und besonders romantisch gelungen sind, zur Auswahl. Jede Lodge bietet Ventilatoren, Safe und wird von einem persönlichen Attendant betreut. Der Morgen beginnt hier mit einem Early Morning Tea oder Coffee, der direkt auf der privaten Veranda serviert wird, um den Gästen viel Ruhe und Privatsphäre zu gönnen. Tagsüber unternimmt man Ausflüge im Einbaum, beobachtet die reiche Vogelwelt, geht fischen oder genießt den klaren, verspielten Pool im tropisch eingewachsenen Garten – wenn man überhaupt seinen schwimmende Bungalow verlassen möchte, der im Gezeitenwechsel zwischen den Mangroven dümpelt. Am frühen Abend stellt der Koch persönlich seine Drei-Gänge-Menüvorschläge zur Auswahl vor. Diniert wird bei Kerzenlicht, anschließend lässt man den Tag am Lagerfeuer ausklingen und lauscht den nächtlichen Naturgeräuschen.

Die Mandina River Lodge ist nur buchbar bei The Gambia Experience, S. 209. Die Preise sind auf Anfrage.

Touren ins Landesinnere

Wer sich auf den Weg in das Hinterland von Gambia begibt, sollte keine Eile haben und mindestens ein, zwei Nächte in den Camps verweilen, um die Atmosphäre in Ruhe aufzunehmen. Für einen Tagesausflug sind die Strecken zu weit. Schwerpunkte der Exkursionen ins Hinterland sind die Natur und Tierwelt von Gambia, insbesondere die reiche Vogelwelt. Bequemer als entlang der Straßen reist es sich auf der gambischen Lebensader, dem Gambia River, dessen Ufervegetation vom dichten Mangrovensaum zu lieblichen Galerie- und Urwäldern wechselt, je weiter flussaufwärts man gelangt.

Ausflug 9 Bao Bolong Wetlands und Kiang West Nationalpark

Zu den Camps im Mangrovengürtel des Gambia River und seinen Seitenarmen (Bolongs)

Kaum verlässt man die dicht besiedelte Küstenregion, gerät man rasch in eine malerisch schöne Landschaft

Die Anreise erfolgt über die geteerte Süduferstraße, die bis Brikama beim Ausflug 8 beschrieben wird. Bis zur Abzweigung nach Senegal im kleinen Dorf Mandina Ba bleibt der Verkehr lebhaft. Anschließend wird es zunehmend ruhiger und die dichte Besiedlung lässt nach. Durch eine flache Landschaft voller Kokospalmen, Mangobäume, Erdnuss- und Reisfelder verläuft die Teerstraße nach Osten. Man durchquert Faraba Banta und das Fulbedorf Kafuta, gelangt in Bulok nahe an die senegalesische Grenze und schließlich durch ein großes Reisanbaugebiet nach Bessi und Somita. Entlang der Straße wird bündelweise Feuerholz verkauft. Etwa 80 km östlich von Banjul weisen im Dörfchen Killy Schilder unübersehbar auf die Abzweigung zum Bintang Bolong.

Ein Abstecher zur Bintang Bolong Lodge

Abstecher nach Bintang (5 km Piste)

Unter riesigen Baobabs und Kapokbäumen liegt das kleine Fischerdorf Bintang und wird von der grün-weißen Moschee mit ihren vier Türmen dominiert. Neben der Fischerei und der Gewinnung von Flusssalz beschert der Tourismus den Bewohnern ein lukratives Zusatzeinkommen als Bootsführer. Die Reste einer alten portugiesischen Niederlassung wurden teilweise überbaut, sie sind heute kaum noch auszumachen. Einige hundert Meter weiter liegt direkt am breiten Wasserarm die Bintang Bolong Lodge (S. 134), wo man ausgedehnte Bootsfahrten unternehmen kann.

Wenig später erreicht man die Ortschaft **Sibanor** mit einem großen Krankenhaus, einer Missionsstation und einem Polizeiposten. Im Dorf Battabut Kantora wird viel Muschelfischerei im nahe gelegenen Bolong betrieben. Das Muschelfleisch wird verzehrt, und die Schalen werden zu Kalk verarbeitet bzw. zum Asphaltieren der Straßen verwendet.

Beim Police Check Point in Kanfenda zweigt die Teerstraße nach Kanilai, dem Diola-Heimatdorf des Ex-Präsidenten Jammeh, zur Sindola Lodge und zum Kanilai Game Park ab (siehe rechts).

Kanilai Game Park — Im Hinterland

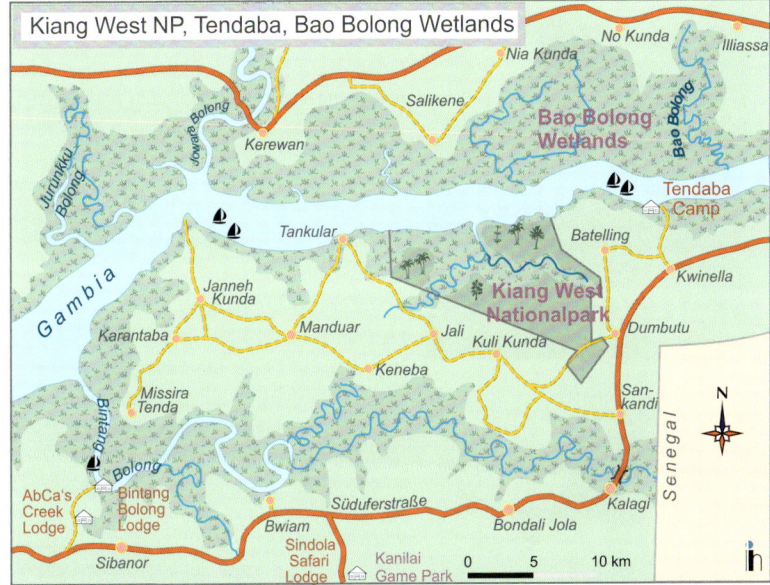

Auf der Weiterfahrt tauchen nun einzelne zwischen Palmen angelegte Reisfelder auf. Nach dem Dorf Kalagi führt eine Brücke über den Bintang Bolong. Bizarre, abgestorbene Mangrovenwurzeln säumen hier das Ufer. Die sog. **Roten Mangroven** wurden durch zu salzhaltiges Wasser abgetötet – eine Folge der zunehmenden Versalzung des Gambia, verursacht durch zügellose Abholzung im gesamten Uferbereich.

Die Straße knickt nun deutlich nach Norden ab und führt am Fulbedorf Jattaba vorbei nach **Sankandi**. 1899 waren hier zwei britische Unterhändler mit ihrer Begleitmannschaft bei Friedensverhandlungen mit den Marabutkämpfern ermordet worden, woraufhin die Kolonialherren Sankandi dem Erdboden gleichmachten. Hier beginnt die Zufahrt zum Kemoto Hotel (S. 134).

Abstecher zum Kanilai Game Park

Die Teerstraße führt zum ehemaligen Palast des Ex-Präsidenten Jammeh am Ende eines kleinen Dorfes mit riesigen Kapokbäumen und einer modernen Feuerwehr. Um zum Wildpark zu gelangen, muss man die abgeriegelte Umgebung des Palasts betreten, weshalb Besucher früher nur mit einer Eskorte der Sindola Lodge (S. 134) eingelassen wurden.

Im Kanilai Game Park, der als "President's Game Park" bekannt ist, leben Zebras, Gnus und Elenantilopen, die aus dem südlichen Afrika importiert wurden; die Nashörner und Raubkatzen in den Gehegen sind inzwischen verstorben. Der Wildpark schien stets mehr eine Privatangelegenheit des ehemaligen Staatsoberhaupts gewesen zu sein, als touristischen Nutzen zu haben. Besucher konnten Rundfahrten durch die Buschsavanne unternehmen, der Eintritt betrug 250 D pP. Die aktuellen Bestimmungen und der Zustand des Wildparks sind seit dem Machtwechsel allerdings unklar; der alte Palast ist niedergebrannt, und es kursieren Gerüchte, der Park solle wieder mit Wildtieren bestückt werden. Ob und wann es dazu kommt, lässt sich derzeit nicht abschätzen.

Kiang West Nationalpark

Auf der Weiterfahrt entlang der Teerstraße nach Norden erreicht man in der nächsten Ortschaft Dumbutu das Büro des Kiang West Nationalparks und die Hauptzufahrt dorthin. Anschließend biegt die Straße wieder nach Osten und erreicht in **Kwinella** (150 km von Banjul) die beschilderte Abzweigung zum Tendaba Camp (weitere 5 km Piste, S. 134). Dienstags herrscht in Kwinella übrigens reges Markttreiben.

Kiang West Nationalpark

Der mit rund 115 km² größte Nationalpark des Landes besteht aus Savannen, Mangroven- und Galeriewäldern und beherbergt Warzenschweine, Paviane, Grünmeerkatzen, Stummelaffen, Krokodile und eine **herrliche Vogelvielfalt** mit mehr als 300 Spezies. 21 verschiedene Raubvögel sind hier gesichtet worden und auch der größte Vogel Gambias, der Kaffernhornrabe, lebt im Nationalpark. Unter den Säugetieren sind ein paar scheue Buschböcke und Ducker zu nennen, auch Schakale, Mangusten, Servale und Tüpfelhyänen schleichen leise durch das Terrain. Ob noch Leoparden im Park leben, weiß niemand so recht zu sagen. Der 1987 ausgewiesene Nationalpark bietet ein schönes Spektrum westafrikanischer Wildnis, hat aber dennoch nie eine größere touristische Bedeutung erlangt. Die vielen Reisegruppen, die zumeist im nahegelegenen Tendaba Camp Quartier beziehen, unternehmen heute in der Regel lieber eine Bootssafari in die Bao Bolong Wetlands anstelle einer staubigen, oft unergiebigen Pirschfahrt im Kiang West Park.

Es existieren mehrere Zufahrten, von denen die Hauptzufahrt vom Parkbüro in Dumbutu und die östliche Zufahrt von Kwinella (Tendaba Camp) die wichtigsten sind. Der Kiang West Nationalpark ist täglich von Sonnenauf- bis Sonnenuntergang geöffnet. Der Eintritt beträgt etwa 12 Euro pro Fahrzeug. Als beste Reisezeit gilt die späte Trockenzeit, wenn das Gras nicht mehr so hoch steht.

Oben: Stummelaffe; Schmarozermilan; die Bambo Bar im Tendaba Camp mit Blick auf die Bao Bolong Wetlands. Bilder rechts: Auf Bootssafari; Mangrovenreiher; Schlammspringer.

Bao Bolong Wetlands Reserve

Erst seit etwa zwanzig Jahren genießt das Mündungsgebiet des nördlichen Gambiazuflusses Bao Bolong strengen Schutz nach der RAMSAR-Konvention, denn das Feuchtgebiet beherbergt seltene und bedrohte Wat- und Wasservögel, Sumpfantilopen, Kapotter, Flusspferde, Krokodile und sogar Afrikanische Manatis aus der Familie der Rundschwanzseekühe. Das rund 22 x 9 km große Naturschutzgebiet liegt am Nordufer des Gambia und dem Kiang West

Nationalpark direkt gegenüber. Auf dem Landweg ist das Feuchtgebiet schwer zugänglich; die meisten Besucher unternehmen eine organisierte Pirogenfahrt vom Tendaba Camp aus, das am 2 km entfernten Südufer des Gambia liegt.

Im Hinterland — Unterkünfte im Hinterland

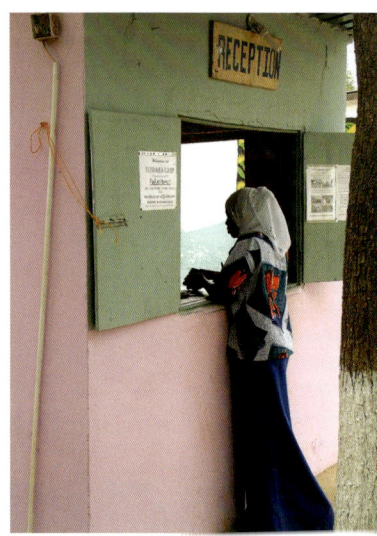

Tipps und Infos

Organisierte Pauschalausflüge mit Reisegruppe: Hierbei werden meistens zwei- bis dreitägige Rundfahrten abgeboten, im Tendaba Camp und/oder der Sindola Lodge übernachtet, und mehrere Safarifahrten, Bootstouren und Dorfbesuche unternommen. Der örtliche Anbieter Bushwhacker Tours organisiert einen zweitägigen Ausflug zum Tendaba Camp inklusive Vollpension (ab zwei Personen für 135 Euro pP, Adresse S. 94).

Individuelle Anreise: Relativ unproblematisch lässt sich dieser Ausflug mit einem Mietwagen oder Taxi organisieren. Im grünen Tourist Taxi bezahlt man für die Zwei-Tages-Tour offiziell ab 160 Euro, doch gibt es hier einen großzügigen Verhandlungsspielraum. Ebenso bei den gelben Taxis, die Tendaba für 110–130 Euro ansteuern. Lassen Sie sich nicht verunsichern: Taxifahrer speisen und übernachten in Gambia gratis im jeweiligen Camp, wenn sie Gäste bringen. Rechnet man die Fahrtkosten, Übernachts- und Essenspreise zusammen, wird ein privater Taxiausflug daher meistens etwas günstiger als die Pauschalangebote.

Mit öffentlichen Verkehrsmitteln sind die Camps, die alle abseits der Fernstraßen liegen, kaum zu erreichen. Wer nach Tunami Tenda, zur Bintang Bolong Lodge oder zum Tendaba Camp will, nimmt ein Buschtaxi nach Soma bzw. Basse, steigt an der jeweiligen Abzweigung aus, und muss die letzten Kilometer zum Camp auf eine Mitfahrgelegenheit hoffen oder zu Fuß laufen.

Bootsanreise: Bintang Bolong Lodge und Tendaba Camp lassen sich auch mit einem an der Denton Bridge oder an der Lamin Lodge gecharterten Motorboot ansteuern.
Ein kleiner Airstrip beim Tendaba Camp ermöglicht theoretisch auch eine Anreise per Kleinflugzeug.

Unterkünfte im Hinterland: Zwischen Brikama und Soma

Tumani Tenda Eco-Tourism Camp:
Tel. 9840308, 9903662, email: tumanitenda@hotmail.com, www.tumanitenda.co.uk.
Das Community Camp für sozialverträglichen Tourismus ist eine Herausforderung für Westeuropäer, denn es lädt den Reisenden ein, fast wie die Einheimischen im Fischerdorf zu leben: Lehmhütte statt Hotelzimmer, lokale Küche statt Buffet, kein Strom, wenig Wasser. Dafür fließen die Einkünfte direkt in Dorfprojekte, und die Gäste gewinnen einen intensiven, ehrlichen Einblick in das gambische Alltagsleben. Das Camp liegt 25 km östlich von Brikama am Bulok Bintang und ist per Taxi erreichbar. Bei Vorausbuchung wird man vom Flughafen abgeholt. Die fünf Lehmchalets liegen am Flussufer (ein Tipp für Ornithologen). Preise: ÜF ab 15 €/pP, Mittag- und Abendessen kosten je 5–10 €.

Fotos dieser Seite: Eindrücke aus dem Tendaba Camp

Zwischen Brikama und Kwinella — Im Hinterland

Bintang Bolong Lodge: Tel. 7043081, email: reception@bintang-bolong.com, www.bintang-bolong.com. Reizvoll direkt am Bintang Bolong gelegene Lodge mit unterschiedlichen Zimmern und Bungalows, nettem Terrassenlokal, gutem Service und Pool. Die Stelzenbungalows reihen sich an den Mangrovensaum. Der naturverbundene Tourist findet hier eine preiswerte, ruhige Unterkunft und Gelegenheit zu Boots- und Kanufahrten, Bird Watching und Jeep Safaris. Individuelle Busanreise ist ab Brikama möglich, auch Transfers zum Flughafen sind im Angebot. Hier kehren auch regelmäßig Reisegruppen auf der Fahrt in Landesinnere zum Mittagsessen ein; die Speisekarte ist reichhaltig. Preise: ÜF je nach Bungalow 13–20 €/DZpP und 15–23 €/EZ.

AbCa's Creek Lodge: Tel. 7994414, email: abcagambia@hotmail.com, www.abcascreeklodge.com. Die niederländisch-gambische Mangrovenlodge liegt entlang der Zufahrt zur Bintang Bolong Lodge und bietet saubere Unterkunft unter hohen Palmen mit einem Restaurant und vielen Aktivitäten wie Kanufahrten, Bootsausflüge in die Mangroven und sogar bis James Island, Fahrradfahren, Fischen, etc. Die engagierten Betreiber, Abdoul und Carlijn, organisieren auch Flughafentransfers. Es gibt einfache Zimmer, Stelzenbungalows und neue Komfortzimmer. Preise: ÜF 20–25 €/DZpP und 32–42 €/EZ.

Sindola Safari Lodge: Tel. 2220212, email: sindolasafarilodge@gmail.com. Die hotelähnliche, großzügige Anlage liegt gleich neben dem Palast des früheren Präsidenten. Auf einer Wiese verteilen sich 40 Rundbungalows mit je 2–4 Zimmern. Beim Restaurantbereich gibt es eine Fischteich, etwas abseits einen großen Pool mit Sonnenliegen und einen Kinderspielplatz. Alle Räume sind zweckmäßig mit Kühlschrank, Ventilatoren und Klimaanlagen ausgestattet, aber nur die Suiten haben einen Heißwasseranschluss. Hier übernachten oft geführte Reisegruppen; die Lodge organisiert auch Safaris in den Kanilai Game Park. Preise: ÜF ab 25 €/DZpP, 50 €/EZpP, Mittag- und Abendessen je 11–15 €.

Sita Joyeh–Baobab Island Camp: Tel. 3054012, www.sitajoyeh.com. In Kuloro, nur ein paar Kilometer östlich von Makasutu, befindet sich auf der Mangroveninsel Baobab Island ein einfaches Camp mit doppelstöckigen Bungalows zwischen den Baobabs. Es werden Day Trips ins Camp mit Bootstour, Nature Walk und Mittagessen für 18 Euro pP angeboten. Übernachtungen sind möglich ab 15 €/DZpP.

Mandinari River Lodge: Tel: 3394555, email: mandinari@hotmail.co.uk, www.mandinaririverlodge.com. In den Bolongs beim Dorf Mandinari liegen die gemauerten Rundbungalows dieses britischen Camps. Die Zufahrt beginnt in Lamin, kurz hinter dem Abuko Reservat. In netter Atmosphäre sind hier Bootsausflüge, Angeln, Nature Walks und Mountain Biken möglich. Flughafentransfers werden arrangiert. Preise: ab 35 € pP (Mindestaufenthalt 2 Nächte).

Brefet Community Camp: Tel. 7025816. Im Dorf Brefet, nördlich von Bessi gelegen, stehen äußerst einfache Rundhütten für junge Leute, die auf Annehmlichkeiten verzichten können und sich für interkulturelle Trommel- und Tanzbegegnungen interessieren.

Sitanunku Lodge: Die lässige Lodge zwischen knorrigen Baobabs auf einer Landzunge neben Dog Island mit Freiluftbar, Pool und Restaurant wurde enteignet und es ist derzeit ungeklärt, ob sie wieder öffnen wird.

Kemoto Hotel: Das zu Beginn der 1990er Jahre neben dem Fischerdorf Kemoto erbaute Camp steht seit langer Zeit zum Verkauf und ist daher geschlossen.

Tendaba Camp: Tel. 9911088, email: bookingstendaba@yahoo.com, www.tendabacampgambia.com. Auf dem Gelände eines längst verfallenen Handelskontors errichtete 1972 der Schwede Nils Johannsen das Tendaba Camp, welches in den ersten Jahren vor allem von Skandinaviern besucht wurde, sich aber mittlerweile zum meistbesuchten Buschcamp des Landes entwickelte und heute längst unter gambischer Leitung steht. Die zweckmäßig eingerichtete Bungalowanlage mit 130 Betten wird zumeist von organisierten Reisegruppen besucht. Alle Rundhütten verfügen über eigene (kalte)

Im Hinterland — Tendaba Camp

Duschen und WCs, am Flussufer liegen ein paar größere, klimatisierte VIP-Zimmer mit Kühlschrank und Veranda. Licht liefert abends ein Generator. Direkt am Gambiaufer unter riesigen Kapokbäumen und Baobabs gelegen bietet das Camp eine schöne Aussicht auf den Fluss und den dichten Mangrovengürtel. Mittelpunkt der Anlage ist die große Terrasse am Ufer mit Bar und einfachem Restaurant. Dahinter schließt sich ein Pool an. Täglich finden von hier aus zweistündige Jeepsafaris in den Kiang West Nationalpark (62 Euro pro Jeep) sowie zweistündige Pirogen-Bootsfahrten in die Bao Bolong Wetlands (35 Euro pro Piroge) statt. Eine feste Einrichtung sind auch die gelegentlichen abendlichen afrikanischen Tanzdarbietungen unter freiem Himmel (nicht während des Ramadan). Ausgesprochen faszinierend ist, dass der Fluss selbst in Tendaba immer noch den Gezeiten ausgesetzt ist – 100 km von der Mündung in den Atlantik entfernt! Die Fischer aus dem benachbarten kleinen Dörfern haben deshalb auch regelmäßig Barrakuda, Ladyfish, Seezunge und Garnelen in den Netzen. Tendaba wirbt in erster Linie für seine vielfältige Vogelwelt. Neben typischen Sumpf- und Wasservögeln wie Hammerkopf, Goliath-, Grau- und Seidenreiher, Flussuferläufer, Haubenzwerg- und Graufischer kann man hier auch Wald- und Savannenvögel wie Grau- und Rotschnabeltokos, verschiedene Kuckucksarten, Adler, Geier, anmutige Paradiesschnäpper und selbst Papageien entdecken. Verschiedene vogelkundliche Fußwege werden im Camp angepriesen. Leider führt der empfohlene Spaziergang zu den Reisfeldern hinter dem Camp über die Müllhalde. Das mag zwar Schildraben anlocken, die gerne in Abfällen stöbern, aber kaum Naturfreunde auf Vogelsuche. Nichtsdestotrotz ist Tendaba eine gute Empfehlung für Vogelfreunde. Man sollte allerdings keine hohen Ansprüche an Hygiene und Komfort stellen. Auch die abendliche Speisung erinnert eher an eine Jugendherberge als an ein Hotelbuffet.
Preise: ÜF 24–40 € pP im EZ oder DZ, die VIP-Bungalows kosten 53 € pP.

Unsere Meinung

Ganz egal, welche Unterkunft Sie im Hinterland von Gambia auswählen: Überall sind Abstriche an Komfort, Hygiene und Ausstattung zu machen. Einem Vergleich mit Eco Lodges im Südlichen Afrika halten die Camps in Gambia nicht stand, dafür sind die Preise aber auch sehr viel niedriger.

Janjanbureh und River Gambia Nationalpark

Von Banjul oder den Küstenhotels benötigt man für die 323 km nach Janjanbureh entlang der Süduferstraße je nach Straßenzustand und Häufigkeit von Polzeikontrollen mindestens 6 bis 8 Stunden. Nach Basse Santa Su, das insgesamt 400 km von Banjul entfernt liegt, sollte man mit weiteren 2 bis 2,5 Stunden Fahrzeit rechnen. Daraus ergibt sich, dass man für eine Reise nach Janjanbureh und darüber hinaus mindestens zwei, besser drei bis vier Reisetage einplanen sollte.

Die Anreise erfolgt zunächst über Serekunda und Brikama nach Kwinella (Beschreibungen siehe Ausflug 9). Kwinella und das Tendaba Camp liegen ungefähr auf halber Strecke zwischen Banjul und Janjanbureh. Von hier führt die Teerstraße durch Reis- und Cassavafelder nach **Soma**, einem belebten Durchgangsort an der Kreuzung mit dem Trans-Gambia-Highway. Als Verkehrsknoten und Umschlagplatz hat Soma wirtschaftlich längst den größeren, aber abseits der Straße liegenden Ort Mansa Konko überholt. Über 10 000 Einwohner leben heute in diesem Marktzentrum. Verkaufsstände, Straßenlokale, Polizei- und Zollkontrollen, ein Busbahnhof und Tankstellen unterstreichen seine ökonomische Bedeutung.

Auf der Weiterfahrt wird es jetzt immer "afrikanischer"; man gerät in eine weite, trockene Baum- und Buschsavanne, aus der einzelne Baobabs, Kapokbäume und Palmen herausragen. Dazwischen streifen die kleinen Rinderherden der Fulbe durchs Gras. Malerisch liegen kleine Dörfer in der einsamen Savanne. Die Menschen verwenden hier anstelle von Wellblech vielfach noch traditionelle Stroh- und Bastmatten zum Dachdecken und für Umzäunungen – ein deutliches Zeichen, dass man sich vom wohlhabenderen, moderneren Küstenbereich entfernt.

Pakali Ba liegt kurz vor der Brücke über den Sofanyama Bolong, aus dem die Einheimischen Flusssalz gewinnen. Die großen Reisfelder der Umgebung werden nur während der Regenzeit für eine einzige Ernte bepflanzt.

In **Kudang** steht eine große Militärkaserne. Von hier führt eine Piste zur Fähre nach Kuntaur am Nordufer des Gambia, in dessen Nähe die Steinkreise von Wassu liegen (siehe S. 142).

Die Teerstraße führt von Kudang in südöstlicher Richtung nach Brikama Ba. Nahebei liegt **Sapu** am Gambia. Das kleine Dorf war Nutznießer eines taiwanesischen Entwicklungshilfeprojekts. Durch gezielte Bewässerung mit Süßwasser konnte hier die Reisproduktion auf vier Ernten pro Jahr gesteigert werden.

Ausflug 10

Janjanbureh hieß in der Kolonialzeit Georgetown

Seit 2019 übespannt eine Brücke den Gambia River entlang des Trans-Gambia-Highway (S. 142)

Oben: Ein Silberreiher spiegelt sich im Mangrovenschlick
Bild links: Der Bootssteg im Tendaba Camp

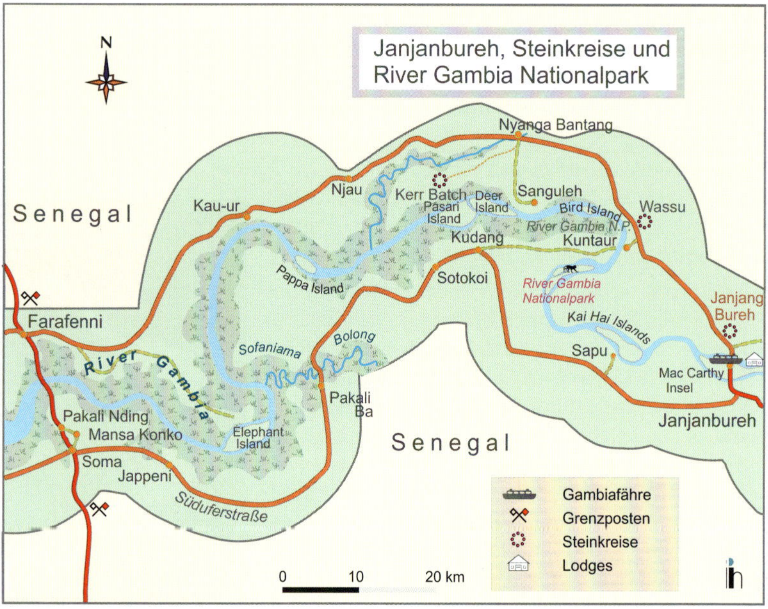

Im Hinterland — MacCarthy Island

Janjanbureh, Steinkreise und River Gambia Nationalpark

- Gambiafähre
- Grenzposten
- Steinkreise
- Lodges

Bilder S. 138/139:
Eindrücke aus
Janjanbureh:
Der Gedenkstein beim
Freedom Tree; historisches
Lagerhaus; Postgebäude;
Bungalows im Janjang
Bureh Camp; Eselkarren

Knapp 40 km weiter erreicht man bei Sankuli Kunda wieder das Gambiaufer. 2011 wurde die Motorfähre zur MacCarthy Island durch eine moderne Brücke ersetzt. Das koloniale Städtchen Janjanbureh liegt etwa 3 km weiter am Nordende von MacCarthy Island. Hier hält noch eine ältere, kostenpflichtige Motorfähre die Verbindung nach Lamin Koto am Nordufer aufrecht (kostenpflichtig für Fahrzeuge, Passagiere fahren kostenlos, Fußgänger ohne Fahrzeug bezahlen 10 D).

Die **Flussinsel MacCarthy**, benannt nach einem britischen Gouverneur, galt schon lange vor Beginn der Kolonialzeit als wichtiger Umschlagplatz und Stützpunkt im Landesinneren. Das offizielle Gründungsjahr von Georgetown, wie der Ort früher hieß, ist 1823. Damals entstand ein reges Verwaltungszentrum mit Polizei, Gefängnis und einer Festungsanlage, das sich neben Bathurst bald zur wichtigsten Siedlung am Gambia mauserte. Doch durch den Straßenbau und die damit einhergehende Verlagerung des Fernstreckenverkehrs vom Fluss auf die Straße verlor das Städtchen seine Bedeutung. Heute erinnern nur noch ein paar Gebäude an die koloniale Vergangenheit, und wer hier eine richtige Provinzhauptstadt erwartet, hat sich getäuscht: Die beschauliche Siedlung scheint nur noch durch die Touristengruppen in ihrem Dornröschenschlaf gestört.

Bei einem **Rundgang** durch den kleinen Ort fällt gleich neben der Fähranlegestelle eine Steinruine ohne Dach auf. Dieser reichlich verfallene Bau gilt als größte Sehenswürdigkeit. Es wird gemutmaßt, dies sei ein Sammellager für Sklaven gewesen, doch könnte es sich hierbei auch um ein unbedeutendes Lagerhaus gehandelt haben, denn historisch belegt ist die Vermutung nicht. Vielmehr sei das Gebäude erst im späten 19. Jh. erbaut worden. Nur ein paar Schritte weiter, vor der kolonialen Polizeistation, erinnert das „Foroyaa Sooto Freedom Tree Monument", ein unzäunter und begrünter Bereich mit Gedenkstein, an einen makabren Brauch: In vergangenen Tagen hat man hier gelegentlich Sklaven um ihr Leben laufen lassen. Wer den „Freedom Tree" erreichte, bevor er von den Sklavenhändlern erschossen wurde, war frei. Nur wenigen Sklaven ist dies geglückt.

Nicht weit davon entfernt steht noch das **koloniale Postgebäude** mit einem auffälligen Eingangstor. Zu den Relikten aus vergangenen Zeiten zählen außerdem die Methodistenkirche und das sehr kolonial anmutende Regierungsgästehaus. Auch das Gefängnis, eine alte Institution in Janjanbureh, ist noch erhalten.

Die **Armitage High School** ein Oberschulinternat, genießt noch heute einen guten Ruf und unterrichtet etwa 500 Schüler aus Gambia und den englischsprachigen Nachbarstaaten. Sie ging aus der 1842 gegründeten Wesley-Missionsschule hervor, zu der anfangs nur Kinder der Chiefs Zugang hatten. Später war sie aber die erste Schule des Landes, die Kinder ehemaliger Sklaven aufnahm (siehe auch S. 41).

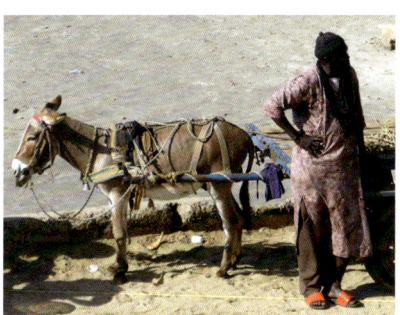

Im Hinterland — Die Camps in Janjanbureh

Unterkünfte in Janjanbureh (Georgetown)

Mehrere sehr einfache, aber durchaus idyllische Buschcamps bieten romantisch-bescheidene Unterkunft am Gambiaufer. Die Camps organisieren Bootsausflüge um die Insel und bis nach Basse Santa Su. Wenn Reisegruppen anwesend sind, finden Abendbuffets und anschließende Tanzdarbietungen statt. Fröhliche, laut schwatzende Dorffrauen kommen dann per Boot, um im Schein eines Lagerfeuers ihre Lieder und Tänze vorzutragen. Im Gegensatz zu den Veranstaltungen in den Badehotels wirken diese Abende noch sehr natürlich: Keine Choreographie oder geschneiderten Tanzkostüme verwässern hier den Eindruck der Ursprünglichkeit.

Für alle Unterkünfte von Janjanbureh gilt: Hier müssen deutliche Komfortabstriche gemacht werden, auch der Service lässt mitunter zu wünschen übrig. Vielfach ist völlig unübersichtlich, wer von den zahlreichen Personen, die sich in den Camps aufhalten, überhaupt zum Personal gehört. Viele Gäste fühlen sich auch bedrängt von allzu hartnäckigen Angeboten für Ausflüge und Bootstrips.

Janjang Bureh Camp (auch **Sensending Kolong Lodge** genannt): Tel. 9921027, 5676182, 7260153. Um zum Janjang Bureh Camp zu gelangen, muss man mit der Fähre von Georgetown nach Lamin Koto am Nordufer des Gambia übersetzen, wo eine Piste einige hundert Meter flussaufwärts zum Camp führt (die ältere Anlage wird mitunter auch Lamin Koto Lodge genannt). Sie war Ende der 1980er Jahre von den Besitzern der Lamin Lodge (S. 116) errichtet worden. Die 30 eigenwilligen, afrikanisch anmutenden Rundbauten wurden in einfache kleine Zimmer unterteilt (ziemlich stickig und duster, und die Matratzen liegen auf hohen Betonsockeln). Das Wasser für die kalten Duschen und Toiletten wird aus dem Fluss in einen Zwischentank gepumpt, spätabends ist der Tankvorrat dann gelegentlich aufgebraucht. Hohe Bäume gewähren Schatten, und auch der Restaurantbereich am Ufer lädt zum Verweilen ein. Die Küche kombiniert landestypische und internationale Gerichte. Vorsicht: Diebische Grünmeerkatzen wurden angefüttert und halten sich daher viel im Camp auf. In den Abendstunden gibt es Strom. Dieses Camp wird vor allem von geführten Rundreisegruppen besucht. Der Komfortverzicht wird für Vogelfreunde durch die bunte Vogelwelt ausgeglichen. Örtliche Reiseagenturen wie Bushwhacker Tours und Arch Tours bieten eine zweitägige Tour mit Übernachtung in diesem Camp für 130–170 € pP. Übernachtungspreise bei individueller Buchung: HP ab 18 €/DZpP und 23 €/EZ, Mahlzeiten 4–10 €/DZpP (oft Buffet).

Baobolong Camp: Tel. 7618784, 7648844. Das lokal geführte Inselcamp liegt in der Boraba Street am Nordufer von MacCarthy Island, dem Janjang Bureh Camp gegenüber, und bietet Platz für 80 Personen in einfachen Rundbungalows mit Moskitonetzen und Ventilatoren. Das Camp wird ganztags mit Strom und Brunnenwasser versorgt, die Küche serviert gambische Gerichte im relativ großzügigen Aufenthaltsraum. Es gibt hier sehr unterschiedliche Zimmer; manche haben nur Matratzen auf einem Betonsockel, andere richtige Betten. Preise: Zimmerpreise ab 15 €, größere VIP-Zimmer mit Kühlschrank 32 €. Mahlzeiten ca. 3–8 €, Buffet 9 €.

Baobolong Annex Camp: Das kleinere Schwestercamp zum Baobolong Camp liegt in der Main Street und gilt als die bessere Option, steht aber nicht immer zur Verfügung. Reisegruppen werden hier manchmal einquartiert.

Camping Sitabar Lodge: Tel. 7619248, email: bannabarry@hotmail.com. Diese neuere Unterkunft befindet sich am südlichen Ufer von MacCarthy Island, nahe der Brücke zum Festland. Auch hier stehen die typischen Rundhütten der gambischen Camps im Hinterland, zudem besteht Campinggelegenheit. Es werden Bootstrips zu den Flusspferden und Angeln angeboten. Preise: Ü ab 10 € pP, Camping ab 5 € pP.

Bird Safari Camp: Das einst empfehlenswerte Camp ist seit der Enteignung seines britischen Besitzers Mark Thompson verfallen.

Chimpanzee Rehabilitation Project

Auf drei der fünf Baboon Islands, die südlich von Kuntaur liegen und den 580 ha großen **River Gambia Nationalpark** bilden, werden seit 1979 befreite Schimpansen und Schimpansenwaisen wieder ausgewildert. Die Inseln stehen unter strengem Schutz und dürfen nur von autorisierten Personen betreten werden. Verwaltet wird das Projekt vom "Chimpanzee Rehabilitation Project". Donnerstags bis sonntags dürfen Gäste das Projekt besuchen (keine Kinter unter zwölf). Hierzu wurde beim Hauptcamp am westlichen Festlandufer ein "Visitor Camp" mit vier gemütlichen Safarizelten errichtet. Während des Aufenthalts erhält der Besucher Gelegenheit, vom Boot aus die Schimpansen und andere Wildtiere in Freiheit zu beobachten und sich mit dem Projekt vertraut zu machen. Es wird jedoch nicht erlaubt, die Inseln zu betreten (Fernglas mitbringen!).

Projektbesuche: Alle Besuche müssen vorausgebucht werden: Tel. 6868826, 7878827, email: baboonislands@gmail.com. **Day Trips** mit Bootstransfer ab/bis Kuntaur und Mittagessen kosten ab 40 € pP. Besser ist ein Aufenthalt für zwei Nächte (mit Bootstransfer ab/bis Kuntaur, Verpflegung und Aktivitäten für etwa 250 €/DZpP). Infos: www.crpthegambia.org, www.4apes.com, www.chimprehab.com, www.friendsofanimals.org

Als **Pauschalausflug** bietet „The Gambia Experience" eine dreitägige Tour ab 550 € pP. „Bushwhacker Tours" und „Gambia Tours" organisieren einen zweitägigen Ausflug für 320 € pP, den man mit einem Besuch von Janjanbureh verbinden könnte.

Kein Auf und Ab der Gezeiten mehr: Der Fluss unterscheidet sich hier deutlich von Tendaba oder Banjul: 300 km weit stromaufwärts gelangt kein Salzwasser mehr aus dem Atlantik in den Fluss. Daher säumen hier auch nicht mehr Mangroven das Ufer, sondern ein abwechslungsreicher, mit Palmen, Baobabs, Feigen und pilzförmigen Termitenhügeln durchsetzter Galeriewald. Auf Bootsausflügen kann man diese afrikanische Ufervegetation genießen und Paviane, Stummelaffen, Krokodile und sogar ein paar Flusspferde entdecken.

Im Hinterland   Steinkreise in Kerr Batch

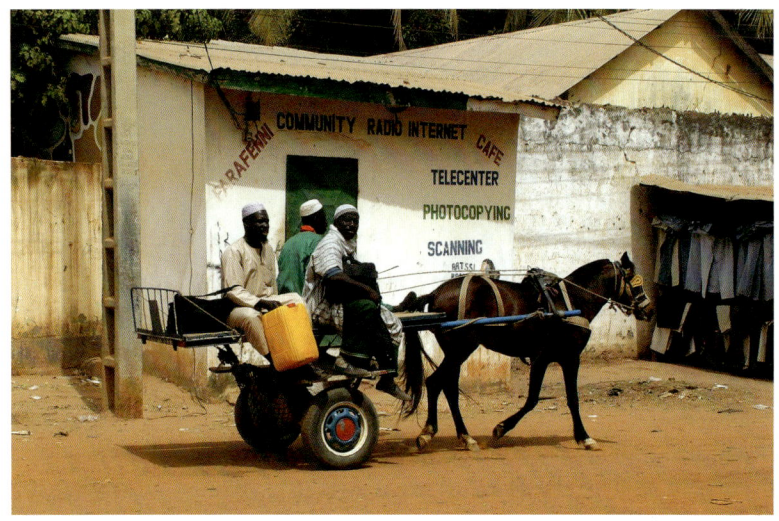

Ausflug II

Steinkreise von Wassu und Kerr Batch

Die Anreise erfolgt entlang der Süduferstraße über Brikama nach Soma (Streckenbeschreibungen siehe vorhergehende Ausflüge). Zweigt man in Soma links auf den Trans-Gambia-Highway ab, erreicht man bei Yelitenda die neue Brücke über den Gambia, seit 2019 die einzige ihrer Art an diesem Fluss (es herrscht Maut- und Ausweispflicht, Fahrzeuge kosten ab 250 D), und anschließend die Stadt **Farafenni**. Der unruhige Verkehrsknotenpunkt ist praktisch das nördliche Gegenstück zu Soma: zahlreiche Pferdefuhrwerke und Eselkarren, einfache Lokale für die vielen durchkommenden Truckfahrer, reger Straßenhandel, Tankstellen, Polizei und Zoll wegen der nahen Grenze zu Senegal.

Rund um Farafenni sind sehr viele Polizei-Checkpoints

Die Weiterfahrt nach Osten führt nun durch eine flache Steppe mit einzelnen Baobabs und Mahagonibäumen. Bei Sukoto Fula erinnern noch klägliche Mauerreste an das 1840 erbaute britische Verteidigungsfort Kataba. Gut 30 km weiter erreicht man die kleine, am Gambia gelegene Erdnussstadt **Kau-ur**. Hier beginnt die Region der Steinkreise, von denen die meisten schwer zugänglich sind. 40 km weiter zweigt im Dorf Nyanga Bantang eine beschilderte 9 km lange Piste nach Südwesten ab zu den Megalithen von **Kerr Batch** (Eintritt 50 D). Auf dem eingezäunten Gelände befinden sich ein Doppelsteinkreis und der berühmte, aus einem einzigen Steinblock gehauene V-förmige Stein. Es ist der einzige Stein dieser Art in Gambia, im benachbarten Senegal wurden dagegen mehrere V-Steine entdeckt.

Kerr Batch

Die Besonderheit von Kerr Batch ist ein V-förmiger Megalith

Steinkreise in Wassu — Im Hinterland

Entlang des Nianija Bolong liegen im Gebiet der Panchang Wetlands immer wieder kleinere Steinkreise, es lohnt sich auf der Weiterfahrt, danach Ausschau zu halten. Einzelne Monolithen stehen gelegentlich sogar unmittelbar neben der Straße.

59 km östlich von Kau-ur steht in **Wassu** die größte und berühmteste Steinkreisanlage von Gambia. Das umzäunte Gelände befindet sich am Dorfende auf der linken Seite (mit kleiner Fotoausstellung, Eintritt 50 D). Hier befinden sich seit etwa 1250 Jahren eine ganze Reihe unterschiedlich großer Steinkreise. Die größten Lateritbrocken wiegen bis zu 10 Tonnen. Auf den meisten liegen kleine Steine zu Häufchen geschichtet, denn eine Legende besagt, dass sich demjenigen ein Herzenswunsch erfüllt, der einen Stein auf einen der Megalithen setzt.

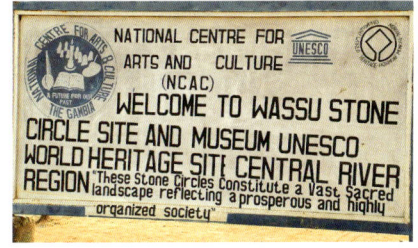

Bilder S. 142/143: Pferde- und Eselkarren in Farafenni; Steinkreise von Wassu

Im Hinterland — Megalithische Steinkreise

Rätselhafte Steinkreise

Nur wenig ist über die Steinkreise bekannt, einzig gesichert scheint ihre Altersdatierung auf ca. 750 n. Chr. Über die hoch entwickelte Kultur und ihre Beweggründe, behauene Steinbrocken ringförmig aufzustellen, gibt es bisher nur Spekulationen.

Megalithen findet man nahezu über die ganze Welt verteilt. Die ältesten stammen aus Mesopotamien, dem biblischen Zweistromland, und wurden vor 5000 Jahren errichtet. Von dort verbreitete sich jener Kult nach Europa und Nordafrika. Man findet Megalithen auf Kreta, Malta, in der Bretagne, in Südengland (Stonehenge) und sogar auf den Kanaren. Es wird angenommen, es handele sich um einen Totenkult, doch auch eine Art Sonnenverehrung scheint denkbar, und es ist möglich, dass der Brauch von den Kanaren nach Westafrika gelangte. Aus dieser Zeit sind jedoch keinerlei Überlieferungen bekannt.

In Gambia findet man etwa **40 Steinkreise**, die bis auf zwei Ausnahmen alle am Nordufer des Gambia zwischen Kau-ur und Bansang liegen. Die bekanntesten Fundorte sind Wassu, Kerr Batch, Kau-ur, Nioro Kunda und Dingarai. Die Steinkreise sind unterschiedlich groß und bestehen aus 10 bis 24 Einzelsteinen. Häufig wurden mehrere Ringkreise nebeneinander in einer Art Nord-Süd-Linie aufgerichtet.

Die einzelnen Steine sind bei einer Durchschnittshöhe von 1,30 m zwischen 60 cm und 3 m hoch. Manche wurden fein behauen, andere wie in Eile nur grob bearbeitet. Durch den Verwitterungsprozess haben sie heute alle eine ähnlich rauhe Oberfläche. Als Material fand ausschließlich rötlicher Laterit Verwendung, der in der Nähe der Kreise in regelrechten Steinbrüchen abgebaut wurde und sich leicht bearbeiten ließ, weil Lateritgestein erst durch Austrocknen an der Luft hart wird. In der Regel wurden säulenförmige Megalithen aus dem Stein gehauen. Eine ungewöhnliche Ausnahme bildet der V-förmige Stein in Kerr Batch, doch auch er ist aus einem einzigen Block geschlagen worden.

In manchen der Kreise hat man Skelette mit Kupferschmuck, Eisenwerkzeug und zerbrochene Tongefäße entdeckt. Diese Funde untermauern die Theorie der Grabstätten. Da die Toten mit verschiedenen Artefakten begraben worden waren, scheint es sich um wichtige Persönlichkeiten gehandelt zu haben. **Zwei Umstände sind dabei beachtenswert:** Die gefundenen Gräber sind alle deutlich älter als die sie umgebenden Steinkreise, und die bestatteten Menschen waren für damalige Verhältnisse ungewöhnlich groß, im Durchschnitt 1,75 m. In manchen Steinkreisen wurde außerdem sogar noch ein zweites Grab entdeckt.

Aberglaube und Legenden nähren die Spekulationen und tragen zur Mystifizierung bei. Als nach den Ausgrabungen von 1931 mehrere der Beteiligten unter merkwürdigen Umständen ums Leben kamen, sprachen viele von einem geheimen Fluch. Doch konnten alle weiteren Forschungsarbeiten ungestört durchgeführt werden. Eine Legende besagt, die Größe der Lateritsteine sei nach dem Alter des Verstorbenen ausgewählt worden – große Steine für Erwachsene, kleinere für Kinder. Manchmal wird auch von schwarzen Tieren erzählt, die in den Steinkreisen geopfert worden sein sollen. Wie tief verankert der Glaube ist, dass das Auflegen kleinerer Steine auf die Megalithen geheime Wünsche erfüllt, kann man in Wassu beobachten, wo nahezu alle Steinkreise mit **auffälligen Steinhäufchen** belegt wurden.

Weltkulturerbestätten in Gambia — Im Hinterland

Tipps und Infos

Als Tagestour von den Badehotels aus ist der Ausflug zu den Steinkreisen nicht zu machen. Dafür ist die Strecke zu weit und beschwerlich.

In Kuntaur nahe Wassu kann man im **Kairoh Garden Camp** unterkommen, Tel. 9993526, www.kairohgarden.com, ab 14 € pP. Hier lassen sich auch Bootstrips mit einem Solarboot, Kanufahrten und Ausflüge nach Janjanbureh organisieren.

Am sinnvollsten kombiniert man die Steinkreise mit anderen Sehenswürdigkeiten im Landesinneren. Dabei empfiehlt sich ein Aufenthalt in einem der Camps von Janjanbureh, die nur rund 22 km von Wassu entfernt liegen (S. 140). Auch vom Tendaba Camp aus lässt sich ein Tagesbesuch von Wassu bewerkstelligen. Außerdem bietet die Ortschaft Farafenni bescheidene Übernachtungsgelegenheit im Eddy's Hotel.

Bei **geführten Touren** werden die Steinkreise von Wassu meistens in Verbindung mit einem zweitägigen Ausflug nach Janjanbureh besucht.

Taxifahrer verlangen für eine zweitägige Tour von den Küstenhotels nach Janjanbureh und/oder Wassu zwischen 100 und 130 Euro; grüne Tourist Taxis kosten offiziell 250 Euro (die Preise sind nicht fix und sollten unbedingt vorher ausgehandelt werden). Üblicherweise erhalten Taxifahrer in allen Camps freie Kost und Logis, wenn sie Gäste des Camps dorthin befördern.

Die Anreise entlang der **Norduferstraße** von Banjul nach Farafenni ist zwar machbar und mit 112 km deutlich kürzer als die etwa 200 km lange Süduferstraße, jedoch nicht unbedingt zu empfehlen, weil die chaotische und zeitraubende Banjul-Barra-Fähre die Reisezeit völlig unkalkulierbar macht. Der Umweg über Soma entlang der Süduferstraße gilt daher als der einfachere Weg nach Wassu.

Im Juli 2006 wurden die senegambischen megalithischen Steinkreise von der UNESCO zum **Weltkulturerbe** ernannt.

Unten: Typische Buschtaxis im Hinterland

Im Hinterland — Fahrt nach Basse Santa Su

Ausflug 12

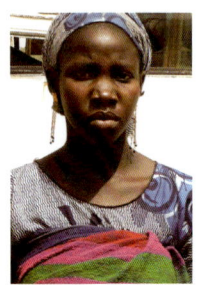

Basse Santa Su und das Upper River Country

Gut 80 km östlich von Janjanbureh liegt Basse Santa Su am schmalen, steilkantigen Gambiaufer. Bis hierher führt die mittlerweile stark beschädigte Teerstraße durch einsame Savanne, vorbei an kleinen Serahuli- und Fulbedörfern. Einzig **Bansang** ist ein nennenswerter größerer Ort mit Krankenhaus und Fähre zum Nordufer. Hier befindet sich am Bansang Quarry eine Grünstirnspint-Kolonie, die Ornithologen von weither anlockt.

Basse Santa Su ist Verwaltungssitz der Upper River Provinz und die wichtigste Stadt im Osten des Landes. Sie besitzt die einzige Baumwollfabrik Gambias. Hauptsächlich Fulbe, Mandingo und Serahuli leben in der Kleinstadt und betreiben regen Grenzverkehr mit Senegal. Ein teilweise überdachter Markt, unzählige kleine Läden und vernachlässigte Kolonialgebäude prägen das provinzielle Stadtbild von Basse, wie der Name abgekürzt wird. Donnerstags findet hier ein **Töpfer- und Webermarkt** statt, auf dem die Händler der umliegenden Dörfer ihre Waren feilbieten. Besonders die roten Töpferwaren der Serahuli sind wirklich sehenswert.

Will man von Basse einen Abstecher in den östlichsten Landstrich Gambias unternehmen, folgt man der Lateritpiste nach **Fatoto**, einem unbedeutenden Marktplatz mit regem Bootsverkehr mit dem Norden. Der Halbtagesausflug beträgt hin und zurück knapp 100 km.

Eine andere Ausflugsmöglichkeit führt am Nordufer des Gambia über Yarobawal nach **Sutukoba**. Relikte einer blühenden Handelsstadt aus dem frühen 15. Jh. wurden in der Nähe dieses Dorfes gefunden.

Von Basse nach Janjanbureh entlang der Norduferstraße

Es ist auch möglich, entlang der Norduferpiste von Basse bzw. Yarobawal nach Janjanbureh zurückzufahren. Die Strecke ist einsam und in der Regel in schlechtem Zustand. Sie führt durch Schwemmebenen, eintönigen Busch und überquert auf halber Strecke den Sani Bolong. Etwa 30 km bevor man das Janjang Bureh Camp erreicht, empfiehlt sich ein Abstecher nach **Karantaba Tenda**. Hier wurde 1930 direkt am Gambiaufer zum Gedenken an die Verdienste Mungo Parks und an das unglückliche Ende seiner zweiten Expedition ein Zementobelisk aufgestellt. Von dieser Stelle, an der sich damals die britische Handelsniederlassung Pisania befand, war **Mungo Park** in den Jahren 1795 und 1805 zur Erforschung des Niger aufgebrochen. Die erste Expedition überlebte er nach vielen Abenteuern, die zweite Reise war schon nach wenigen Monaten dem Untergang geweiht (siehe Essay S. 150).

Mungo Park Memorial

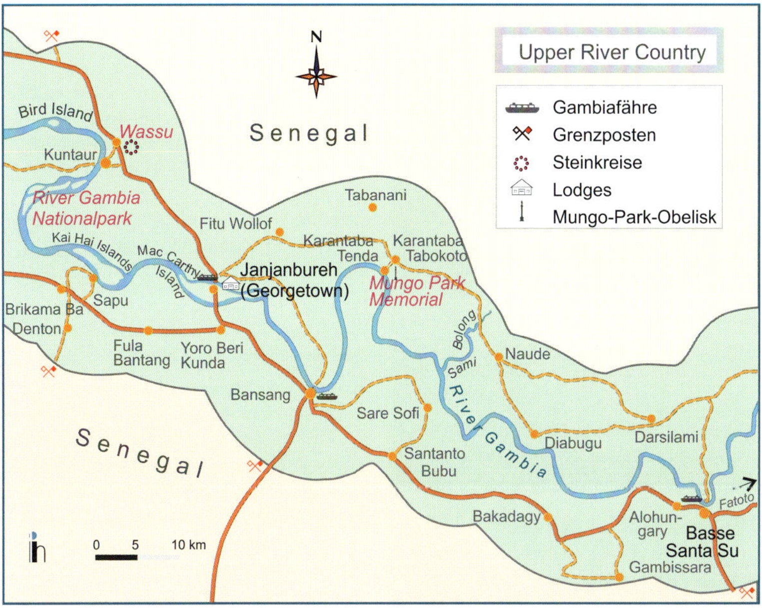

Unterkünfte in Basse Santa Su

Fulladu Camp: Tel. 5668743, 9906791. Bungalowdorf direkt am Nordufer des Gambia, nahe der Fähranlegestelle, das mit Wasser- und anderen Versorgungsproblemen kämpft. Jeder der zwölf Rundbungalows beherbergt vier landestypische Doppelzimmer mit Moskitonetzen, Dusche/WC und Ventilatoren; einige Zimmer verfügen über Klimaanlagen. Mit Bar, Restaurant und einem Pool ohne Wasser. Das Camp bietet Ausflüge in die Umgebung und ist ein Ausgangspunkt für Safaris in den senegalesischen Niokolo Koba Nationalpark, wenngleich keinesfalls gewährleistet ist, dass auch Fahrzeuge zur Verfügung stehen. Preise: ÜF ab 14 €/DZpP, Klimaanlage gegen Aufpreis. Mittag- und Abendessen ca. 5–8 €.

Jem Hotel: Tel. 5668356, Fax 668001. Ein Hotel in ruhiger Ortsrandlage (nicht am Fluss, sondern in Richtung Fatoto gelegen), das ein Restaurant und Zimmer mit Dusche/WC, Ventilatoren und teilweise auch mit Klimaanlage bietet. Preise: ÜF ab 15 €/DZpP und 20 €/EZ. Mahlzeiten kosten ca. 5–8 €.

Weitere Unterkünfte in Basse: Traditions Café & Guest House, Tel. 5668760, nur zwei Zimmer und Camping, und Basse Guest House, Tel. 9843658, 7267788, im Stadtzentrum.

Im Hinterland — Upper River Country

Tipps und Infos

Öffentliche Verkehrsmittel: Buschtaxis befahren regelmäßig die Strecke zwischen Janjanbureh und Basse Santa Su. Die Straßen am Nordufer und alle Routen östlich von Basse werden dagegen nur unregelmäßig befahren. Direkt in Basse Santa Su verkehrt eine Motorfähre am Gambia (täglich von 8–18 Uhr, Fußgänger ohne Fahrzeug bezahlen 10 D). Eine weitere handbetriebene Autofähre liegt bei Fatoto am Gambiaufer.

Taxis: Offiziell veranschlagen die grünen Tourist Taxis für eine Tour von der Küste bis nach Basse Santa Su 330 Euro.

Als **Pauschalausflug** wird Basse selten von den Badehotels aus angeboten, weil es dafür zu weit entfernt liegt. Allerdings besuchen vogelkundliche Reisegruppen und Gäste auf einwöchigen vorausgebuchten Rundfahrten gelegentlich auch Basse Santa Su. Bei einem Aufenthalt in Janjanbureh lässt sich eine Tagestour nach Basse unkompliziert organisieren.

Ausreise nach **Senegal:** Nur die Grenze bei Sabi südlich von Basse Santa Su ist auch für Ausländer offen.

Geldwechsel ist bei den beiden Banken am Ortseingang vor dem Markt möglich (mit Geldautomaten, die jedoch nur bis 2000 Dalasi pro Transaktion ausgeben).

Unser Tipp für einen Trip nach Basse Santa Su: Kehren Sie einmal im "Traditions Café" am Gambiaufer gegenüber vom Fulladu Camp ein. Idyllische Szenerie am Fluss, preiswerte Küche und nebenbei Verkauf von Kunsthandwerk, z. B. Töpferwaren der Serahuli. Hier werden auch zwei Zimmer vermietet und man darf im Garten campieren.

Außerdem: Moskitoschutz, Taschenlampe und Toilettenpapier nicht vergessen!

Bilder links von oben: Maniokstampfen bei den Fulbe; Serahuli-Töpferwaren aus Basse-Santa-Su; Kinder haben eine Riesenhamsterratte erbeutet. Bilder rechts: Unterwegs auf dem Gambia River im Hinterland. Der aufmerksame Reisende kann hier viele Wildtiere entdecken: Stummelaffen und Flughunde, Grünmeerkatzen, Krokodile, Nilwarane und Erdagamen

Upper River Country   Im Hinterland

Mungo Parks dramatische Expeditionen vom Gambia an den Niger

Das ausklingende 18. Jh. ist eine Epoche der Spekulationen, was die geographischen Verhältnisse im Inneren Afrikas anbelangt. So nimmt man an, der Niger als mächtigster Strom in Westafrika fließe nach Norden und würde sich später irgendwo mit dem Nil vereinigen. Großbritannien erkennt frühzeitig den möglichen wirtschaftlichen Nutzen Afrikas und zeigt von allen Nationen das stärkste Interesse an der Wahrheitsfindung. Wohlhabende Spekulanten und Industrielle rufen die „African Association" ins Leben, um abenteuerliche Forschungsreisende zu finanzieren und zugleich die Interessen ihrer Mitglieder zu fördern.

1794 bewirbt sich der erst 21-jährige Schiffsarzt Mungo Park bei der African Association. Der junge Mann überzeugt durch Tropenerfahrung und wissenschaftliches Detailwissen. Als Bordarzt war er zwischen England und Sumatra gependelt und hatte bei der Rückkehr die genaue Beschreibung von acht bisher unbekannten Fischarten im Gepäck.

Die Gesellschaft stattet Mungo Park mit Goldmünzen aus und schickt ihn im Frühjahr 1795 an die Mündung des Gambia. Er hat den Auftrag, den Gambia etwa 330 km flussaufwärts zur Niederlassung Pisania zu segeln, wo er seine Expedition zur Erforschung des Niger beginnen soll. Park verbringt bei dem britischen Handelsvertreter in Pisania fünf Monate, ehe er in den noch vollkommen unbekannten Osten aufbricht. Unterwegs wird er schon bald von einem Stammeshäuptling gefangen genommen und ausgeraubt. Erst nach vier Monaten, in denen er in einer kleinen Hütte an Eisen gekettet ausharren muss, gelingt ihm die Flucht, und er schlägt sich mit seinem Taschenkompass bis an den Oberlauf des Niger durch. Als erster Europäer steht der fieberkranke und geschwächte Mungo Park im Sommer 1796 am Ufer des legendären Niger. Doch seine Rückkehr in die Zivilisation gestaltet sich so strapaziös, dass es noch fast ein ganzes Jahr dauert, bis er wieder in Pisania auftaucht. Erst im Dezember 1797 kehrt Park nach England zurück, veröffentlicht seinen Expeditionsbericht "Reisen ins innerste Afrika" und lässt sich zunächst als Landarzt nieder.

Die unglückselige Forschungsreise des Mungo Park — Im Hinterland

Doch das Leben wird ihm bald zu langweilig, und es plagt ihn die noch immer ungelöste Frage nach dem Verlauf des großen westafrikanischen Stroms. Nach einigen Jahren wird Mungo Park wieder bei der African Association vorstellig. In deren Auftrag, diesmal aber mit 39 Soldaten und Seeleuten sowie seinem Schwager zur Begleitung, verlässt Mungo Parks zweite Expedition im Januar 1805 die Heimat. Einige Begleitsoldaten geben schon bald nach Ankunft in Westafrika auf, mit den anderen folgt Park seiner ehemaligen Reiseroute. Nur sehr langsam kommt die Mannschaft voran, und als sie endlich nach Monaten den Niger erreicht, ist die Gruppe durch Fieber und Krankheiten auf nur noch zwölf Mann zusammengeschrumpft. Alle Männer sind durch die harten Entbehrungen geschwächt. Während ein Kanu gebaut wird, um den Niger flussabwärts zu segeln, verliert Mungo Park seinen Schwager und weitere Soldaten. Nur noch drei Mann sind Mungo Park geblieben, als er einen Afrikaner mit einem letzten Brief an die Küste schickt und anschließend mit dem Boot nach Osten aufbricht.

Was anschließend passiert, lässt sich später nur lückenhaft klären. Nach monatelangem Warten auf ein Lebenszeichen muss mit dem Schlimmsten gerechnet werden. Eine Suchexpedition wird ausgeschickt und findet schließlich einen Augenzeugen, der das schaurige Ende von Mungo Parks Expedition schildert: Die Männer segelten demnach im Kanu flussabwärts und wurden immer wieder von feindlichen Dörfern aus angegriffen. Sie wagten sich kaum einmal an Land. Als sich ihr Boot in der Nähe eines Dorfes in den Felsen der Busa Rapids verkeilte, passierte das Unglück: Die Dorfbewohner griffen sofort an. Mungo Park und seine Männer wurden entweder durch deren Pfeile getötet oder ertranken bei dem Versuch zu fliehen. Niemand überlebte.

Mungo Park war der erste Brite, der sein Leben bei der Erforschung Afrikas verlor. Sein Schicksal schreckte keinesfalls ab, sondern forderte seine Nachfolger geradezu heraus, den Niger zur Preisgabe seines Geheimnisses zu zwingen. Von Abenteuergeist, Forscherwillen und nicht zuletzt auch von der Hoffnung getrieben, Mungo Park doch noch irgendwo lebend aufzufinden, brachen Jahre später die beiden Forscher Hugh Clapperton und Richard Lander nach Westafrika auf. Auch ihre Expeditionen verliefen tragisch, doch das ist eine ganz andere Geschichte.

Links: Eine Ansiedlung der Fulbe im Hinterland — hier hat sich seit Mungo Parks Zeiten wenig verändert.
Oben: Marktfrauen mit Maniokwurzeln und Auberginen; Mörser zum Maniok-Stampfen

Natur- und Tierschutz

So reichhaltig Gambias Flora und Fauna einst waren – nur wenig ist davon geblieben. Abgesehen vom geradezu sprichwörtlichen Vogelreichtum zeigt sich der Naturbestand in Gambia als ein trauriges Kapitel. Afrikanisches Großwild wie Elefanten, Giraffen, Büffel und Elenantilopen sowie Raubkatzen wie Löwen, Geparden und Wildhunde wurden schon im 19. Jahrhundert ausgerottet. Die meisten Tiere fielen Trophäenhändlern und Großwildjägern zum Opfer. Andere wurden durch den Bevölkerungsdruck und die zunehmende Kultivierung großer Landflächen ihres Lebensraumes beraubt und schließlich verdrängt. Was blieb, waren kleinere, häufig nachtaktive Wildtiere, die durch Tarnung (Warane, Sumpfantilopen) oder Umstellung der Lebensgewohnheiten (Buschschweine) überlebten.

Ähnlich rücksichtsloser Raubbau wurde mit der natürlichen Vegetation betrieben. Am gravierendsten wirkt sich die massive Abholzung ehemaliger Küsten- und Uferwälder aus. Der natürliche Artenreichtum verschwindet, und was nachkommt sind allenfalls Sekundärwälder oder dürre Buschlandschaften. Die Böden laugen schließlich aus und versalzen, Versteppung und Erosion sind die Folge.

Wertschätzung für die Flora und Fauna lernen — Natur & Tierwelt

Als ein riesiges schützenswertes Biotop können dagegen die noch **unberührten Mangrovenwälder** angesehen werden. Ihr dichtes Labyrinth bietet vielen Lebewesen einen sicheren Lebensraum. Ein weiteres Plus sind die unterschiedlichen, abwechslungsreichen Vegetationszonen des Landes – wodurch sich eine artenreiche Vogelwelt erhalten konnte – sowie der großartige Gambiastrom, der aufgrund fehlender Industrie bisher auch nicht verschmutzt wurde.

In den letzten Jahrzehnten gab es von Seiten der Regierung mehrere Ansätze, die Bevölkerung für einen verantwortungsvollen Umgang mit der Natur zu sensibilisieren. Schon in der "Banjuler Erklärung" von 1977 erhob der damalige Präsident Jawara den Naturschutz zum Staatsziel. Unterstützende Impulse erhofft man sich natürlich auch vom sozial- und umweltverträglichen Tourismus.

Bilder links: Guinea-Paviane in Makasutu; Hinweisschild im Kairaba Hotel; Kappengeier. Bilder oben: Heiliger Krokodilteich in Kachikally; Touristin mit Meerkatzen; Schild in Kololi

Typische Pflanzen in Gambia

Zierpflanzen in Parkanlagen und Gärten

Zu den schönsten Schmuckbäumen, die man vor allem in Hotelgärten bewundern kann, zählen der feuerrot blühende Flamboyant und der "Tulpenbaum von Gabun", dessen große, scharlachrote Glockenblüten aufrecht in den Himmel wachsen. Eine wahre Augenweide ist der Jacarandabaum, wenn er zum Ende der Trockenzeit voller blauer Einzelblüten steht, die allmählich abfallen und wie ein blauer Teppich am Boden liegen bleiben. Den betörendsten Duft verströmt der Frangipani oder Pagodenbaum, der nur mittelhoch wächst und das gesamte Jahr weiß-gelbe Blüten entfaltet. Blühende Ziersträucher wie roter Weihnachtsstern aus der Wolfsmilchfamilie werden gerne in Gärten angepflanzt. Der Baumhibiskus bringt sehr große, zarte Blüten in gelb oder rot hervor, und der immergrüne Oleander blüht weiß, rosa oder rot. Bougainvillea ranken sich mit weißen, gelben, lachsfarbenen oder roten Blüten an Hauswänden und Zäunen empor. Weil in jedem ihrer Blütenstände drei kleine Einzelblüten stehen, nennt man sie auch Drillingsblume. Nicht übersehen sollte man die Vielzahl blühender Orchideen, die man in Gambias Gärten entdecken kann.

Nutzpflanzen

Unter den Nutzpflanzen sind hier die Banane, der Mangobaum und die Papaya besonders stark verbreitet. Die Banane ist eine Staude, denn sie hat keinen Stamm. Jede Staude entwickelt nur einen

Fruchtstand mit ca. 80 bis 250 Bananen und einer violetten Blüte. Es gibt weltweit etwa 60 verschiedene Bananenarten, wobei die Obst- und die Mehlbanane die bekanntesten sind. Der Mangobaum ist ein schöner Baum mit dichten Blättern und runder Krone, der sehr gut Schatten spendet. Er ist in den meisten Dörfern zu finden. Ursprünglich kommt er aus Asien und kann bis zu 20 m hoch wachsen. Zwischen März und Juni wachsen seine grünen Früchte heran und reifen zu Beginn der Regenzeit orangerot. Die Papaya gilt als Melonenbaum, ist aber ein baumartig wachsendes Kraut, das mit Melonen nicht mehr als die Bezeichnung gemeinsam hat. Ihre Heimat hat die beliebte Tropenfrucht in Mexiko. Man sieht sie in den Dörfern etwa 6 m hoch gewachsen, mit mehreren grünen, das ganze Jahr über reifenden Früchten.

Palmen

Für die Einheimischen ist die Ölpalme *(Elaeis guineensis)* ein Geschenk des Himmels. Man findet sie in Küstenwäldern wie auch im Landesinneren. Sie kann bis 30 m hoch und bis zu hundert Jahre alt werden. Innerhalb eines halben bis dreiviertel Jahres reifen dicht gedrängt im Fruchtstand unzählige orangene, taubeneigroße Früchte heran. Bei der Ernte wiegen die Fruchtkolben 10–20 kg, manchmal sogar bis zu 60 kg. Das Fruchtfleisch beinhaltet zu etwa 55 % Palmöl und zu 32 % Wasser. Der Rest sind ölfreie Rückstände, die als Futtermittel in der Landwirtschaft weiterverwendet werden. Das weiße Palmkernöl zählt zu den festen Fetten und findet Verwendung in der Speiseölindustrie.

Auch die Borassuspalme *(Borassus aethiopum)*, englische Bezeichnung Black Rhun Palm, zählt zu den nützlichsten Pflanzen der Tropen. Ihre bis zu 20 cm großen runden Früchte reifen zum Ende der Regenzeit heran. Sie sind mit viel Flüssigkeit gefüllt und essbar. Die Borassuspalme gehört zur Familie der Fächerpalmen.

Bilder von oben: Papaya-Staude mit reifen Früchten; Fettblattbaum; „Baum der Reisenden"

Natur & Tierwelt — Besondere Bäume Afrikas

Baobab

Der markanteste Baum Afrikas ist extrem feuerresistent und kann uralt werden

Der berühmteste und vielleicht auffälligste Baum Afrikas ist wohl der Baobab oder Affenbrotbaum *(Adansonia digitata)*. Er zählt zu den Wollbäumen und kommt nur in den niedrig-heißen Savannenregionen Afrikas vor. Der ungewöhnliche Baum gilt als extrem vital und zäh, manche Exemplare werden hunderte Jahre alt. Die meiste Zeit bleibt der Baobab ohne Blätter, was seine charakteristische Erscheinung noch unterstreicht. Er hat große weiße Blüten, die nur für etwa zwei Tage am Ende der Trockenzeit aufblühen, und ovale samtige Früchte, die soviel Vitamin C enthalten wie kaum eine andere Pflanze. Der Baobab wird fast vollständig verwertet, selbst seine jungen Blätter werden zu Pulver zerstoßen dem Couscous beigemengt, um es geschmeidiger zu machen. Die Früchte sind ebenfalls begehrt. In der Naturmedizin wird das Fruchtfleisch gegen Kreislaufprobleme und Fieber eingesetzt, aus den Blättern wird ein Rheumatikum und aus der Rinde ein Mittel gegen Malaria gewonnen. Hohle Baobabs wurden früher als Versteck, Unterschlupf oder zur Bestattung von Griots genutzt. Viele der knorrigen Giganten gelten daher auch heute noch als heilig.

Unzählige Legenden und Mythen befassen sich mit dem Baobab. Manche glauben, der Sud aus seinen Samen schütze vor Krokodilen. Eine Legende besagt, dass die Götter bei der Entstehung der Erde alle Pflanzen an Tiere vergaben. Die letzten in der Reihe seien die Hyänen gewesen, und für sie sei nur noch der Baobab übrig geblieben. Die Hyänen seien darüber derart erbost gewesen, dass sie den Baum kurzerhand verkehrt herum einpflanzten. Einer anderen Überlieferung zufolge soll sich der Baobab bei Gott über seinen Standort beschwert haben, worauf Gott ihn erzürnt kopfüber einpflanze.

Roter Baumwollbaum und Kapokbaum

Diese beiden Wollbaumgewächse werden gerne miteinander verwechselt, weil beide ein wollartiges Gewebe produzieren. Es handelt sich jedoch um unterschiedliche Bäume. Der in Südindien beheimatete Rote Baumwollbaum *(Bombax costatum)*, englische Bezeichnung Red Silk Cotton Tree, blüht mit großen roten Blüten im Januar und Februar. In seinen braunen Früchten reifen baumwollartige Samenhaare, Indisches Kapok, heran. Der eigentliche Kapokbaum *(Ceiba pentandra)* hat sehr ausladende faltige Brettwurzeln und wächst bis zu 50 m hoch. Seine länglichen Fruchtkapseln brechen mit der Zeit auf und geben Ceiba-Kapok frei, ebenfalls ein weißes, wollartiges Gewebe, das als Füllstoff für Matratzen und Kissen Verwendung findet. Das Holz des Kapok wird gerne zu Einbäumen verarbeitet.

Bilder rechts: Mächtige Baobabs an der Sitanunku Logde; Mangrovensumpf bei Ebbe; Großer Brachvogel am flachen Meeresstrand

Gambische Vielfalt   Natur & Tierwelt

Natur & Tierwelt — Von den Insekten und Reptilien

Die Tierwelt

Kriechtiere und Insekten

Von beeindruckender Vielfalt sind die eher unauffälligen Kriechtiere Gambias. Da gibt es mehrfarbige Eidechsen und Agamen, lustige Geckos, die in den Häusern innen an den Wänden empor laufen, scheue Schildkröten und harmlose **Chamäleons**. Daneben besticht die unglaubliche Insektenvielfalt mit bunten Käfern, zarten Libellen und phantastisch gefärbten Schmetterlingen. Faszinierend sind auch die zumeist grünen **Gottesanbeterinnen**, und nur sehr schwer entdeckt man eine der perfekt getarnten Stabschrecken. Von den **Termiten**, die in einem streng geführten Staat zusammenleben, sieht man in der Regel auch nur die trockenen Erdhügel ihrer Wohnanlagen. Manche dieser Termitenhügel sind breit, bis zu 3 m hoch und laufen nach oben spitz zu, andere sehen aus wie riesige Pilze.

Mambas und Kobras folgen mit dem Kopf den Bewegungen ihres Opfers oder Feindes

Es existieren in Gambia etwa **40 Schlangenarten**, von denen neun giftig für den Menschen sind; doch wird man kaum je eine zu Gesicht bekommen, denn sie sind scheu und weichen dem Menschen aus. Geräusche und das Vibrieren des Bodens schrecken sie auf, und sie ziehen sich, wenn möglich, meist sogleich zurück. Schlangen haben Körper ohne Gliedmaßen und eine von Schuppen bedeckte Haut. Ihr Rachen, die Speiseröhre und der Magen sind weit dehnbar, um die Beute vollständig verschlingen zu können.

Krokodile und Warane

Ungewöhnlich: Männliche Warane haben zwei Penisse

Krokodile besiedeln die warmen Zonen der Erde seit rund 200 Mio. Jahren und gehören damit zu den ältesten Lebewesen der Welt. Von ursprünglich 108 verschiedenen Arten haben bis heute 22 überlebt. In Afrika ist das besonders große, bis 6 m lange

Nilkrokodil (*Crocodylus niloticus*) beheimatet. Die bis zu 700 kg schwere Riesenechse ist mit knöchernen Hautschilden gepanzert. Viel seltener ist das nur etwa 1,50 große Zwergkrokodil (*Osteolaemus tetrapsis*).

Aus Furcht vor Angriffen, zum Schutz der Fischernetze und wegen ihrer begehrten Haut sind Krokodile intensiv bejagt worden. Galt der Gambia früher als krokodilreichster Fluss in Westafrika, so schätzt man sich heute glücklich, wenn man eine dieser scheuen Echsen zu sehen bekommt. In den besiedelten Regionen sind sie ausgerottet worden, nur in den Mangrovensümpfen halten sich heute noch Krokodile auf.

Ob aus Krokodileiern weiblicher oder männlicher Nachwuchs schlüpft, entscheidet stets die Bruttemperatur: unter 30 °C wird das Geschlecht weiblich, über 30 °C wird es männlich

Zur Familie der Echsen zählt auch der bis zu 2 m große **Nilwaran**, (*Varanus niloticus*), der ein äußerst flinker Jäger ist, Menschen allerdings ausweicht und als nicht gefährlich gilt. Er ernährt sich bevorzugt von Eiern und Jungvögeln der am Boden brütenden Vogelarten. Ein Tipp: Im Senegambia Hotel und im Kairaba Hotel kann man Warane leicht entdecken, weil sie dort häufig in aller Ruhe durch den Garten spazieren.

Flusspferde („Hippos")

Flusspferde (*Hippopotamus amphibius*) leben in trägen Gewässern mit flachen Uferstellen und Sandbänken bei einer Wassertemperatur von 18–35 °C, vereinzelt sogar im Meer. Sie haben eine nackte Haut mit vielen Schleimdrüsen und an den Füßen Ansätze von Schwimmhäuten. Gewöhnlich tauchen Hippos 2–5 Minuten, doch können sie in Ausnahmesituationen bis zu 15 Minuten unter Wasser bleiben. Die meiste Zeit verbringen sie träge im Wasser, nur gelegentlich ruhen sie auf Sandbänken und am Ufer. Hippos verhalten sich relativ laut, sie schnauben, brüllen und wiehern. Das Maulaufreißen ist ein Zeichen der Aggression. Ihr Lebensraum ist in strikte Territorien

Bilder S. 158: Nilwaran; männliche Siedleragame. Bilder S. 159: ein stattliches Nilkrokodil; Flusspferde.

eingeteilt, die von der jeweiligen Gruppe streng verteidigt werden. Dazu zählen auch der Uferbereich und die fest ausgetretenen Wechsel (markierte Trampelpfade). Abends verlassen die Flusspferde das Wasser entlang dieser Wechsel, um an Land zu fressen. Pro Mahlzeit vertilgen sie bis zu 60 kg Gräser. Ihr Hauptfeind ist der Mensch, nur gelegentlich werden einzelne Jungtiere von Krokodilen erlegt. In Gambia sieht man Hippos fast nur noch im River Gambia Nationalpark. Man schätzt, dass maximal hundert Tiere erhalten geblieben sind.

Leider haben nur wenige Flusspferde im Gambia River überlebt

Hippos werden bis zu 4 Tonnen schwer und können bis 45 Jahre alt werden. Sie gelten wegen ihrer Angriffslust als das für den Menschen gefährlichste Tier in Afrika.

Pinselohr- und Warzenschweine

Warzenschweine *(Phacochoerus africanus)* leben in ganz Afrika südlich der Sahara in offenen Grasflächen und lichten Savannen. Sie meiden dichten Wald oder felsige Steilhänge. Innerhalb des Familienverbands leben sie standorttreu in festen Wohn- und Schlafhöhlen. Das Weibchen wirft 2–4 Jungtiere, die vier Monate gesäugt werden und bereits nach einer Woche der Mutter ins Freie folgen. Sie können bis zu 18 Jahre alt werden. Gerne suhlen sie sich in Wasser- oder Schlammlöchern. Ihr Sehvermögen ist ausgezeichnet, und ihren Feinden entkommen sie meist durch Flucht. Die bis zu 150 kg schweren Tiere verteidigen ihre Familie mutig mit den unteren Eckzähnen (Hauern). Warzenschweine fressen in erster Linie Gras. Sie meiden im Allgemeinen menschliche Siedlungen. Anders dagegen die kleineren Pinselohr- bzw. Buschschweine *(Potamochoerus porcus),* die als notorische Bodenwühler große Ackerbauschäden anrichten. Sie leben in größeren Familiengruppen beisammen. Man entdeckt die selten gewordenen Buschschweine allerdings kaum, da sie sich bei Bejagung auf eine nachtaktive Lebensweise umstellen. In der Umgebung von Tendaba und im Kiang West Nationalpark bestehen die besten Chancen, Warzen- oder Pinselohrschweine zu erspähen.

Warum Buschschweine bei den Bauern so unbeliebt sind

Kronen- oder Steppenducker

Diese sehr kampflustige Kleinantilope war einst in Gambia weit verbreitet, ist heute jedoch auf unbekannte Restbestände reduziert. Die Angewohnheit, bei Störung mit gesenktem Kopf fortzuschleichen, verlieh dem Kronenducker *(Sylvicapra grimmia)* seinen Namen. Die Tiere halten sich stets in Dickicht oder Gehölz auf, sind ortstreu, bei Bejagung nachtaktiv und können bis zu zwölf Jahre alt werden. Sie fressen neben Blättern auch Kleintiere und Bodenvögel.

Buschbock bzw. Schirrantilope

Der rehartige Buschbock, (*Tragelaphus scriptus),* ist in Riedgräsern und Galeriewäldern nahe Gewässern beheimatet. Er lebt überwiegend als Einzelgänger, aber gerne in Gesellschaft von Pavianen oder Meerkatzen und ist sehr ortstreu. Bei Gefahr verteidigt er sich mutig. Der Buschbock gilt als guter Schwimmer und Springer. In Gambia kommt er nur noch vereinzelt vor, z. B. im Abuko Nature Reserve, im Tanji Bird Sanctuary und im Kiang West Nationalpark. Nur männliche Tiere tragen die spiralförmigen langen Hörner. Die Art des westafrikanischen Buschbocks ist verwandt mit dem Nyala, einer scheuen Antilope im weit entfernt gelegenen südöstlichen Afrika.

Sitatunga bzw. Sumpfantilope

Sitatungas (*Tragelaphus spekii)* leben völlig versteckt in dichten Sumpfwäldern. Tief im Wasser stakend verlassen sie nie den Schutz des Sumpfes. Dennoch gelten sie in Gambia, wie auch im restlichen Afrika, als nahezu ausgerottet. Bei Gefahr verstecken sie sich, indem sie bis zur Nasenspitze im Wasser eintauchen. Ihre Erscheinung ist ausgesprochen graziös und anmutig – wenn man sie überhaupt entdeckt, was in Gambia fast einem Lottogewinn gleichkäme. Die besten Chancen bestehen in den Bao Bolong Wetlands.

Bilder von oben: Ein zierlicher weiblicher Buschbock; Warzenschwein; Junge Hyäne

Leben im Mangrovensumpf

Ausgesprochen faszinierend ist die Vielfalt höchst eigenwillig anmutender Lebensformen, denen man im Schlick der Mangroven begegnen kann. Dem flüchtigen Betrachter bleiben die vielen krabbelnden und springenden Tiere meistens verborgen, denn sie ziehen sich bei vermeintlicher Gefahr sofort in Sand- und Schlammlöcher zurück. Bleibt man dagegen eine Weile ruhig stehen, kommen die neugierigen Kleintiere schnell wieder zum Vorschein. Besonders auffällig sind die sogenannten **Winkerkrabben** aus der Familie der Reiterkrabben bzw. Zehnfußkrebse. Die männlichen Krabben tragen neben einer unscheinbaren Schere auch eine monströse, überdimensionale Schere, mit der sie heftig winken, um Weibchen zur Begattung anzulocken. Bei den weiblichen Winkerkrabben sind dagegen beide Scheren gleich ausgebildet. Winkerkrabben laufen und graben seitwärts. Sie leben in senkrechten Höhlen, die sie bei ansteigender Flut von innen mit einem Schlammbrocken verschließen. So bleibt genug Luft in der Höhle zurück, und bis zur nächsten Ebbe harren die Krabben darin aus.

Die originellsten Bewohner im Mangrovenschlick sind wohl die amphibischen **Schlammspringer**. De facto handelt es sich um Fische in Grundelgestalt, die bei Flut schwimmen und sich bei Ebbe im feuchten Schlick aufhalten. An Land ziehen sich die 5–15 cm großen Tiere mit Hilfe ihrer langen Brustflossen vorwärts und können enorm weit springen. Die riesigen froschartigen Augen vermögen sie rundum zu drehen. Sie ernähren sich von kleinen Krabben, Asseln, Insekten und Garnelen.

Wissenschaftlich betrachtet kommt sicherlich den **Lungenfischen** die größte biologische Sonderstellung zu. Diese Knochenfische repräsentieren einen entscheidenden Schritt der Evolution, nämlich das Kunststück, vom Leben im Wasser zum Leben auf dem Lande überzuwechseln. Lungenfische besitzen zwar noch Kiemen,

Die Nutznießer des Mangrovenschlicks — Natur & Tierwelt

aber zusätzlich auch schon Lungen. Sie leben bevorzugt im schlammigen Bodenbereich der Flüsse.

Die afrikanische Art (*Protopterus*) zeichnet sich durch besondere Fähigkeiten während der Trockenzeit aus, wenn sie sich in den Schlammboden eingräbt und darin bis zu zwei Jahre Trockenheit übersteht. Während dieser Zeit atmet der Lungenfisch durch einen winzigen Gang, den er sich mit der Schwanzspitze freihält, und ernährt sich von körpereigenem Eiweiß, das er in seinen Muskelpartien abbaut. Durch den Stoffwechsel entstehen Stickstoffverbindungen, die der Fisch im Normalfall ausscheiden kann, während seines Trockenschlafes aber in wasserunlöslichen Harnstoff umwandelt – und dies ist wiederum **ein kleines Wunder**, denn alle anderen bekannten Wirbeltiere würden sich dabei selbst vergiften. Afrikanische Lungenfische vertragen sogar die tausendfache Menge an Harnstoff, ohne Schaden zu nehmen.

Bilder dieser Doppelseite: Schlammspringer und männliche Winkerkrabben im Gezeitenbereich des Mangrovenschlicks

Affen

Husarenaffen

Die flinken, schlanken und langgliedrigen Westafrikanischen Husarenaffen *(Erythrocebus patas)* leben in flussnahen Savannen und Wäldern. Man erkennt sie leicht an ihren langen dünnen Schwänzen, auf die sie sich beim Sitzen stützen. Meist halten sie sich am Boden auf, nur bei Gefahr und zur Nachtruhe begeben sie sich auf Bäume. Sie leben in Trupps von 10–20 Tieren zusammen und ernähren sich sowohl vegetarisch als auch von kleinen Eidechsen, Vögeln und Kerbtieren. Bemerkenswert ist ihre Laufschnelligkeit mit bis zu 50 km/h.

Westliche Grünmeerkatzen

Diese knapp 8 kg schweren, munteren und sehr neugierigen Gesellen leben in größeren Trupps und sind tagaktiv. Sie bewegen sich am Boden und auf Bäumen gleichermaßen, fliehen bei Gefahr aber in die Bäume. Sie haben lange, dünne Schwänze und hellblaue Hoden. Westliche Grünmeerkatzen *(Chlorocebus sabaeus)* sind ausgezeichnete Schwimmer, Springer und wahre Kletterkünstler. Anderen Horden gegenüber verhalten sie sich feindselig. Im Bijilo Forest Reserve lassen sie sich von Besuchern sogar aus der Hand füttern. Auch im Janjang-Bureh Camp bei

Georgetown kann man sie gut mit Futter anlocken. Es sind zweifellos diese zutraulichen Meerkatzen, die sich von den Affen Gambias am leichtesten beobachten lassen.

Stummelaffen

Westafrikanische Stummelaffen *(Piliocolobus badius)* haben rundliche Köpfe, nackte Gesichter, kleine Ohren und lange Gliedmaßen und Finger. Die Daumen sind nur stummelhaft ausgebildet, und am Schwanz tragen sie eine Quaste. Ihr kurzes Fell ist rotbraun, der Rücken ist deutlich dunkler gefärbt. Die seltenen Tiere ernähren sich vegetarisch und leben in dichten Wäldern auf geschützten Baumwipfeln. Mit etwas Geduld entdeckt man sie im Bijilo Forest Reserve, wenn sie munter von Baum zu Baum springen. Sie sind jedoch sehr scheu und flüchten schnell.

Guinea-Paviane

Die am Boden lebenden Guinea-Paviane *(Papio papio)* haben eine rotbraune, prächtige Mähne und bilden 20 bis 80-köpfige Horden in offenen Savannen und Galeriewäldern. Die Männchen werden bis zu 50 kg schwer und sind ausgesprochen mutig und kampflustig. Paviane sind Allesfresser, alte Männchen erbeuten gelegentlich sogar Jungtiere aus der eigenen Horde. Besonders häufig fallen sie plündernd über die Felder der Bauern her, weshalb sie stets vertrieben und mitunter gejagt werden.

Bilder links von oben: Husarenaffe und Westliche Grünmeerkatzen; Bilder rechts: Stummelaffe; Guinea-Paviane

Die Vögel in Gambia

Gambias Vogelwelt ist spektakulär. Dies liegt einerseits in der Artenvielfalt, die sich auf die unterschiedlichen Landschaftszonen, die Mangrovensümpfe und die Meeresküste zurückführen lässt, aber auch an der noch halbwegs gesunden Population. **577 verschiedene Vogelarten sind in Gambia heimisch.**

Bereits am Meeresstrand kann man etliche Vögel beobachten. Graukopfmöwen, verschiedene Seeschwalben, Stelzen-, Strand- und Flussuferläufer, um nur einige Spezies zu nennen.

Die Mangrovenwälder sind ideale Tummelplätze für Schlangenhalsvogel, Hammerkopf und den Heiligen Ibis. Mit etwas Glück entdeckt man auch Rötelpelikane, Goliathreiher, Pelikane, Schreiseeadler und Senegalkiebitze. Außerdem jagen hier Graufischer und Malachiteisvögel, die mit kräftigem Flügelschlag an einer Stelle über dem Wasser ausharren und schließlich senkrecht hinabstürzen, um blitzschnell einen Fisch zu erbeuten.

Um schwarzweiß gefiederte Schildraben, Palm- und Kappengeier zu sehen, muss man sich meist nicht einmal aus der Hotelanlage hinaus bewegen. Genau wie farbenprächtige Rotbauchwürger, freche Glanzstare, zierliche Nektarvögel und zahlreiche Webervögel sind sie ständige Gäste in größeren Gartenanlagen. Bei der täglichen Fütterung im Senegambia Hotel kommen mitunter hundert Kappengeier zusammen. Im Kairaba Hotel genießen dagegen Kuhreiher spätnachmittags ein Bad im Pool. Im Bijilo Forest Reserve und dem Abuko Naturreservat bestehen gute Möglichkeiten, Bienenfressern, Wiedehopf und Elsterwürger zu begegnen. Die Westafrikanische Drossel wird man eher am Boden als in den Bäumen erspähen, außer es handelt sich um einen Feigenbaum, dessen Früchte der unscheinbare braune Vogel besonders schätzt. In hohen Bäumen lebt der Graue Waldspecht. Zu den Greifvögeln, die man auch in Küstennähe gut beobachten kann, zählen der Schikra, ein grauer Sperber mit gelbem Schnabel, und der Milan, der wegen seiner Attacken auf Bodenvögel und Nahrungsmittel aller Art auch Schmarotzermilan genannt wird.

Auf Reisen ins Landesinnere begegnet man überall den weißen Kuhreihern, die sich bevorzugt in Gemeinschaft mit Rindern aufhalten. Die schwarzroten Oryxweber bauen ihre Nester gerne in hohem Schilf oder Gras. In seinem Aussehen der sonderbarste Savannenvogel ist sicherlich der Toko, der in Gambia mit gelbem und mit rotem Schnabel vorkommt. Diese Hornvögel haben im Verhältnis zu ihrer Körpergröße überdimensionale Schnäbel und sind – ähnlich wie der Baobab als Vertreter der Bäume – ein Symbol für die afrikanische Wildnis.

Oben: Kappengeier, Senegal-Spornkuckuck, Gelbfußmöwe, Grünschwanz-Glanzstar.
Bilder S. 167 von oben links: Guineataube; Gelbschnabelwürger; Kuhreiher; Roter Amarant; Purpurglanzstar; Schmetterlingsastrild

Gambias großer Schatz Natur & Tierwelt

Oben: Kappengeier am Strand; Geierfütterung im Senegambia Hotel; farbenprächtiger Goldscheitelwürger

Tipps für Vogelfreunde

Das Angebot an vogelkundlichen Exkursionen ist groß. Es gibt ornithologische Rundreisen, individuelle Birding Trips, Halbtagestouren in Küstennähe (mit einem versierten Guide für ca. 30 Euro pP), Tagesausflüge (55–80 Euro) und mehrtägige Touren ins Hinterland. Folgende Ausflüge sind besonders zu empfehlen:

- Im Senegambia Hotel finden täglich **Greifvogelfütterungen** statt (S. 92). Hier stehen im Bird Centre erfahrene Guides zur Verfügung.

- **Hotelgärten**: Tropisch eingewachsene Gärten wie in den Hotels Kairaba und Senegambia bieten großartige Chancen zur Vogelbeobachtung.

- **Pirogenfahrt** in die Mangroven: Hier gibt es spezielle Bootsfahrten für Ornithologen und Vogelfreunde.

- **Kachikally**: Rund um den heiligen Krokodiltümpel entdeckt man jede Menge Gartenvögel.

- **Kotu Stream**: An der Mündung des Kotu sind zahlreiche Wat- und Wasservögel zu entdecken.

- **Bijilo Forest Reserve** und **Abuko Nature Reserve** beherbergen neben zahlreichen Waldvogelarten auch seltene Raubvögel.

- **Banjul**: Die Bund Road ist Heimat großer Schwärme von Wat- und Wasservögeln, vor allem Graukopfmöwen.

- **Brufut Woods**: Mit einem Vogelexperten vom Senegambia Bird Centre kann man hier Eulen und Nachtschwalben entdecken.

- **Jinack Island** im Niumi Nationalpark ist ein Eldorado für Zugvögel.

- **Tanji**: Im Tanji Bird Sanctuary, im Mündungsgebiet des Tanji Rivers und direkt beim Hafen (Fischabfälle) entdeckt man zahlreiche Vogelarten.

- **Farasuto Forest**: 3,8 ha großes Waldschutzgebiet nahe Makasuto mit zahlreichen Raub- und Waldvögeln.

Wertvolle Reiseinformationen

Eine Reise nach Gambia planen

Reisezeit, Reisekosten, Art der Reise .... S. 170
Mit Kindern nach Gambia reisen? – Nach Gambia als Frau alleine? .... S. 172
Einreisebestimmungen .... S. 172
Umweltschonendes Reisen .... S. 173
Landeswährung und Zahlungsmittel .... S. 174
Gesundheitsvorsorge .... S. 175
Anreise: Flugverbindungen - Auf dem Landweg - Grenzübergänge .... S. 178

Reisebeginn

Empfehlungen fürs Gepäck .... S. 180
Fit den Flug überstehen .... S. 181
Bei der Ankunft: Formalitäten am Flughafen .... S. 181

Unterwegs in Gambia: Mobil sein vor Ort

Mietwagen .... S. 182
Tipps für Autofahrer, Bahn, Flug, Fähren .... S. 183
Taxis .... S. 184
Busverbindungen, Schifffahrt auf dem Gambia River .... S. 185

Praxistipps für Gambia

Handeln – wie man richtig einkauft .... S. 186
Betteln und Spenden – die Begegnung mit der Armut .... S. 187
Gesund bleiben im Urlaub .... S. 189
Bumster – ein gambisches Problem .... S. 190
Kulinarische Erlebnisse .... S. 192
Sicherheitstipps .... S. 193
Tipps zum Fotografieren .... S. 194
Tipps für Vogelfreunde .... S. 195
Redewendungen und Sprachhilfen .... S. 196
Unsere Extra-Tipps .... S. 197

Wichtige Informationen von A bis Z

Ärzte & Apotheken, Airporttax, Angeln, Animation, Camping, Fahrräder, Feiertage, Ferienzeiten, Geldwechsel, Geschäftszeiten, Haustiere, Hotels, Informationen, Internet, Kleiderordnung, Landkarten & Bücher, Maße & Gewichte, Moscheen, Museen, Nationalparks, Polizei, Post, Prostitution, Ramadan, Reiten, Restaurants, Souvenirs, Sport & Wellness, Sprache, Strände & Strömungen, Straßen, Stromversorgung, Taxi, Telefon, Tourist Guides, Trinkgeld, Versicherung, Wasser, Wrestling, Zeitungen, Zeitverschiebung, Zoll .... S. 198
Getränkepreise in den Hotels / Glossar .... S. 205

Adressenverzeichnis

Diplomatische Vertretungen in Europa und Gambia .... S. 206
Touristische Informationsstellen in Europa und Gambia .... S. 207
Mietwagenagenturen .... S. 208
Reiseveranstalter .... S. 209
Literaturverzeichnis / Entfernungstabelle .... S. 210
Index .... S. 211

Reisezeit

Gambia ist als ganzjähriges Badeziel geeignet. Die Wassertemperaturen betragen von Dezember bis Juni 22–24 °C und von Juli bis November sogar 25–30 °C (siehe Klima und Klimatabellen auf S. 11/12).

Die beste Reisezeit und zugleich Gambias Hochsaison ist das Winterhalbjahr zwischen November und April. Von November bis Februar ist es in Gambia trocken, mäßig heiß und klimatisch sehr ausgewogen (Temperaturen zwischen 15° und 30°). Tagsüber entsprechen die Temperaturen einem mitteleuropäischen Sommer, abends weht eine leichte, kühlere Brise vom Meer. Reisen ins Landesinnere sind während der trockenen Wintermonate gut verträglich. Ab März wird es dort schon wieder merklich heißer, an den Stränden bleibt es weiterhin angenehm.

Anfang Juni setzt allmählich die sommerliche Regenzeit ein. Die Luftfeuchtigkeit nimmt zu, das Klima wird tropisch schwül und feucht. Der meiste Regen fällt im August und September, wobei es sich vielfach um längere nächtliche Regenfälle und kurze Schauer bei Tage handelt, die immer wieder von Sonnenstunden unterbrochen werden. Jetzt herrscht Nebensaison und einige Badehotels haben sogar geschlossen. Ausflüge ins Hinterland können durch die hohe Luftfeuchtigkeit und mitunter schlechte Straßen strapaziös werden. Die Unannehmlichkeiten werden allerdings durch eine herrlich üppige Vegetation ausgeglichen, die jeden Naturfreund begeistert. Weitere Vorteile: Die Atmosphäre an den Stränden ist ruhiger und der Reisepreis günstiger. Mit dem Regen nimmt allerdings auch die Mückenplage zu – jetzt heißt es, Mückenschutz nicht vergessen!

Im Oktober endet die Regenzeit. Die Temperaturen sinken, die Landschaft wird langsam wieder trocken. Im November hat der Atlantik gerne hohen Wellengang, und im Spätherbst treffen schließlich die europäischen Zugvögel ein. Zu Weihnachten und Ostern ist Gambia meist restlos ausgebucht, und wer von Schulferien unabhängig ist, sollte diese Wochen besser meiden.

Reisedauer

Die durchschnittliche Dauer einer Gambiareise ist 10–14 Tage. Für einen Urlaub am Strand und ein paar Ausflüge ist das ausreichend. Wer auch das Hinterland kennenlernen möchte, sollte nicht unter zwei Wochen reisen.

Einwöchige Kurzbesuche sind schon aus ökologischer Sicht fragwürdig und erlauben kaum, das Land jenseits der Badestrände zu entdecken.

Reisekosten

Für ein exotisches Fernreiseziel in Schwarzafrika wird Gambia zu relativ günstigen Preisen angeboten. Einwöchige Pauschalreisen kosten je nach Hotelkategorie und Saison ab 650 € (inklusive Flug, Übernachtung und Frühstück). Rundreisen durch Gambia und teilweise auch durch Senegal, in Verbindung mit einer Anschlusswoche in einem Badehotel Gambias werden mitunter bereits ab 1300 € angeboten.

Wieviel man vor Ort ausgibt, hängt ganz von den Aktivitäten ab. Die Kosten für Tagesausflüge werden detailliert im Reiseteil beschrieben. Die Restaurants im touristisch erschlossenen Küstenbereich haben das europäische Preisniveau bisher nicht erreicht (350–750 D pro Mahlzeit). Ein Bier (0,28 l) kostet 80–100 D, Wasser (1,5 l) 85–150 D. Deutlich günstiger versorgt man sich in Supermärkten (eine Flasche Bier ab 45 D) und in den einfachen Camps im Landesinneren.

Pauschalreise oder selbst organisieren?

Sowohl die Flüge als auch die meisten Hotels und Camps kann man heute problemlos im Internet buchen und somit die Aufenthaltsdauer frei bestimmen, unterschiedliche Unterkünfte miteinander kombinieren und evtl. auch eine eigenständige Reise ins Hinterland planen (wobei die Camps dort schwer vorauszubuchen sind).

Pauschalreisen sind dafür meistens etwas günstiger und bieten eine deutlich größere Sicherheit bei unerwarteten Problemen wie Flugausfällen oder in Krankheitsfällen, weil der Veranstalter dem Reisegast dann hilfreich zur Seite steht. Aber sie sind dafür weniger flexibel als individuell zusammengestellte Touren, wobei viele Reiseanbieter ihr Programm inzwischen auch dahingehend erweitern.

Tipp für Individualreisende

Meistens bezahlt man für einen individuellen Flug nach Banjul annähernd soviel wie für einen einwöchigen Pauschalaufenthalt inklusive Hotel. Hinzu kommt, dass die Strandhotels noch kaum auf individuelle Reservierungen eingestellt sind und hohe Preise verlangen. So ist es doch meistens geschickter, gleich eine günstige Pauschalreise zu buchen: Zu Beginn und am Ende der Reise nützt man die Flughafentransfers und das gebuchte Hotel, während man den Anspruch auf das Hotelzimmer in der Zeit, während der man im Land unterwegs ist, verfallen lässt.

Wer seinen Urlaub mit Trommel- und Musikkursen bereichern möchte, wird bei den Camps an der gambischen Südküste fündig (S. 125) oder besucht das Berefet Community Camp (S. 135). Speziell der Naturraum Gunjur / Kartong empfiehlt sich für für Individualreisende, die dem touristischen Trubel im Norden entkommen wollen und kleinere Gästehäuser bevorzugen.

Einreisebestimmungen

Deutsche Staatsbürger benötigen als Touristen für einen Aufenthalt bis max. 28 Tage einen Reisepass, der noch mindestens sechs Monate über das Ende des Aufenthalts hinaus gültig ist. Kinder benötigen einen Ausweis mit Lichtbild. Der Aufenthalt kann beim Immigration Office in Banjul auf bis zu 90 Tage verlängert werden (kostenpflichtig). Österreicher und Schweizer benötigen zusätzlich ein Visum, das im Voraus bei der zuständigen Stelle in Europa einzuholen ist (S. 206). Besucher müssen auf Verlangen Weiter- oder Rückreisetickets vorzeigen können.

Nur bei Einreise aus einem Gelbfieber-Infektionsgebiet (z. B. Ost- und Zentralafrika) wird ein Gelbfieber-Impfnachweis verlangt. Ansonsten sind keinerlei Impfungen vorgeschrieben. Wer auf dem Landweg einreist, sollte sicherheitshalber eine Gelbfieberimpfung im Internationalem Impfpass nachweisen können. Dieser ist außerdem vorgeschrieben für Reisende, die einen Ausflug nach Senegal unternehmen wollen (siehe auch S. 176).

Wie Sie Reisekataloge richtig lesen

Es ist fast wie beim Arbeitszeugnis: Auf den ersten Blick klingt alles ganz positiv, aber die Wahrheit versteckt sich gerne zwischen den Zeilen. Manch freundliches Wort im Reiseprospekt kaschiert dabei auch Nachteile oder Einbußen.
Ein paar Beispiele:
- „Ruhige Lage": Hier gibt es kaum Geschäfte, Restaurants und evtl. auch keine öffentlichen Verkehrsmittel in der Umgebung.
- „Verkehrsgünstige Lage": Deutet auf Flughafennähe oder eine laute, viel befahrene Straße hin, an der das Hotel liegt.
- „Lage direkt am Meer": Bedeutet nicht unbedingt, dass das Hotel direkten Strandzugang hat.
- „Aufstrebender Urlaubsort": Möglicherweise viele Baustellen und Bauarbeiten.
- „Direktflug": Unwissende verstehen darunter gerne einen Nonstop-Flug, dabei bedeutet Direktflug eine Umsteigeverbindung.
- „Zimmer zur Meerseite": Vorsicht: Keine Garantie für einen Meerblick!
- „Zweckmäßig eingerichtet" und „Landestypischer Stil": Zimmer und Hotelanlage zumeist ohne Komfort, sehr einfach ausgestattet.

Mit Kindern nach Gambia reisen?

Badeurlaub in Gambia ist auch für Kinder eine feine Sache. Die Strände sind flach abfallend, wegen der Unterströmung sollten Kinder jedoch nicht unbeaufsichtigt im Meer baden. Achten Sie unbedingt auf ausreichend Sonnenschutz für Ihre Kleinen, und denken Sie auch an eine Malariaprophylaxe.

Viele Hotels bieten für Kinder ein abwechslungsreiches Animationsprogramm. Die Verpflegung ist eher unproblematisch, da oft Buffets angeboten werden. Einige Hotels haben die Zimmer mit praktischen Wasserkochern ausgestattet. Rundreisen sind für Kinder schnell anstrengend und langweilig. Sinnvoller ist, vor Ort einzelne Ausflüge nach Lust und Laune zu unternehmen. Wegen des angenehmen Klimas sind die Wintermonate zu empfehlen.

Übrigens: Gambier sind ausgesprochen kinderfreundlich – gerade durch Ihre Kinder werden Ihnen vermutlich viel Sympathie und Gastfreundschaft zuteil werden.

Nach Gambia als Frau alleine?

Alleinreisende Frauen können eine Gambiareise ebenso genießen wie Paare. Sie werden allerdings in der Öffentlichkeit, d. h. am Strand oder beim Bummeln, besonders hartnäckig von den "Bumstern" (s. S. 190) belagert, von denen viele auf ein sexuelles Abenteuer oder eine längere Affäre hoffen, die ihnen nicht nur Prestige verschafft, sondern auch als Sprungbrett nach Europa dienen könnte. Bumster können dabei regelrecht zur Plage werden. Da hilft nur, konsequent ablehnend zu bleiben und durch korrekte Kleidung in der Öffentlichkeit (keine knappen Shorts oder Miniröcke) Missverständnissen vorzubeugen. Frauen sollten einsame Strandwanderungen meiden, vor allem nach Einbruch der Dunkelheit.

Tipps für umweltschonendes Reisen

Das Umweltbewusstsein der Gesellschaft steigt, und die Diskussion um die Umweltschäden ist heute in aller Munde. Gerade Fernreisen belasten unser Ökosystem stark durch die lange Anreise per Flug und verschwenderisch luxuriöse Hotels. Zahlreiche Anbieter und Hoteliers berücksichtigen heute bereits den Umweltgedanken und stellen sich auf Nachhaltigkeit um. Alle Welt spricht jetzt von der Klimaneutralität – doch was bedeutet das eigentlich?

Klimaneutral ist eine Reise dann, wenn dieselbe Menge an Treibhausgasen (z. B. Kohlendioxid CO_2), die man verursacht hat, an anderer Stelle eingespart wird, wie durch die Anpflanzung von Bäumen. Ein Baum bindet bis zu 150 Kilo CO_2 pro Jahr.

Flugzeuge geben sehr viel CO_2 in großer Höhe ab, was dessen schädigende Wirkung verdreifacht. Eine Tonne CO_2 reicht bei Flugzeugreisenden für 3000 Kilometer, mit dem Auto 7000 km und mit der Bahn 17000 Kilometer. Jedoch: Allein die Verschmutzung durch die Computernutzung ist weltweit bisher noch höher als durch den gesamten Luftverkehr.

Was jeder Gast beitragen kann

- Fernreisen mindestens zwei Wochen, besser für drei Wochen planen, damit die Relation zwischen CO_2-Emission und Reisezeit vertretbar wird
- Kleine Pensionen verursachen bis zu zehnmal weniger Umweltschäden als Luxusresorts
- Ausgleichszahlungen bei Atmosfair oder Myclimate leisten, wodurch die verursachten Schäden beim Flug klimaneutral ausgeglichen werden (siehe unten)
- Mit wenig Gepäck reisen (das reduziert den Kraftstoffverbrauch beim Flug)
- Vor Ort öffentliche Verkehrsmittel anstelle eines Mietwagens nutzen
- Wandern! Die ökologischste und zugleich gesündeste aller Freizeitbeschäftigungen
- Eigene Wasserflasche zum Nachfüllen mitnehmen, anstatt ständig Plastikflaschen zu kaufen
- Lebensmittel aus der Region bevorzugen, Importwaren möglichst meiden
- Handtücher im Hotel mehrmals benützen und nicht ständig austauschen und waschen lassen
- Klimaanlagen und Ventilatoren nicht ständig laufen lassen, auch nicht in Fahrzeugen
- Wasserverbrauch reduzieren, z. B. beim Zähneputzen und Duschen

Um nicht künftig auf alle Urlaubsreisen verzichten zu müssen oder vor schlechtem Gewissen die Freude daran zu verlieren, gibt es Möglichkeiten, durch bewusste Verhaltensänderungen und durch aktive Ausgleichszahlungen einen positiven Beitrag zu leisten.

Die Idee ist, dass Flugreisende die durch ihren Flug verursachten Klimaabgase ausgleichen durch eine Geldzahlung, die in Solar-, Wasserkraft-, Energiespar- oder Biomasseprojekte in Entwicklungsländern investiert wird. Der gespendete Betrag sollte dabei die gleiche positive Klimawirkung erreichen, wie sie der Flug negativ belastet. Im Internet können Sie unter www.atmosfair.de Ihren Start- und Zielflughafen eingeben, und erhalten dann eine Berechnung der Klimaabgase für diesen Flug. Solche Ausgleichszahlungen sind ein sinnvoller Beitrag zur Schadensbegrenzung und zur Sensibilisierung für umweltschonendes Verhalten – leider sind erst wenige Reisende bereit, einen entsprechenden Betrag zu spenden. Dabei ist dies recht einfach: Viele Fluggesellschaften und Reiseveranstalter bieten die Zahlung gleich bei Buchung mit an, auch im Internet. Alternativ kann man dies auf der Website von www.atmosfair.de veranlassen oder eine Banküberweisung ausführen. Für einen Hin- und Rückflug nach Gambia in der Economy Class wird eine CO_2-Emission in Höhe von ca. 45 Euro angesetzt. Die Spenden werden zu 100 % vom Finanzamt anerkannt. Kontakt: Atmosfair GmbH: Kaiserstr. 201, 53113 Bonn, email: info@atmosfair.de, www.atmosfair.de.

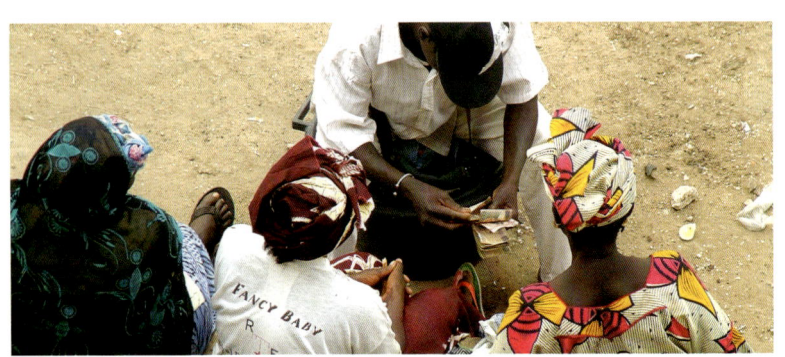

Die Landeswährung

Die gambische Währungseinheit ist der Dalasi. 1 Dalasi (D) entspricht 100 Bututs (b). Es gibt Münzen zu 1, 5, 10, 25 und 50 Bututs sowie zu 1 Dalasi (siebeneckig). Banknoten gibt es zu 5 Dalasi (rote Scheine), 10 Dalasi (grüne Scheine), 20 Dalasi (blau), 50 Dalasi (violett), 100 Dalasi (türkis) und 200 Dalasi (braun). Bututs sind im Alltag größtenteils verschwunden.

In der Vergangenheit war der Dalasi an das Britische Pfund gekoppelt, inzwischen orientiert er sich frei daran. Die Währung gilt für afrikanische Verhältnisse als stabil.

Bei Redaktionsschluss im Februar 2020 betrug der Wechselkurs 1 Euro = 55,63 Dalasi bzw. 100 D = 1,78 Euro.

Die Einfuhr der Landeswährung ist unbegrenzt möglich, die Ausfuhr bis 300 000 D erlaubt (außerhalb Gambias ist der Dalasi jedoch nicht konvertierbar). Die Einfuhr von Devisen ist unbeschränkt möglich.

Tipps: Wechseln Sie nicht zuviel Geld um, denn ein Rücktausch bedeutet fast immer Geldverlust, und heben Sie bis zur Ausreise alle Geldumtauschbelege auf, falls Sie beim Zoll danach gefragt werden sollten. Geldumtausch auf dem Schwarzmarkt ist streng verboten. Sammeln Sie kleine Dalasi-Noten, denn viele Händler haben kaum Wechselgeld.

Devisen und Zahlungsmittel

Bargeldbestände in Euros, Brit. Pfund und US-Dollar lassen sich problemlos in Dalasi wechseln; Schweizer Franken nur bei den Banken direkt. Neben den Banken bieten lizensierte Wechselstuben ihre Dienste an. Sie tauschen gegen einen schlechteren Kurs als die Banken, bieten dafür jedoch einen schnellen, unbürokratischen Service. Hotels wechseln meistens zu deutlich schlechteren Umtauschkursen als Banken. Vorsicht bei US-Dollar: In Gambia werden keine 100-Dollar-Noten mehr akzeptiert, die vor 2009 ausgegeben worden sind.

Kreditkarten (vor allem VISA, seltener Mastercard) werden in den meisten Hotels, Läden und vielen Restaurants an der Küste akzeptiert, nicht jedoch Maestro-Karten und Visa Electron. Debitkarten sind nur sehr bedingt verwendbar.

Im Küstenbereich findet man eine stetig wachsende Anzahl an **Geldautomaten**, an denen man mit einer Kreditkarte Bargeld ziehen kann (im Landesinneren nur in Städten wie Soma, Brikama, Farafenni und Basse Santa Su). Im ganzen Land sind die Geldautomaten nicht sehr zuverlässig, zudem werden oft hohe Gebühren berechnet. Man sollte sich nie allein darauf stützen, sondern grundsätzlich zusätzlich Bargeld dabei haben.

Gesundheitsvorsorge

Da zwischen Gambia und den deutschsprachigen Staaten kein Versicherungsabkommen besteht, empfiehlt sich der Abschluss einer Reisekrankenversicherung. In der Regel wird man die Arztkosten erst einmal selbst bezahlen müssen und reicht die aussagekräftigen Belege nach der Rückkehr beim Versicherer ein.

Vor einer Reise nach Gambia empfiehlt sich ein Besuch beim Tropenarzt, besonders wenn es sich um Ihre erste Reise ins tropische Ausland handelt.

Malaria

Malaria ist eine Blutinfektion, die durch den Stich der infizierten weiblichen Anopheles-Mücke übertragen wird. Während die Mücke Ihr Blut abzapft, dringen die Malariaparasiten in die Blutbahn und wandern in die Leber. Dort vermehren sie sich, werden von Zeit zu Zeit ausgeschüttet (Fieberattacke) und zerstören die roten Blutkörperchen. Es gibt vier Malariaarten: Malaria Tertiana, Malaria Quartana, Malaria Ovale und Malaria Tropica. Die drei ersten Arten verbleiben in der Leber und können bei Nichtbehandlung zur chronischen Erkrankung führen. Lebensgefährlich, und leider auch die häufigste Erkrankung in Afrika, ist die Malaria Tropica.

In Gambia ist Malaria ganzjährig besonders im Landesinneren verbreitet. Während und nach der Regenzeit ist das Risiko erhöht, in den trockenen Wintermonaten deutlich geringer. Die Zimmer der Camps im Hinterland sind daher mit Moskitonetzen über den Betten ausgestattet. In den Badehotels an der Küste sind üblicherweise an den Fenstern Moskitonetze angebracht. Es ist daher wichtig, die Terrassen- und Balkontüren abends geschlossen zu halten.

Der beste Schutz vor Malaria ist die Vorbeugung: Mückenstiche vermeiden, mit Insektenschutzmitteln einreiben, Moskitospiralen verwenden, abends lange Kleidung tragen, unter einem Moskitonetz schlafen. Medikamente zur Vorbeugung (Prophylaxe): **Chloroquin** (Resochin), **Proguanil** (Paludrine, nur in Kombination mit Chloroquin einsetzbar und zudem hohe Resistenzen), **Mefloquin** (Lariam, sehr starke Nebenwirkungen, aber gute Wirksamkeit), **Atovaquon / Proguanil** (Malarone, häufig verschrieben sowohl als Chemoprophylaxe als auch als Standby-Medikament), **Artemether / Lumefantrin** (Riamet, ein Kombinationspräparat) und **Doxycyclin** (Antibiotikum). In Afrika wird auch noch Sulfadoxin-Pyrimethamin (Fansidar) eingesetzt, das in Deutschland nicht mehr zugelassen ist. Viele Reisende, vor allem Viel- und Langzeitreisende, bevorzugen, auf eine medikamentöse Vorbeugung zu verzichten und dafür ein Standby-Medikament mitzunehmen, welches bei malariaverdächtigen Symptomen eingenommen wird.

Kommt es zu einer Malariainfektion, treten erste Symptome 8 bis 20 Tage nach dem Mückenstich auf. Typisch sind hohe Fieberanfälle, die nach einigen Stunden wieder abklingen, und Kopf- und Gliederschmerzen, aber auch Brustschmerzen und Schüttelfrost-Schwitzanfälle.

Da eine Prophylaxe das Ausbrechen der Malaria unter Umständen nur verzögert, kann es auch noch Wochen nach der Rückkehr aus Gambia zur Erkrankung kommen. Wenden Sie sich deshalb bei fiebrigen Krankheitsanzeichen sogleich an einen Tropenfacharzt, um eine mögliche Fehldiagnose zu vermeiden. Außerdem sollten Sie bei Krankheitsfällen Ihren Arzt auch noch nach Monaten auf die zurückliegende Urlaubsreise aufmerksam machen.

Gesundheitsvorsorge

Bilharziose (Schistosomiasis)

Die chronische Infektionskrankheit kann man sich in stehendem oder leicht fließendem Süßwasser mit Uferbewuchs einhandeln, weil in dieser Umgebung eine spezielle Wasserschnecke, die als Zwischenwirt der Erreger fungiert, lebt. Als winzige Larven spüren diese Erreger im Wasser menschliche Haut auf und durchdringen sie unbemerkt. Über die Venen nisten sie sich im Darm oder der Blase ein. Die Symptome sind Fieber, Schwachheit und erst sehr spät blutiger Urin. Bei Touristen wird eine Erkrankung meistens erst bemerkt, wenn routinemäßig nach einer Fernreise eine Untersuchung gemacht wird. Die Behandlung besteht aus einer Einmaldosierung mit dem Medikament Biltricide.

Da Urlauber eigentlich nur im Atlantik oder Hotelpool baden, und die Krankheitserreger in Salzwasser nicht lebensfähig sind, ist man als Tourist in Gambia ohnehin kaum gefährdet, an einer solchen Schistosomiasis-Infektion zu erkranken. Wichtig ist, nicht im Süßwasserbereich des Gambia und anderer Flüsse zu baden.

Gelbsucht / Leberentzündung

Die Leberinfektion Hepatitis A wird durch mangelnde Hygiene und infizierte Nahrungsmittel (Wasser, Salate, Obst) übertragen, ist nicht lebensbedrohlich, aber sehr langwierig in der Ausheilung. Zur Vorbeugung gibt es eine passive Immunisierung für einige Monate durch Injektion von Immunglobulinen (Stärkung des Immunsystems). Die Mehrfachinjektion mit dem Impfstoff Havrix ist zwar teuer, gewährt aber Vollschutz für bis zu zehn Jahre.

Gelbfieber

Die schwere Leberinfektion wird durch die Aedes-Stechmücke übertragen. Die Inkubationszeit beträgt 3 bis 6 Tage, die Symptome sind Erbrechen, Kopf- und Gliederschmerzen. Durch eine Schutzimpfung kann man sich lebenslang vor der Krankheit schützen. Gambia ist lt. WHO ein Gelbfiebergebiet. Eine Schutzimpfung wird daher empfohlen, sie ist aber nur bei der direkten Einreise aus einem Infektionsgebiet (z. B. Ostafrika) vorgeschrieben. Individualreisende, die auf dem Landweg einreisen oder einen Ausflug nach Senegal planen, werden an den Grenzen häufig nach dieser Impfung gefragt.

Cholera

Die Bazillus-Infektion überträgt sich durch unzureichende Hygieneverhältnisse und unsauberes Wasser. Sie gilt als Armutskrankheit. In sehr unterentwickelten Lebensbereichen (Slums) breitet sie sich schnell als Epidemie aus, in hygienisch einwandfreier Umgebung kommt sie praktisch nicht vor. Das Infektionsrisiko eines Touristen wird daher nur auf 1:500 000 geschätzt. Die Symptome sind starker Durchfall mit Erbrechen und Bauchkrämpfen, die Behandlung erfolgt mittels Antibiotika. Die Schutzimpfung gilt als umstritten, wenig wirksam und kann unangenehme Nebenwirkungen haben.

Weitere Krankheiten

Tollwut wird durch den Biss eines infizierten Tieres auf Menschen übertragen. Der beste Schutz ist Vorbeugung. Für Risikopersonen wie medizinisches Personal und NGO-Mitarbeiter bei Hilfsprojekten empfiehlt sich eine Schutzimpfung.

Die Infektionskrankheit **Typhus** wird auf ähnliche Weise wie die Cholera ausgelöst. Es gibt eine Schluckimpfung mit Impfschutz von etwa einem halben Jahr.

Polio und **Tetanus** sind gefährliche Krankheiten, die in Europa ebenso vorkommen. Davor sollte man sich auch ohne Afrikareise schützen (alle zehn Jahre).

Zusammenstellung einer Reiseapotheke

Vorschläge zum Inhalt einer Notfallapotheke gemäß Bayerischem Gesundheitsamt

Beschwerden	Substanz (Medikament)
Fieber, Entzündung, Schmerzen	Paracetamol, Acetylsalicylsäure (Aspirin)
Insektenstiche	diverse Repellentien, Chlorphenoxamin-Creme
Kreislaufanregung	Etilefrin, Norfenefrin
Durchfall	Elektrolyt-Glukose-Präparate, Hefe-Präparate, Loperamid (Imodium)
Erbrechen & Übelkeit	Metoclopramid (Paspertin)
Bauchkrämpfe	Butylscopolamid
Augenentzündung	Tetrazyklin-Augentropfen
Harnwegsinfektionen	Antibiotika, Nieren-Blasen-Tee
Ohrenentzündung	Acetylsalicylsäure (Aspirin), Phenazon

Außerdem: Kleine Schere, Sicherheitsnadeln, Rasierklinge, Fieberthermometer, Pinzette, Pflaster, Verbandszeug, Desinfektionsmittel, ggf. Allergie- und Magentabletten, ein Magnesiumpräparat, evtl. Einwegspritzen und alle Medikamente, die Sie regelmäßig einnehmen.

Aids und andere sexuell übertragbare Krankheiten sind in Gambia sehr verbreitet. Wer sexuelle Abenteuer nicht ausschließt, sollte unbedingt zumindest Kondome benützen!

Im Hinterland kommen vereinzelt die **Schlafkrankheit** übertragende Tsetsefliegen vor. Von Zeit zu Zeit tritt auch das **Denguefieber** in Westafrika auf.

Da sich die empfohlenen Vorsorgemaßnahmen schnell ändern können, empfehlen wir, etwa 6–8 Wochen vor Reiseantritt bei einem Tropenfacharzt bzw. den Tropeninstituten in Berlin (Tel. 030-301166), München (Tel. 089-21803517), Heidelberg (Tel. 06221-562905), Tübingen (Tel. 07071-2060) oder Hamburg (Tel. 040-311820) nach aktuellen Informationen zu fragen. Für den beratenden Arzt wird nicht zuletzt die Reisezeit und das Reiseprogramm (Badeurlaub oder Reise ins Hinterland) von Bedeutung sein.

Siehe auch: Gesundheitstipps auf S. 189.

Empfehlung zur Reisevorsorge

• **Ärztliches Gespräch** suchen bzgl. individueller Gesundheitsrisiken und der aktuellen reisemedizinischen Empfehlungen. Reisemedizinische Informationen erhalten Sie auch im Internet: www.fit-for-travel.de, www.reisevorsorge.de, www.rki.de, www.meine-gesundheit.de, www.bctropen.de, www.gesundes-reisen.de, www.travelmed.de, oder beim Centrum für Reisemedizin CRM: Tel. 0211-904290, Fax 9042999, www.crm.de.

• Zusammenstellen einer kleinen **Reiseapotheke** für unterwegs (siehe oben).

• Abschluss einer **Auslandsreisekrankenversicherung** mit Rückholservice und uneingeschränkter Kostenübernahme. Sie wird von zahlreichen Versicherern angeboten, die Jahresgebühren sind mit rund 28 Euro sehr günstig. Vergleichen Sie vor Abschluss die Leistungen. Wichtig sind ein kostenloser Rückholservice (wenn ärztlich empfohlen) und die Erstattung möglichst hoher Bergungskosten.

Anreisevarianten

Internationale Flugverbindungen

Banjul (Code BJL) wird täglich von diversen Linien- und Charterfluggesellschaften angeflogen. Die reine Flugzeit zwischen Mitteleuropa und Gambia beträgt etwa sechs Stunden.

Pauschalreisende fliegen in der Regel mit einer Charterfluggesellschaft nach Gambia, z. B. Corendon Airlines. Darüber hinaus gibt es Angebote mit sog. Billigairlines wie Vueling Airlines und Ryanair. Linieflüge werden u. a. von Royal Air Maroc, Air France und Brussels Airlines angeboten.

Die belgische Brussels Airlines (SN), an der die Lufthansa eine Beteiligung hält, fliegt mehrmals wöchentlich von Brüssel direkt nach Banjul. Die Anschlussflüge von den deutschen Flughäfen werden dabei von Lufthansa durchgeführt.

Der Reiseveranstalter FTI arbeitet z. B. mit „Turkish Airlines" zusammen und mietet zudem Flugzeuge der türkischen Corendon Airlines im Vollcharter an.

Air Senegal bedient innerafrikanische Strecken wie zwischen Dakar und Banjul.

Auch ohne Pauschalarrangement kann man bei den Fluggesellschaften direkt Flüge buchen. Hilfreich sind Reisebüros und Online-Anbieter wie www.expedia.de.

Oben: Ein Frachter im Hafen von Banjul
Unten: Fahrradverleih in Kotu

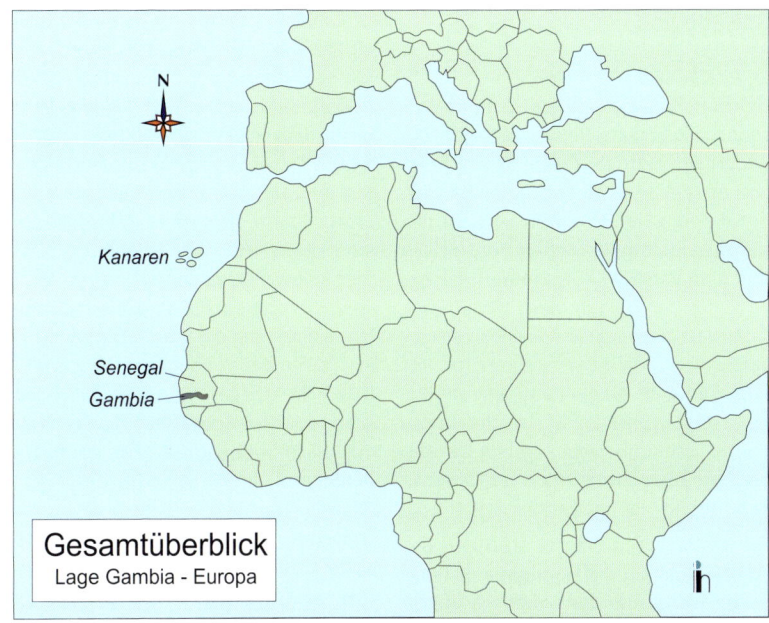

Gesamtüberblick
Lage Gambia - Europa

Anreise auf dem Landweg

Zwischen Dakar und Barra/Banjul fahren täglich mehrere Expressbusse. Die Fahrtzeit beträgt ca. 5–7 Stunden.

Auch von Ziguinchor im Süden Senegals bestehen regelmäßige Minibus-Verbindungen nach Gambia.

Es gibt keine Bahnverbindungen.

Wer mit eigenem Fahrzeug auf dem Landweg nach Gambia einreist, hat schon einige westafrikanische Grenzen bewältigt und kennt daher die erforderlichen Bescheinigungen. Neben den persönlichen Dokumenten sind vor allem der Internationale Führerschein, das Zolldokument Carnet de Passages (dieses stellt der ADAC in München aus) und die Internationale Zulassung mitzuführen.

Der zollfreie Aufenthalt beträgt maximal drei Monate. In Gambia besteht außerdem Kfz-Versicherungspflicht.

Grenzübergänge nach Senegal

Im Norden:	Amdallai – Karang
	Farafenni – K. Ayip
Im Süden:	Basori – Seleti
	Soma – Senoba
	Sabi – Badiara

Anreise mit dem Schiff

Die regelmäßigen Frachtverbindungen zwischen Hamburg, Rotterdam und Banjul werden gelegentlich auch von Passagieren genutzt. Bei Interesse an einer Mitfahrgelegenheit oder Autoverschiffung wendet man sich an:

• Hamburg-Süd Frachtschiffreisen:
Willy-Brandt-Straße 59-61, 20457 Hamburg
Tel. 040-37052491, Fax 37052420,
www.hamburgsued-frachtschiffreisen.de
• NAVIS GmbH:
Billhorner Kanalstr. 69, 20539 Hamburg
Tel. 040-789480, Fax 78948513,
www.navis-ag.com

Reisebeginn

Empfehlungen fürs Gepäck

Geld und Reisedokumente: Gültiger Reisepass; Flugtickets, Reiseunterlagen, bei Bedarf ein Internationaler Führerschein. Von offiziellen Dokumenten sollte man Fotokopien dabei haben und an getrennten Plätzen verwahren. Für Notfälle hält man wichtige Rufnummern bereit, z. B. die Servicenummern der Kreditkarteninstitute und der Auslandskrankenversicherung. Wir raten, einen Teil der **Reisekasse** als Bargeld und eine Kreditkarte mitzuführen. Persönliche Dokumente, Zahlungsmittel, mobile Geräte, die Fotoausrüstung und Medikamente gehören ins Handgepäck.

Bitte beachten Sie die strengen Bestimmungen für das **Handgepäck**: Fluggäste dürfen nur sehr kleine Mengen Flüssigkeiten im Handgepäck mitführen. Der Behälter darf max. 100 ml Fassungsvermögen haben und muss in einem transparenten, verschließbaren (z. B. ZIP-Verschluss), max. 1 l fassenden Plastikbeutel transportiert werden. Diesen Bestimmungen unterliegen alle flüssigen, cremigen, gelartigen und schaumigen Substanzen. Während des Fluges benötigte Medikamente wie Insulin dürfen mitgeführt werden; lassen Sie sich dafür aber vorab eine ärztliche Bescheinigung ausstellen.

Zusätzlich sollte man ein paar Euro-Münzen einstecken, um bei Charterflügen ggf. Bier oder Wein zu bezahlen sowie evtl. einige Ein-Dollar-Noten für die Kofferträger bei der Ankunft in Gambia.

Kleidung: Leichte Baumwollkleidung, wie sie in Europa im Sommer getragen wird, eignet sich für einen Aufenthalt in Gambia bestens. Tagsüber ist atmungsaktive Strand- und Freizeitkleidung angebracht, für kühlere Abende empfehlen wir eine leichte Jacke oder Sommerpullover. Viele Räume werden durch Klimaanlagen stark gekühlt. Ein Halstuch hilft gegen Zugluft bei Ausflügen, im kühlen Flugzeug und bei starken Klimaanlagen. Für Unternehmungen im Landesinneren empfehlen wir leichte Baumwollhosen und Hemden sowie Sommerkleider und einen Sonnenhut oder eine Kappe als Sonnenschutz. Während der Regenzeit sind eine dünne Regenjacke oder ein kleiner Schirm nützlich. „Oben ohne" oder Stringtangas sind in Gambia nicht gerne gesehen, weder am Strand noch am Hotelpool. In Luxushotels wird nach Sonnenuntergang gepflegte Kleidung erwartet: keine Badekleidung, keine Flipflops und auch keine Shorts für die Herren. Dennoch sind Jackett und Krawatte nicht erforderlich.

Für Ausflüge aller Art ist ein kleiner Tagesrucksack sehr praktisch. Abends ist eine Taschenlampe manchmal hilfreich, z. B. in den kleinen Camps im Landesinneren. Ausreichend Sonnenschutzcreme, eine gute Sonnenbrille, Badeschlappen und Insektenschutzmittel sollten auch nicht fehlen.

Packen Sie nicht zuviel ein – man kann seine Kleidung im Hotel waschen oder sich schöne Kleidungsstücke nähen lassen. Für Badeurlauber eignet sich als Gepäckstück ein Koffer am besten. Für Ausflüge mit Übernachtungen sollte man zusätzlich eine unempfindliche, kleine Reisetasche mitnehmen (das restliche Gepäck verbleibt inzwischen im Hotel).

Wenn Sie **Geschenke** mitbringen möchten, eignen sich Kugelschreiber, Malstifte, Schreibblöcke und Nähzeug am besten. Falls Sie Bekanntschaften schließen, wäre es nett, ein paar Fotos von Zuhause vorzeigen zu können. Menschen, die im touristischen Bereich tätig sind, machen Sie

Fit den Flug überstehen

Der menschliche Organismus braucht pro Stunde Zeitverschiebung einen ganzen Tag, um sich zu erholen und auf die veränderte Ortszeit einzustellen. Gambia ist für Reisende aus Mitteleuropa eine gesundheitsfreundliche Destination, da je nach Jahreszeit nur ein oder zwei Stunden Zeitverschiebung bestehen. Die typischen Symptome eines Jetlags wie Schlafprobleme, Appetitmangel und Kopfschmerzen sind daher bei Gambia-Reisenden selten.

Es fällt dem menschlichen Körper leichter, einen Tag um einige Stunden zu verlängern, als ihn künstlich zu verkürzen. Den Hinflug nach Gambia empfindet unser Körper also als weniger anstrengend als den Rückflug in die europäische Heimat.

Folgende Tipps helfen, den Körper umzustellen
- Zwei Tage vor dem Flug die Schlafzeiten in Richtung der neuen Zeit verschieben (d. h. etwas später zu Bett gehen)
- Vor und während des Fluges Kaffee, Tee, Alkohol und Nikotin meiden, aber viel Wasser trinken
- Nach der Ankunft sollte man sogleich möglichst viel Tageslicht aufsuchen, denn das senkt den Melatoninspiegel und reduziert die Tagesmüdigkeit
- Leichte körperliche Tätigkeiten wie Spaziergänge sind ideal nach der Ankunft im Hotel

eine besondere Freude mit einem Deutsch-Englisch-Wörterbuch.

Sonstiges: Fotoausrüstung mit Ersatzbatterien und Akkus, ausreichend Filmmaterial bzw. Speicherkarten, Ladegerät für Kameraakkus, Fernglas, Sonnenbrille, Kopfbedeckung, Nähzeug, Wörterbuch, Landkarten, Reiseführer, Lesestoff, Schreibzeug, Kosmetikartikel, Hautlotion, Ersatzbrille, Handwaschmittel, Uhr, Badetasche, Flaschenöffner, Korkenzieher und evtl. ein Adapter für Steckdosen (siehe *Stromversorgung*).

Für Touren ins Landesinnere: Taschenlampe, Zündhölzer, Taschenmesser, evtl. Mikropur-Tabletten zur Entkeimung des Trinkwassers und eine Wasserflasche (ist nicht notwendig, wenn man sich mit Mineralwasserflaschen versorgt), Toilettenpapier und eine robuste Reisetasche für die Ausflüge.

Tipp: Ein eigenes Strandhandtuch erspart Ärger, wenn die hoteleigenen Badetücher ausgegangen sind.

Siehe auch die Tipps zur Kleiderordnung bei den „Informationen von A bis Z" und zur Reiseapotheke auf S. 177.

Die Ankunft in Gambia: Formalitäten am Flughafen

Gambias Internationaler Flughafen Yundum liegt 24 km südöstlich von Banjul. Der Komplex, 1996 zu einem der modernsten Flughäfen Westafrikas ausgebaut, platzt inzwischen aus allen Nähten, und wird daher derzeit deutlich erweitert.

Bei der Ankunft muss man zuerst eine Einreisekarte ausfüllen. Diese Karten werden manchmal schon im Flugzeug verteilt. Die Passformalitäten am Boden laufen routiniert, höflich und zügig ab. Gelegentlich röntgen die Zöllner das Gepäck der Neuankömmlinge.

Am Flughafen befinden sich in der Ankunftshalle verschiedene Bankfilialen zum Geldwechseln, es gibt hier auch einen Geldautomaten für VISA-Kreditkarten.

Die Kofferträger, die das Gepäck zu den Transferbussen oder Taxis bringen, sind daran gewöhnt, europäische Münzen oder Dollarnoten als Trinkgeld zu erhalten (ca. 1 Euro pro Person). Die Fahrtzeit zu den Badehotels über den "AU Highway" beträgt etwa 15–30 min.

Infos — Mietwagen

Unterwegs in Gambia: Mobil sein vor Ort

Mietwagen

Das Mietwagenangebot ist in Gambia eher spärlich und beschränkt sich auf die Küstenregion. Viele Touristen scheuen schlechte Straßen, unzureichende Beschilderung, kaum kalkulierbare Wartezeiten an den Fähren und die vielen Polizeikontrollen. Und das Taxinetz ist so dicht, dass man individuelle Ausflüge bestens organisieren kann. Doch kann ein eigener Mietwagen vorteilhaft sein. Vorsichtige Reisende lassen sich von einem einheimischen Fahrer chauffieren.

Die meisten Mietwägen sind japanische Marken. In Gambia werden sie in der Regel mit begrenzten Freikilometern abgegeben, und die Preise beinhalten eine Haftpflichtversicherung mit Selbstbehalt. Teilweise kommt eine Einweggebühr für den Transfer vom/zum Hotel oder Flughafen dazu. Es ist möglich, einen Mietwagen mit Chauffeur zu reservieren, der, basierend auf einem 8-Stunden-Tag 800–1100 Dalasi pro Tag kostet, bei Fahrten nach Senegal 2000 Dalasi pro Tag. Wahlweise kann man zusätzlich eine Diebstahlversicherung (TW: Theft Waiver) und eine Unfallversicherung (PAI: Personal Accident Insurance) abschließen.

Man kann einen Mietwagen zwar auch mit dem nationalen Führerschein erhalten, doch ist es wegen der vielen Polizeikontrollen sehr ratsam, einen Internationalen Führerschein mitzubringen. Das Mindestalter des Fahrers beträgt je nach Anbieter und Fahrzeugtyp zwischen 18 und 24 Jahren. Bei Vertragsabschluss wird eine Kaution eingefordert, die am einfachsten über eine Kreditkarte abzuwickeln ist.

Rechnen Sie bei Mietwagen mit Tagessätzen ab 28 Euro (inklusive 15 % Tax), mit Klimaanlage etwas mehr. Allradfahrzeuge wie Mitsubishi Pajero 4X4, kosten mindestens 60 Euro pro Tag mit 50 Freikilometern, Minibusse etwa 80 Euro.

Tipp Lassen Sie sich die Haftpflichtversicherungspolice in Kopie oder Original aushändigen, denn sie muss bei Straßenkontrollen vorgelegt werden. Der Mietwagen sollte mit mindestens einem Ersatzreifen, Wagenheber und Radmutternschlüssel ausgestattet sein. Achten Sie auch auf eine gute Bereifung des Fahrzeugs.

Info An vielen Distriktgrenzen wird von sog. Commercial Cars eine Art Quellensteuer in Höhe von 5–10 Dalasi pro Tag erhoben. Mietwagen und Taxis fallen auch darunter

Oben: Eine gut getarnte männliche Siedleragame

Tipps für Autofahrer

- Erlaubte Höchstgeschwindigkeit in Ortschaften: 50 km/h. Erlaubte Höchstgeschwindigkeit auf Hauptstraßen: 90 km/h.
- Das Tankstellennetz ist in der Umgebung Banjuls sehr gut. Im Landesinneren befinden sich nur in den größeren Ortschaften Tankstellen (z. B. in Barra, Brikama, Soma, Farafenni, Bansang und Basse Santa Su).
- Straßenkontrollen der Polizei sind häufig, insbesondere im Landesinneren. Bei jedem Checkpoint muss gestoppt werden und erst nach einem Handzeichen darf man weiterfahren. Reisepass, Führerschein und Autoversicherung werden gerne überprüft, manchmal sogar der Kofferraum nach Drogen untersucht. Grüne Tourist Taxis und die Kleinbusse der örtlichen Reiseveranstalter werden deutlich weniger kontrolliert.
- Etwa 500 km mehr oder weniger gute Teerstraßen gibt es im Lande, der Rest sind Laterit- und Erdpisten (siehe *Straßenzustand*). Nach Regenfällen sind Erdstraßen oft gefährlich glitschig.
- Benzin kostet ca. 0,90 Euro pro Liter, Diesel 1,10 Euro. Auf Sandstraßen ist der Spritverbrauch höher als auf Teerstraßen.
- In Gambia herrscht Rechtsverkehr.
- Wenn Sie noch keine Pistenerfahrung haben, tasten Sie sich vorsichtig an die ungewohnten Bedingungen heran, damit das Abenteuer Spaß macht und nicht zum teuren Lehrstück wird. Pistenfahrten ermüden stärker, da sie die volle Konzentration erfordern. Nehmen Sie sich daher auch nicht zu große Tagesetappen vor.
- Fahren Sie grundsätzlich defensiv und vorsichtig. Unerwartete Schlaglöcher, unbefestigte Randstreifen und freilaufende Tiere erfordern Ihre ganze Aufmerksamkeit. Vermeiden Sie Nachtfahrten. Viele einheimische Fahrzeuge fahren ohne Licht, und Menschen und Tiere sind in der Dunkelheit kaum zu erkennen.
- In Gambia ist es üblich, bei Autopannen statt Warndreiecken Zweige an den Straßenrand zu legen. Diese bleiben oft auch dann noch liegen, wenn das hängengebliebene Fahrzeug schon lange fort ist.
- Bei den stark frequentierten Autofähren (besonders Banjul–Barra) genießen Touristen keine bevorzugte Abfertigung. Rechnen Sie mit langen Wartezeiten!

Bahn und Flug

Innerhalb Gambias existieren weder Bahnverbindungen noch regelmäßige Inlandflüge. Die Landebahnen im Landesinneren können von gecharterten Kleinflugzeugen angeflogen werden.

Fähren

Entlang des Trans-Gambia-Highway, der wichtigsten Verkehrsachse im Landesinneren, wurde Anfang 2019 zwischen Farafenni und Soma die erste Brücke über den Gambia eröffnet. Sie ist fast 2 km lang, Maut- und ausweispflichtig (250 D/Auto). Darüber hinaus halten nur einige Fähren die Verbindung zwischen dem Nord- und dem Südufer am Gambia aufrecht. An fünf Stellen kann man mit dem Auto übersetzen, ansonsten verkehren nur kleinere, in der Regenzeit oft eingeschränkt fahrbereite Passagierfähren. Vorsicht: An den Autofähren sollte man nur mit Einverständnis der Fährleute fotografieren.

Autofähren über den Gambia

- Banjul–Barra: ab Banjul zweistündlich zwischen 7 und 19 Uhr, ab Barra zwischen 8 und 18 Uhr, 30–50 Min. reine Fahrtzeit, Personen 30 D, Fahrzeuge ab 600 D. Meistens sehr starker Andrang und lange Wartezeiten.
- Janjanbureh: Von der Insel zum Nordufer hält eine ältere kleine Motorfähre de, S. 138).
- Bansang und Bassa Santa Su: Jeweils eine kleine Motorfähre, täglich ganztags.
- Fatoto: Fern im Osten Gambias verkehrt eine kleine handbetriebene Fähre.

Taxis

Es gibt in Gambia drei verschiedene Taxi-Kategorien. **Buschtaxis** nennt man einfache Privatautos und Minibusse, die bei Festpreisen auf festgelegten Routen Passagiere aufsammeln. Sie sind nur geringfügig teurer als Busse, garantieren dafür einen Sitzplatz und sind häufig schneller. Abfahrtsort und Umkehrpunkt sind bekannte Taxi-Parkplätze, wo alle paar Minuten ein Sammeltaxi startet. Es gibt keine festen Abfahrtszeiten und unterwegs wird überall angehalten, wo jemand zu- oder aussteigen will. Der Fahrpreis von 8–12 D pro Person wird während oder am Ende der Fahrt bezahlt. Wer ein Sammeltaxi benützen möchte, zeigt dies am Straßenrand durch den ausgetreckten Arm an.

Etwas ungewohnt für Europäer sind die **gelben Town Taxis**. Hier muss man stets den Preis vorher aushandeln. Der Taxifahrer ist außerdem berechtigt, während der Fahrt weitere Gäste aufzunehmen. Wer das nicht möchte, muss einen Zuschlag bezahlen. Town Taxis erkennt man an der gelben Farbe mit zwei grünen Querstreifen. In Banjul, Serekunda und Bakau sind sie häufig, in den Touristenzentren von Kotu und Kololi dürfen sie nur Gäste abladen, jedoch nicht aufnehmen (reserviert für Tourist Taxis).

Ihre Preise sind moderat: Bakau–Banjul ca. 250 D, Bakau–Kololi 200–250 D, Ausflug Abuko und Lamin Lodge 500–650 D.

Für den Fremdenverkehr wurden sog. **Tourist Taxis** eingeführt. Die grün lackierten, lizensierten Fahrzeuge sind meistens vor den Hotels stationiert und werden von einem *Controller* überwacht. Diese Taxis sind registriert (an der Frontscheibe muss eine Lizenzkarte angebracht sein) und sie unterliegen staatlicher Kontrolle. Die mindestens doppelt so hohen Preise gegenüber den gelben Town Taxis sind vor den Hotels auf großen Schautafeln angeschlagen. Vorsicht: Es handelt sich hierbei um unrealistisch hohe Richtwerte, auch wenn die Taxifahrer gerne von Festpreisen sprechen! Jeder Preis sollte vor der Fahrt ausgehandelt werden. Im Nahbereich besteht etwa 25–45 % Handelsspielraum, bei Fernstrecken sogar mehr. Nach 20 Uhr abends fallen 20 % Nachtzuschlag an. Die Absicht vieler Touristentaxifahrer ist es, den Gästen bei Ausflügen zugleich als Fremdenführer zu dienen. Bei Ausflugsfahrten beinhalten die Preise eine Wartezeit von zwei Stunden am Zielort, z. B. für einen Restaurantbesuch, einen Naturpark oder ein Museum. Tourist Taxis werden bei den Polizeikontrollen weniger behelligt.

Busverbindungen

Das staatliche Busnetz mit festen Routen zwischen Banjul und dem Landesinneren ist vor Jahren zusammengebrochen. Seither fahren keine Expressbusse mehr in Gambia, sondern ausschließlich überfüllte, langsame Überlandbusse mit unregelmäßigen Abfahrtzeiten und Strecken.

Schifffahrt auf dem Gambia River

Seit dem Untergang der beliebten *Lady Chilel Jawara* im Jahre 1984 gibt es auf dem Gambia keine Linienschifffahrt mehr. Obwohl der Fluss bis Kuntaur (240 km landeinwärts) auch für große Seeschiffe passierbar ist, besteht nahezu kein Flussverkehr. Mehrtägige Yachtcharterreisen werden zwischen der Lamin Lodge und Janjanbureh angeboten. Eine Flusskreuzfahrt auf dem Gambia ab/bis Dakar in Senegal bietet Ikarus Tours an (S. 209).

Oben: Touristen-Piroge; Kappengeier
Links: ein grünes Tourist Taxi und ein gelbes Town Taxi

Praxistipps für Gambia

Handeln – wie man richtig einkauft
Supermärkte und Hotelläden haben Festpreise. Ansonsten wird in Gambia der Preis von Souvenirs und Andenken aller Art ausgehandelt. Das ist gängige Praxis und macht den Beteiligten in aller Regel Spaß. Feilschen ist also kein Zeichen von Geiz, sondern sozusagen des Käufers Verpflichtung. Die Preise sind sehr variabel und hängen von der Tagesstimmung und der aktuellen finanziellen Situation des Händlers ab. Gambier sind äußerst geschickte Kaufleute, die eine Menge Show bei den Verhandlungen einsetzen und viel Menschenkenntnis beweisen.

Wieviel man jeweils vom angebotenen ersten Preis herunterhandeln kann, lässt sich nicht pauschal sagen. Die oft empfohlene Richtlinie, dass der reelle Preis ca. 50–70 % des ersten Angebots betragen würde, trifft auf die Touristenzentren Gambias nicht mehr zu. Hier sind die Preise durch allzu viele ahnungslose Urlauber teilweise astronomisch in die Höhe geschnellt. Man kann in Banjul den zehnfachen Preis des reellen Wertes genannt bekommen (z. B. im Albert Market) und an der nächsten Straßenecke plötzlich den ehrlichen Einheimischenpreis erhalten, der kaum noch Spielraum für das Handeln lässt. Hier hilft einfach nur Fingerspitzengefühl. Am besten fragt man verschiedene Händler auf unterschiedlichen Märkten nach den Preisen für die interessanten Artikel. So erhält man eine Vorstellung vom Preisniveau. Oberste Regel sollte sein, niemals am ersten Reisetag einzukaufen. Wenn ein Händler Sie schon vom Sehen kennt, traut er Ihnen eher eine realistische Preiseinschätzung zu als einem bleichgesichtigen Neuankömmling.

Wenn Sie geschickt handeln wollen, brauchen Sie Zeit, ein wenig Schauspielkunst und möglichst Routine im Ritual des Feilschens. Sie sollten sich immer erst einen Preis nennen lassen. Setzen Sie nun Ihren Preis deutlich niedriger an, als Sie zu zahlen bereit sind, denn jetzt wird zwischen dem geforderten und Ihrem gebotenen Preis weiter verhandelt. Der Händler wird die Hände über dem Kopf zusammen schlagen, Empörung zeigen und von seinem Ruin jammern. Spielen Sie mit, markieren Sie den Desinteressierten, und wenn Sie zu zweit sind, kann Ihr Partner durch scheinbares Drängen zum Weitergehen die Verhandlungen beschleunigen. Nähern Sie sich nur langsam an die Summe, die Sie zu zahlen bereit sind, an. In der Hochsaison, bei gesicherter Nachfrage, handelt es sich schwieriger. Da stellt sich ein Händler eher die Frage, ob er das begehrte Stück bei geringerem Profit abgibt, oder ob er lieber auf den nächsten Touristen wartet, der vielleicht viel mehr dafür bezahlt.

Sie werden vermutlich nicht erfahren, ob Sie einen ordentlichen Preis bezahlt haben, oder ob sich der Händler insgeheim ins Fäustchen lacht. Man kann aber davon ausgehen, dass ein Händler nur dann verkauft, wenn er noch etwas daran verdient, denn Verluste wird er freiwillig nicht machen. Ein guter Kaufabschluss ist der, bei dem beide anschließend ein zufriedenes Gefühl haben.

Dass die Preise verhandelbar sind, gilt selbst für die grünen Tourist Taxis, obwohl die Fahrer gerne auf „offizielle" Preisaushänge hinweisen.

Bild rechts: Souvenirstände in einem Hotel in Bakau

Betteln und Spenden – die Begegnung mit der Armut

Gambia ist ein sehr armes Land. Der Luxus, in einem fremden Land Urlaub zu machen, ist für die meisten Afrikaner unvorstellbar. Viele Europäer, die zur Erholung nach Gambia reisen, erleben hier plötzlich den harten Alltag der sog. Dritten Welt – eine Begegnung, die betroffen und nachdenklich macht. Sicherlich kann man den Erlebnissen aus dem Weg gehen, indem man sich nicht aus dem Hotelkomplex bewegt. Andererseits verschließt man sich damit vor der Wirklichkeit und vergibt sich die Chance, das eigene Weltbild zu erweitern und zu überdenken.

Kulturelle Begegnungen zwischen Einheimischen und Touristen werden in Gambia groß geschrieben. Reiseleiter fahren mit ihren Gästen regelmäßig zu kurzen Besuchen in einzelne Dörfer. Vorab gesammeltes Geld oder gekaufte Kerzen und Seifen werden dem Dorfvorsteher als Gastgeschenke übergeben. Dann führt man die Touristen durch das Dorf, wo sie sich einige Hütten oder die Schule ansehen und frei fotografieren dürfen. Man kann diese Aktionen mit gemischten Gefühlen betrachten. Einerseits ermöglichen sie den Fremden Einblicke in das afrikanische Alltagsleben, helfen gegenseitige Vorurteile abzubauen und können unvergessliche Eindrücke vermitteln. Doch ein gewisser fader Beigeschmack, dass hier fürs Fotografieren bezahlt wird, und manche Dörfer und ihre Bewohner gegen Bezahlung vorgeführt werden, ist auch nicht von der Hand zu weisen.

Leider hat sich bei vielen Touristen in Gambia eingebürgert, mit Bonbons und Kugelschreibern "bewaffnet" auf Landausflüge zu gehen. Die gambischen Kinder wissen das seit Jahren, und wenn ein Bus voller Urlauber bei einer Sehenswürdigkeit anhält, werden die Touristen sogleich von rotznasigen kleinen Kindern belagert und umklammert. Die meisten Urlauber sind dieser Situation hilflos ausgeliefert.

Sie empfinden Rührung, Mitleid und ein schlechtes Gewissen, welches sogleich zur Spendenbereitschaft führt. Dann wird wahllos verteilt, was man gerade dabei hat. Auf dieses Verhalten spekulieren die Einheimischen an manchen vom Tourismus arg heimgesuchten Plätzen geradezu. Erwachsene lassen ihre Kinder dort offen und aufdringlich betteln, weil Fremde auf Kinder besonders stark reagieren.

Doch geben Sie bitte den Kindern kein Geld oder Süßigkeiten! Wenn Sie die Menschen unterstützen möchten, spenden Sie lieber an Organisationen oder für gezielte Projekte. Verteilen Sie nicht wahllos Geld, sondern überreichen Sie Ihre Mitbringsel dem Lehrer oder Gemeindevorstand. Wenn Sie unbedingt ein Kind persönlich fördern wollen, so geben Sie das Geld den Eltern. Kinder werden sonst zu schlechtem Verhalten und Bettelei erzogen, und sie besuchen schließlich keine Schule mehr, weil es lukrativer ist, Touristen anzubetteln. Kinder, die sich um Bonbons prügeln, die wohlmeinende Touristen ihnen zuwerfen, verlieren auf diese Weise eher ihre Würde, als dass ihnen damit geholfen wird.

Sie werden in Gambia immer wieder offen und direkt um Spenden gebeten (für Schulprojekte und Frauenkooperativen, bei den Dorfbesuchen und am Strand). Kein Tourist kann überall in Gambia spenden, sondern möchte mit seiner Gabe Not und Armut da lindern helfen, wo sie am größten ist. Viele Projekte sind sinnvoll und hilfreich, doch manchmal wird Bedürftigkeit nur vorgetäuscht und an einigen Plätzen regelrecht ein Geschäft mit der Sentimentalität gemacht. Verteilen Sie Ihre Spenden daher bitte nicht vollkommen unkritisch. Wenn ein Dorf regelmäßig von Reisegruppen besucht wird (das erkennt man z. B. daran, dass bei der Ankunft schon Souvenirs, Kalebassen und Halsketten zum Verkauf ausliegen), gilt es in Gambia bereits als privilegiert. Jemand, der modische Sportschuhe trägt, die hier sehr teuer sind, sollte sich auch einen Kugelschreiber leisten können! Wer ein Smartphone besitzt, gehört nicht zu den Ärmsten. Es ist wie überall auf der Welt – nicht immer der, der am lautesten schreit, braucht Hilfe am nötigsten. Lassen Sie sich daher nicht zu sehr verunsichern und verteilen Sie Ihre Gaben bedächtig nach eigenem Ermessen und Gefühl.

Man kann in Gambia außerdem auch viel Tierleid entdecken und Gutes tun, indem man ehrenamtliche Organisationen wie „The Gambia Horse & Donkey Trust" oder „Gambiacats" unterstützt.

Übrigens: In der traditionellen Landeskultur gilt es eigentlich als grob unhöflich, wie vielerorts Fremde angebettelt und bedrängt werden.

Gesund bleiben im Urlaub

Wenn Sie einige grundsätzliche Vorsorgemaßnahmen beachtet haben (siehe Gesundheitsvorsorge auf S. 175ff), gibt es kaum einen Grund zu der Befürchtung, in Gambia krank zu werden. Medien und umsatzorientierte Apotheker zeichnen gelegentlich ein reichlich überzogenes Bild von den Gefahren Afrikas. Ein gesunder Mensch mit intaktem Immunsystem wird auch in Gambia mit vielen Bakterien und Viren fertig bzw. kommt auf einer durchschnittlichen Reise mit so manchem gar nicht in Berührung. Schon allein durch vernünftiges, verantwortungsbewusstes Verhalten lassen sich eine Menge Krankheiten vermeiden.

Dem größten Risiko setzt man sich in der Regel selbst aus: der **Sonne**! Schützen Sie sich besonders am Anfang mit Hilfe einer Sonnencreme mit sehr hohem Lichtschutzfaktor. Meiden Sie direkte Sonneneinstrahlung in der Mittagszeit. Selbst durch die Wolken oder den Schatten eines Sonnenschirmes dringen noch genug UV-Strahlen, um einen Sonnenbrand zu verursachen. Nehmen Sie erste Anzeichen von Hitzschlag ernst (Überkeit, Schwindel, Kopfweh, Durchfall), und vermeiden Sie Sonnenbrand und Sonnenstich!

Wind und Sonne zehren unbemerkt den Körper aus. Die Folge ist Salzverlust durch Austrocknung, was sich schließlich mit Kopfschmerzen, **Magen- und Darmproblemen** bemerkbar macht. In Gambia nennt man diesen Zustand passend *Banjul Belly*. Dabei lässt sich einfach vorbeugen, indem man auf ausreichende Salz- und Flüssigkeitszufuhr achtet. Am besten deckt man sich mit Mineralwasserflaschen ein. So hat man auch nachts oder bei den Ausflügen immer etwas zu trinken. Meiden Sie tagsüber Alkohol wegen der Hitze. Durchfälle werden gerne der ungewohnten Nahrung und fremden Gewürzen zugeschrieben, doch häufig auch durch zuviel Sonne, zu kalte Getränke oder den Genuss von Speiseeis ausgelöst. Bei empfindlichem Magen wählt man schonende, fettarme Gerichte, meidet Eiswürfel, die gelegentlich Chlor enthalten, und verzichtet auf Muscheln und Austern. Obst, Salate und rohes Gemüse können in den Badehotels in der Regel unbesorgt verzehrt werden. In einfachen Lokalen sollte man rohes, ungeschältes Gemüse jedoch sicherheitshalber meiden.

Klimaanlagen lösen gerne **Erkältungen** und Halsschmerzen aus, man schaltet sie daher nachts besser ab. Abends sind Zimmertüren und Fenster verschlossen zu halten, damit keine **Moskitos** ins beleuchtete Zimmer gelangen. Nehmen Sie kleine Verletzungen ernst, da sie sich in den Tropen schneller als zu Hause infizieren können. Grundsätzlich sollte man nie nachts im Meer baden und auch nicht barfuß laufen.

Foto links: Mülltrennung in Kololi
Unten: Typische Landeskost

Bumster – ein gambisches Problem

Kennzeichen: Meist junge Burschen aus bessergestellten Familien, die in lässigem Outfit und Benehmen an den Badestränden flanieren und Touristen ansprechen. Im deutschen Sprachgebrauch kennt man keinen Ausdruck für diese "Berufsgruppe", in Gambia heißen sie Bumster oder Hustler (im Amerikanischen bedeutet *Bum* Nichtstuer oder Vagabund).

Die meisten Bumster haben Schulen besucht und können daher gut lesen und schreiben, viele von ihnen sprechen neben Englisch auch sehr gut Deutsch und sogar skandinavische Sprachen. Was sie alle auszeichnet, sind ihr enormes Erinnerungsvermögen und ihre schnelle Auffassungsgabe. Obwohl der überwiegende Teil von ihnen in privilegierten Verhältnissen lebt, leiden sie unter den mangelhaften Berufsaussichten im Lande. Einen schlecht bezahlten Job oder Feldarbeit wollen sie nicht annehmen, sondern hoffen auf eine angenehmere Art, Geld zu verdienen, mit dem sie sich im ersehnten Idealfall sogar die Auswanderung nach Europa oder Amerika ermöglichen.

An Gambias Touristenstränden sind Bumster zur Plage geworden. Die häufig sehr offensiv aufdringlichen Schnorrer sehen sich gewissermaßen als Dienstleister an. Mit hartnäckiger Ausdauer machen sie sich daran, mit Urlaubern Freundschaft zu schließen. Dann gilt es, die neuen Freunde als Fremdenführer bei Ausflügen zu begleiten, ihnen mit Rat und Tat zur Seite zu stehen und schließlich ihr Vertrauen zu gewinnen. Für die Vermittlung von Ausflügen oder Taxifahrten verdienen die Bumster ein wenig Kommission. Die größeren Einnahmen erhalten sie jedoch meist durch die Touristen selbst, die sich spätestens beim Abschied von ihrem gambischen Gefährten recht großzügig zeigen. Wenn schließlich auch noch die Adressen ausgetauscht werden und der Kontakt nach der Heimkehr nicht abreißt, war der Bumster sehr erfolgreich. Häufig werden noch jahrelang Pakete und Spenden nach Gambia geschickt.

Polizei und Regierung versuchen seit Jahren, die Bumster von den Stränden fernzuhalten, weil die meisten von ihnen die Touristen viel zu aufdringlich belästigen. Andererseits gibt es auch einige Urlauber, die Bumster gerne als freundschaftliche Begleitung wählen. Für die Bumster ist es ein Geschäft, ein „Gesellschafterjob": den naiven Urlaubern gefällig sein, dabei eine gute Zeit haben und ein wenig an ihrem sagenhaften Wohlstand beteiligt werden. Viele Urlauber erliegen der hartnäckigen Belagerung eines Bumsters, und die meisten reisen mit dem Gefühl, einen netten Freund kennengelernt zu haben, auch wieder nach Hause. Aber Vorsicht: Auch Prostitution, Betrug und Drogenhandel gehören zum Alltag vieler Bumster.

Nicht unproblematisch ist es, besonders übergriffige Belagerer erfolgreich und ohne emotionalen Stress loszuwerden, denn manche reagieren auf jegliche, auch höfliche vorgebrachte Ablehnung beleidigt und werfen dem Urlauber dann sofort Rasissmus und Unhöflichkeit vor. Frauen werden dabei konsequent als „Boss Lady" angesprochen, Hände sollen geschüttelt werden, Gespräche werden aufgezwungen, und bei Spaziergängen am Strand läuft so ein Kandidat laut wetternd neben den verschreckten oder verärgerten Touristen her. Manch ein Gast verbringt nach so einem Erlebnis den restlichen Urlaub lieber auf dem Hotelgelände.

Wissenswertes für den Umgang mit Bumstern

• Nach dem „Tourism Offences Bill" gilt das Verhalten der Bumster als illegal. Damit hat die Regierung auf die vielen Beschwerden der letzten Jahre reagiert. Die Touristenpolizei ist angehalten, streng gegen die Belagerung von Touristen vorzugehen. Seither hat sich die Situation für Touristen erkennbar entspannt.

• Bei Strandspaziergängen wird man immer wieder von Bumstern angesprochen. Wenn Sie in Ruhe gelassen werden möchten, verhalten Sie sich möglichst kurz angebunden und lassen Sie sich nicht auf irgendwelche Diskussionen oder Small Talk ein – ein Bumster ist dann nicht mehr abzuschütteln!

• "Frischlinge" werden am meisten belagert. Nach einigen Tagen kennt man Sie am Ort und Sie werden von Bumstern, Guides, Taxifahrern und Händlern immer mehr in Ruhe gelassen. Die ersten Tage sind die Schlimmsten!

• Es gibt eine Art Kodex: Wer sich einmal einem Bumster angeschlossen hat, der wird bis zur Abreise von allen anderen in Ruhe gelassen. Kein Bumster versucht, einem anderen den "Fang" abzunehmen. Manche Reisende lassen sich nicht zuletzt deshalb auf einen Bumster ein.

• Die Polizei rät: Wenn Sie sich mit einem Bumster anfreunden, bitten Sie ihn, sich auszuweisen, und notieren Sie seinen vollständigen Namen.

• Bleiben Sie vorsichtig und fordern Sie nicht seine Unehrlichkeit heraus, indem Sie ihn zum Diebstahl provozieren.

• Wenn Sie gemeinsame Ausflüge planen, bezahlen Sie üblicherweise die dabei anfallenden Kosten (Taxi, Eintritte, Sprit, Verpflegung) und geben Ihrem Begleiter hinterher einen kleinen "Tip". Orientieren Sie sich dabei an den Tarifen der offiziellen Touristenführer, die pro Tag 1000 D berechnen. Ein Bumster ist kein lizensierter Führer, sollte also auch nicht dementsprechend bezahlt werden. Dass er über Ihre Bezahlung in jedem Fall jammern wird, gehört mehr oder weniger zu seinem Geschäft.

• Ganz wichtig: Bezahlen Sie niemals etwas im Voraus! In der Regel sehen Sie Ihren Begleiter sonst nicht mehr wieder. Er taucht einfach unter, bis Sie nach 14 Tagen wieder auf dem Heimweg sind. Bezahlen Sie deshalb stets hinterher oder in Raten.

• Die meisten Touristen werden von ihrem Bumster einmal zu sich nach Hause eingeladen. Diese Einladungen sind durchaus interessant, dienen jedoch gezielt dem Zweck, eine großzügige Spende zu ergattern (Gastgeschenke sind traditionell verankert). Machen Sie sich bewusst, dass Sie ziemlich sicher nicht die Ersten sind, die er gastfreundlich zu sich einlädt, sondern dass er seinen Lebensunterhalt damit finanziert und Sie zu einer entsprechenden finanziellen Zuwendung nötigen möchte.

• Es liegt in Ihrem Ermessen, einem Bumster Geld zu schenken, wenn er Ihren Urlaub bereichert hat und Sie ihn unterstützen wollen. Halten Sie sich als Anhaltspunkt das durchschnittliche gambische Monatseinkommen von 50–80 Euro vor Augen, wenn Sie ihm Geld schenken. Ein erfolgreicher Bumster gehört bei angenehmen Arbeitsbedingungen vermutlich zu den Großverdienern in der gambischen Gesellschaft. Ihre Spende trifft also trotz all seiner Beteuerungen eher nicht die arme Landbevölkerung.

• Wenn Sie Ihre Adresse bzw. Telefonnummer einem Bumster mitteilen, wird er Ihnen vermutlich regelmäßig schreiben und um weitere Unterstützung bitten. Sollte ihm der Absprung nach Europa gelingen, meldet er vielleicht plötzlich seinen Besuch bei Ihnen Zuhause an.

Kulinarische Erlebnisse

Gambias Küche ist vielfältig und durch seinen Völkerreichtum von zahlreichen Einflüssen geprägt. So entstanden Spezialitäten wie *Benachin* bei den Wolof oder *Domoda* bei den Mandingo. Die Libanesen brachten *Shawarma* und *Fataya* nach Gambia, die Franzosen im benachbarten Senegal steuerten ihr Baguette bei, das sich triumphal gegen das weiche, englische Weißbrot durchgesetzt hat und überall erhältlich ist.

Gambia ist ein Erdnussproduzent, und so geniest diese Nuss auch schon lange einen außerordentlich großen Einfluss auf die traditionelle Küche. Zu vielen Gerichten werden feine, leicht süßliche Soßen aus **Erdnussöl** gereicht. Rindfleisch wird am liebsten als geschmorter Eintopf verspeist; Schweinefleisch gibt es kaum, da es im Islam als unrein angesehen wird. Dafür ist Hühnerfleisch sehr beliebt und wird in allerlei Varianten zubereitet. Traditionell mögen Gambier dazu Reis und Foufou (Cassava bzw. Maniok). Kartoffeln sind in der traditionellen Küche selten, in den Touristenzentren dafür in Form von Pommes Frites umso beliebter.

In Gambia wird sehr viel **Fisch** gegessen. Meeresfrüchte und -fische wie Seezungen, Barben, Langusten, Hummer, Muscheln und der phantastische „Ladyfish" mit seinem zarten und hellen Fleisch werden im Atlantik und im Gambia bis 200 km flussaufwärts gefischt. Selbst Flussbarsche, Barrakuda und Austern stehen auf den Speisekarten. Meistens werden sie mit Zitrone und Knoblauch gegrillt und mit Reis serviert. Garnelen werden in Gambia nicht in Farmen gezüchtet, sondern sind stets ein frischer Fang aus dem Ozean. Der grätenreiche Bonga-Fish wird traditionell geräuchert verspeist oder landet als „Bonga Mousse" auf dem Teller.

Auch das Angebot an **Früchten** ist reichhaltig: Je nach Saison kommen Bananen, Orangen, Ananas, Papaya, Wassermelonen und frische Mangos auf den Tisch.

Die Julbrew-Brauerei bei Serekunda braut ein wohlschmeckendes **Bier** unter deutscher Anleitung. Auch Softdrinks stellt die Brauerei her. In manchen Hotels werden importierte Biere wie z. B. Guinness und Lagerbiere angeboten. Bei den Weinen findet man zumeist französische, portugiesische, chilenische und süd-

---

Typische gambische Spezialitäten

- **Foufou:** Der Cassava- bzw. Maniokbrei ist ein Hauptnahrungsmittel der Gambier.
- **Domoda:** Die Mandingo lieben einen Eintopf aus geschmortem Rind mit Gemüse und dicker Erdnuss-Soße.
- **Benachin:** Der Fleischeintopf mit Gemüse und Reis ist ein traditionelles Wolof-Gericht.
- **Sissay Yassa:** Dieses Festmahl beinhaltet ein gegrilltes Huhn, das zuvor in Zitrone, Zwiebeln und Knoblauch eingelegt wurde.
- **Sissay Nyebe:** Bei diesem Gericht wird das Huhn mit schwarzen Bohnen serviert.
- **Oleleh:** Darunter versteht man einen gedünsteten, mit Palmöl zubereiteten Bohnenkuchen.
- **Fataya:** Die libanesische Fleischpastete ist in Gambia beliebt und verbreitet.
- **Shawarma:** Noch bekannter sind allerdings die libanesischen mit Fleisch oder Gemüse gefüllten Teigfladen.

afrikanische Importe. Nicht jedermanns Sache ist der säuerliche **Palmwein**, den man bei Jeepausflügen in die Fischerdörfer einmal testen kann. Traditionell wird in Gambia viel **Tee** getrunken, z. B. der starke Gunpowdertee Ataya. An den Badestränden bieten kleine Verkaufsstände Obst und frisch gepresste Fruchtsäfte an.

Lobenswert sind die **Mittagsbuffets** während der Ausflugsfahrten, weil eine gelungene Kombination aus landestypischer und europäischer Küche angeboten wird.

Gambier kochen gern und abwechslungsreich. Es lohnt sich, die lokalen Spezialitäten einmal auszuprobieren. Wer an der einheimischen Küche jedoch nicht interessiert ist, findet in den Restaurants und Hotels reichlich Gelegenheit, italienisch, chinesisch, thailändisch, indisch oder fast wie zu Hause zu dinieren.

Sicherheitstipps

Gemessen an der Anzahl an Touristen, die alljährlich das kleine Land Gambia besuchen, und an den offenkundigen Gegensätzen zwischen der armen Bevölkerung und den wohlhabenden Urlaubern ist die Kriminalitätsrate in Gambia erstaunlich niedrig. Es gibt kaum sexuelle Übergriffe und nur wenig Diebstahl. In vielen Ländern werden reiche Touristen zum Raubopfer; in Gambia versucht man eher, sich mit dem Urlauber anzufreunden und von ihm freiwillige finanzielle Unterstützung zu erhalten (siehe Bumster, S. 190).

Dennoch ist in bestimmten Situationen vorsichtiges Verhalten angebracht. Die gambische Touristenpolizei, die an den Stränden zwischen Bakau und Kololi patrouilliert, gibt folgende Ratschläge: Man meide einsame Wege, insbesondere natürlich nach Einbruch der Dunkelheit. Sehr ausgedehnte Strandspaziergänge, die nach Süden über die touristische Region hinausführen, sollte man lieber nur in kleinen Gruppen und ohne jegliche Wertsachen unternehmen. Einen Bumster oder selbsternannten Reiseführer sollte man immer bitten, sich auszuweisen (am besten den Namen notieren). Als riskant gilt in Cape Point der einsame Strandbereich von der Calypso Beach Bar in Richtung Banjul. Am Fajara Golfplatz versuchen sich gelegentlich kriminelle Gestalten als Caddies auszugeben. Nachts ist grundsätzlich Vorsicht geboten, wenn jemand Sie irgendwohin "abschleppen" will. Und die Souvenirmärkte sind natürlich wie überall Tummelplätze für Taschendiebe.

Als Sicherheitsmaßnahme sollte man seine Wertsachen stets im Hotelsafe deponieren, anstelle eines Bumsters lieber einen offiziellen **Tourist Guide** für Ausflüge engagieren (pro Tag 1000 D) sowie statt einer Handtasche einen kleinen Tagesrucksack benützen. Ein Tourist Guide ist auch ein Belästigungsschutz, denn er hält Bumster von den Reisenden ab.

Wenn etwas passiert: Unter Tel. 3771953 erreicht man die „Tourist Security Unit", eine Polizeieinheit zum Schutz der Touristen. Führen Sie Fotokopien von Ausweisen und Dokumenten mit. Kreditkarte sperren lassen: Tel. +49-116116. Beachten Sie auch die Sicherheitshinweise des Auswärtigen Amts: www.auswaertiges-amt.de.

Doch auch am Badestrand droht Gefahr, wenn man sich unvernünftig verhält: Der harmlos wirkende Atlantik weist entlang der Küste gelegentlich starke Unterströmungen auf, weshalb allgemein angeraten wird, nur im Stehbereich zu baden. Beachten Sie die Flaggen an den Hotelstränden: Bei gefährlichen Bedingungen wird die rote Flagge gehisst. Eine weiße Flagge gibt dagegen grünes Licht.

Tipps zum Fotografieren

Die meisten Gambier lassen sich nicht gerne fotografieren. Das liegt zum Teil im Islam begründet, der die Abbildung von Menschen ablehnt, aber auch am ausgeprägten Selbstwertgefühl der Menschen und an der weitverbreiteten Sorge, der Fotograf könnte die Bilder kommerziell verwerten (z. B. Postkarten drucken). Bevor Sie Menschen oder deren Besitztümer ablichten, sollten Sie daher unbedingt zuerst um Erlaubnis bitten. Sehr häufig wird diese Bitte abgelehnt werden, was man akzeptieren muss. Leider ist auch in Gambia verbreitet, für das Fotografiertwerden Geld zu verlangen. Bitte unterstützen Sie diese Unart nicht, sondern verzichten Sie lieber auf eine Aufnahme. In Begleitung von Einheimischen oder einem Reiseleiter, der Ihre Absichten erklären kann, werden Sie vermutlich eher Menschen fotografieren dürfen. Vielleicht können Sie dem einen oder anderen "Motiv" eine kleine Freude bereiten, wenn Sie seine Adresse aufnehmen und nach der Rückkehr einen Abzug schicken?

Militärische Fahrzeuge, Gebäude und Personen sowie einige Autofähren dürfen übrigens nicht fotografiert werden.

In den frühen Morgenstunden und am späten Nachmittag, wenn die schräg fallenden Sonnenstrahlen weiche Konturen und warme Farben zeichnen, gelingen die stimmungsvollsten Aufnahmen. Das gleißende Mittagslicht führt oft zu harten Kontrasten oder überbelichteten Bildern. Die Regenmonate von Mai bis Oktober bieten wegen des oft klaren Himmels und beeindruckender Wolkenformationen die besten Lichtverhältnisse zum Fotografieren. Für ansprechende Tieraufnahmen sind Teleobjektive (300–500 mm) und ein Zoom ratsam, möglichst mit Stativ. Menschenaufnahmen und Portraits gelingen am besten mit Blitzlicht (auch bei Tage). Nehmen Sie ausreichend Speicherkarten, Akkus und Ersatzbatterien mit, denn vor Ort sind diese Dinge kaum oder nur sehr teuer, evtl. sogar veraltet, zu bekommen. Die Fotoausrüstung sollte immer vor Hitze, Staub und Feuchtigkeit geschützt werden, das gilt besonders am Strand.

Tipps für Vogelfreunde

Mehr als 550 Vogelarten, die man in diesem kleinen Land entdecken kann, sind ein guter Grund für die Begeisterung vieler Hobbyornithologen, die wegen dieser Vogelpracht an den Gambia reisen. Vogelbeobachtungen lohnen sich ganzjährig, besonders jedoch während des kühleren Winterhalbjahres, wenn sich auch viele europäische Zugvögel in Gambia aufhalten. Siehe auch S. 166–168.

Hotelgärten sind in Gambia manchmal eine wahre Schatzkammer für den Vogelfreund. Weil sich viele Vögel an die Menschen gewöhnt haben, kann man sie hier aus nächster Nähe betrachten. Typisch sind weiße Kuhreiher, neugierige Glanzstare, anmutige Nektar- und Malachiteisvögel, fleißige Webervögel und rot leuchtende Rotbauchwürger.

Im Senegambia Hotel finden täglich Greifvogel-Fütterungen im Hotelgarten statt. Kappengeier, Schildraben, Milane und Adler erwarten hier mitunter zu Hunderten ihre Fischmahlzeit. Darüber hinaus werden dort geführte "Bird Walks" angeboten sowie verschiedene vogelkundliche Exkursionen, z. B. zu den Mangroven oder an die Bund Road in Banjul. Die Angebote werden am "Bird Centre" im Hotelbereich ausgeschrieben (siehe auch S. 92, 166f).

Entlang der Bund Road sowie der Old Cape Road lassen sich Flussuferläufer, Stelzen- und Strandläufer, verschiedene Seeschwalben, Möwen und mit etwas Glück sogar afrikanische Löffler und Rötelpelikane aufspüren. In Küstenwäldern wie dem Bijilo Forest Reserve entdeckt man Grautokos, Elsterwürger, Bülbül und vielleicht sogar einen Wiedehopf. Am Boden halten sich besonders gerne die Westafrikanische Drossel und der Senegal-Spornkuckuck auf.

Auch der Farasotu Forest ist eine Empfehlung wert. Das Waldgebiet liegt nahe Makasuto im Übergangsbereich vom trockenen Land in die Mangrovensümpfe des Gambia River (www.farasuto.org).

Vögel sind frühmorgens und am späten Nachmittag aktiver. Die heiße Mittagszeit verbringen sie geschützt im Schatten. Für Vogelbeobachtungen empfiehlt sich ein Fernglas mitzubringen, zum Fotografieren ein starkes Teleobjektiv mit Stativ. Im Abuko Nature Reserve kann man zwar Ferngläser ausleihen, diese sind jedoch oft beschädigt.

Buchtipps
• *A Field Guide to Birds of The Gambia and Senegal*, Pica Press Publishers, London, von Clive Barlow, Tim Wacher und Tony Disley.
• *Field Guide of the Birds of Western Africa*, Christopher Helm Publishers Ltd, von Nik Borrow und Ron Demey.

Örtliche Reiseanbieter und Guides, die spezialisiert sind auf ornithologische Reisen
Viele etablierte Bird Guides verfügen über eigene Websites:
http://www.gambiabirdguide.com
http://www.baxbirding.com
http://www.guidedbirdwatching.com
http://www.gambiabirdwatching.com
Mahrtägige Touren ins Landesinnere bietet z. B. Musa Manneh von Bird Watching Tours, c/o Talibo Bojang am Airport, email: musamanneh56@yahoo.com, Tel. 7834098.

Unten: Graukopfmöwe

Redewendungen und Sprachhilfen

Sprachkenntnisse in Wolof oder Mandinka sind für eine durchschnittliche Gambiareise nicht erforderlich und werden auch gar nicht erwartet. Die Geschäftssprache Englisch wird fast überall gesprochen, wenn auch mit einem starken Dialekt, in den man sich erst einmal hineinhören muss. So fällt vielen Gambiern der Zungenschlag schwer, um das fremdartige britische „th" sauber auszusprechen, und Konsonanten werden gerne in der Reihenfolge vertauscht. Ein „Thank you" klingt dann wie „Tank you", eine „Tsetse Fly" (Tsetsefliege) wird zur „Testi Fly" und aus „to ask" (etwas fragen) wird ein „to aks". Diese liebenswerte Eigenart ist anfangs schwer zu verstehen.

Grundsätzlich verfügen die Menschen in Gambia allerdings über eine weitaus größere Sprachgewandtheit als z. B. Mitteleuropäer. Die meisten verstehen und sprechen mehrere lokale Sprachen. In den Touristenzentren verblüffen viele Einheimische sogar mit guten Deutschkenntnissen.

Dennoch freuen sich die Menschen, wenn Reisende versuchen, in einer ihrer Sprachen zu kommunizieren, und sei es auch nur zum Gruß oder Abschied.

Das wichtigste ist der Gruß zu Anfang eines jeden Gesprächs. Hierfür ist die arabische Grußformel *Salaam Aleikum* weit verbreitet

Deutsch	Mandinka	Wolof
Guten Tag	Salaam aleikum (arabisch)	Salaam aleikum (arabisch)
Wie geht's?	Kera be?	Nanga def?
Auf Wiedersehen!	Alle manya jama la!	Mangi dem!
Bitte	–	Bu la neexee
Danke	A baraka	Jere jef
Ja	Ha	Waow
Nein	Hani	Deedeet
Entschuldigung!	Mbalo fata!	Baal me!
Wie heißt du?	I tondi?	Nanga tudd?
Zu teuer	A da koleja	Dafa jafe
Billig	Da dija	yomb
1	kiling	benn
2	fula	naar
3	Saba	nat
4	nani	nient
5	lulu	juroom
6	woro	juroom benn
7	worowula	juroom naar
8	sei	juroom nat
9	kononto	juroom nient
10	tang	fukk
100	keni	teemeer

Unsere Extra-Tipps

• Es lohnt sich, die Preisausschreibungen in den Katalogen der Reiseveranstalter genau zu vergleichen, insbesondere in Bezug auf Safe, Kühlschrank und Klimaanlage. Bei vielen Hotels sind diese Annehmlichkeiten nämlich nur gegen Preisaufschläge buchbar. In 14 Tagen läppern sich dann schnell einige hundert Euro zusammen. Da kann es günstiger sein, gleich ein Hotel der höheren Preiskategorie zu buchen, bei dem die erwünschten Einrichtungen dafür bereits inklusive sind.

• In vielen Fällen zahlt sich ein im Voraus gebuchter Halbpensionszuschlag nicht aus, weil die Preise für Hotelbuffets vor Ort in etwa dem Halbpensionszuschlag entsprechen, und man ohne HP zudem die Möglichkeit hat, die preiswerteren Lokale und Restaurants der Umgebung zu testen und so eine größere Vielfalt kennenzulernen.

• Tee und Kaffee werden in Gambias Hotels in der Regel nicht aufgebrüht, sondern Heißwasser-Thermoskannen und Teebeutel (Schwarztee) bzw. Pulverkaffee zur Selbstbedienung bereitgestellt. Gambia-Profis bringen ihre Lieblingsteebeutel, Cappuccino- und Kakaopulver selbst mit.

• Wer ein Badetuch von zu Hause mitbringt, erspart sich Frust, wenn die hoteleigenen Badetücher schon vormittags vergriffen sind. Denn leider gilt auch hier: Noch vor dem Frühstück sind die meisten Liegen mit Handtüchern zum „Reservieren" belegt.

• Für Frauen: Für den Weg vom Zimmer zum Pool oder zum Strand leistet ein Strandtuch oder leichtes Strandkleid sehr gute Dienste.

• Gambia geht sehr strikt gegen Drogendelikte aller Art vor, auch bei Ausländern. Daher sollte man alles vermeiden, was einen solchen Verdacht auslösen könnte (keine Betäubungsmittel u. ä. mitbringen).

• Homosexualität ist in Gambia strafbar. Auch Touristen riskieren eine strafrechtliche Verfolgung und Gefängnisstrafen, daher sollten Betroffene äußerst zurückhaltend auftreten. Die gambische Gesellschaft steht der Homosexualität sehr kritisch und keinesfalls wohlwollend gegenüber.

Weitere Informationen von A bis Z

Ärzte & Apotheken

Das Edward Francis Small Teaching Hospital in Banjul (Tel. 4228223) ist meistens heillos überfüllt, daher werden Privatkliniken vorgezogen:

- Lamtoro Medical Center, Badala Parkway, Kololi, Dr. Adama A. Sallah. Tel. 4460596.
- Westfield Clinic, Westfield Junction, Kanifeng, Serekunda, Tel. 4392213.
- Bijilo Medical Center: Off Senegambia Highway, Serekunda, Dr. Musa Touray, Tel. 6665555 und 9980371.
- Africmed: Senegambia Junction, Kombo Coastal Highway, Dr. Jagne, Senegambia, Tel. 7739415, Clinic 4410685.
- Zahnarzt: Sweden Dental Clinic, Bertil Harding Highway, Kotu, Tel. 4461212. Notruf-Nummer: 9307808

Apotheken befinden sich in Banjul, Bakau-Fajara, Kololi und Serekunda.

Airporttax

Bei der Ausreise wird offiziell eine Fluggastgebühr von 20 Euro erhoben, die jedoch bei den meisten Reisearrangements bereits enthalten ist.

Angeln

Angeln ist fast überall möglich und erlaubt. Es besteht ein vielseitiges Angebot zum Creek-Fischen in den Bolongs und zum Hochseeangeln.

Animation

Die meisten Hotels bieten sportliche Aktivitäten wie Wasserball, Volleyball und Tischtennis sowie Unterhaltungsprogramme wie Bingo, Kora-Unterricht, Modenschauen und diverse Musikveranstaltungen am Abend.

Camping

Camping ist in Gambia nicht üblich, Wildcampen am Strand sogar gefährlich. In Gunjur und Sukuta bestehen Campinggelegenheiten (S. 100, 125). Im Landesinneren darf man oft nach Absprache bei den Hotels im Garten campieren.

Fahrräder

In Kololi, Kotu und Bakau werden vor manchen Hotels Fahrräder vermietet (ca. 250 D/Tag). Im Nahbereich sind sie als eine Alternative zu Taxifahrten durchaus zu empfehlen. Trotz des flachen Naturraums sind Radtouren ins Landesinnere unüblich (unbefestigte Randstreifen, zu heiß und rücksichtsloser Verkehr).

Feiertage

01. Januar	Neujahr
18. Februar	Unabhängigkeitstag
März/April	Karfreitag /Samstag/ Ostermontag
01. Mai	Tag der Arbeit
Mai	Himmelfahrtstag
22. Juli	Tag der 2. Republik
15. August	Maria Himmelfahrt
25. Dezember	Weihnachten

Fällt ein Feiertag auf einen Sonntag, wird der darauffolgende Montag zum Feiertag.

Zusätzlich gibt es mehrere bewegliche islamische Feiertage: Islamisches Neujahrsfest, Geburtstag des Propheten Mohammed (Mulid al-Nabi), dreitägiges Fest des Fastenbrechens am Ende des Ramadan (Id al-Fitr) und das Opferfest (Id al-Adha). Der islamische Jahresbeginn wird übrigens nicht als Fest gefeiert. Die islamischen Feiertage werden stets nach der örtlichen

Mondbeobachtung ermittelt und daher manchmal in den verschiedenen islamischen Ländern zu unterschiedlichen Tagen gefeiert. Somit lassen sich die genauen Termine nicht über sehr viele Jahre im Voraus ermitteln. (Siehe auch *Ramadan*)

Ferienzeiten

Während der Schulferienzeiten in Europa reisen besonders viele Urlauber nach Gambia. Absolute Hochsaison ist zu Weihnachten und zu Ostern.

Geldwechsel

In den küstennahen Touristenzentren wechseln lizensierte Wechselstuben und Banken Bargeld und bedingt Reiseschecks. Viele Bankfilialen, z. B. der Standard Chartered Bank, verfügen über Geldautomaten (ATM) für Bargeldabhebungen mit Kreditkarten. Siehe auch S. 174.

Geschäftszeiten

Banken:	Mo–Do:	8–16 Uhr
	Fr:	8–12.30 Uhr
	Sa:	9–13 Uhr
Geschäfte:	Mo–Fr:	9.30–12 Uhr
		14.30–18 Uhr
	Sa:	9–12 Uhr
Behörden:	Mo–Do:	8–16 Uhr
	Fr:	8–12.30 Uhr

Die Geschäfts- und Öffnungszeiten von Läden und Banken variieren gelegentlich. In den Touristenzentren gelten meist viel längere Öffnungszeiten, so haben hier z. B. einige Banken auch nachmittags zwischen 16 und 18 Uhr geöffnet. Auch viele Läden öffnen deutlich länger und sogar sonntags. So sind einige Supermärkte hier täglich bis 21 Uhr offen. Obwohl Gambia ein islamischer Staat ist, gilt der Sonntag bisher als Ruhetag, und Freitag und Samstag sind nur halbe Geschäftstage (jeweils am Vormittag).

Oben: Rundhütte im Janjang Bureh Camp

Haustiere

Wer Haustiere mitbringen möchte, benötigt eine Einfuhrgenehmigung vom Principal Veterinary Office in Banjul sowie ein beglaubigtes Gesundheitszeugnis und bei Hunden eine Tollwutimpfung.

Hotels

Gambias Hotels und Camps werden im jeweiligen Kapitel oder Ausflug einzeln vorgestellt. Sehr einfache Unterkünfte werden nicht namentlich genannt.

Informationen

Zur Zeit gibt es nur eine kleine Tourist Info in Senegambia, siehe S. 94. GTA, die Gambia Tourism Authority, bietet Infos auf ihrer Website www.visitthegambia.gm.

Internet & WLAN

Die meisten Badehotels und zahlreiche Restaurants stellen ihren Gästen einen Internetzugang zur Verfügung (in öffentlichen Bereichen oder auch im Zimmer), eine steigende Anzahl sogar gratis WLAN. Allerdings sind häufig die Verbindungen schwach. Internetcafés sind fast nur in den touristischen Zentren verbreitet.

Mit Handy, Smartphone, Netbook etc. ins Internet gelangen: Africell und Qcell bieten SIM-Karten, mit denen man über das Mobilnetz ins Internet gelangt.

Kleiderordnung

Urlauberinnen sollten sich bewusst sein, dass nackte Beine in der islamischen Welt als anstößig gelten. In den Touristenzentren haben sich die Einheimischen zwar an die Invasion leicht bekleideter Touristinnen gewöhnt, doch spätestens im Landesinneren oder wenn man alleine die Touristenzone verlässt, sollte man sich den einheimischen Sitten anpassen und die Beine durch eine weite lange Hose oder ein Kleid mindestens bis über die Knie bedecken. Die Arme gelten hier als weniger pikant, daher sind T-Shirts unproblematisch. "Oben Ohne" ist in Gambia wirklich unerwünscht, FKK strikt verboten.

Am Abend ist in den Hotels und Restaurants ordentliche bis gepflegte Kleidung angebracht. Im Landesinneren kleidet man sich bequem und sportlich. Badekleidung gehört nur an Strand und Pool, nicht an die Hotelbar oder als Safari-Outfit (siehe *Ausrüstungstipps*, S. 180).

Krankenhaus
siehe *Ärzte & Apotheken*

Landkarten & Bücher

Einschlägige Literatur und Kartenmaterial bezieht man am besten vor der Reise in guten Reisebuchhandlungen oder im Online-Buchhandel. In Gambia wird man in einigen Hotelläden, beim Methodist Bookshop (Nelson Mandela Street, Banjul) oder dem Department of Surveys (Cotton Street, Banjul) fündig.

siehe auch *Literaturverzeichnis S. 210*

Maße & Gewichte

In Gambia gelten heute metrische Maße und Gewichte. Ältere Landkarten oder Bücher verwenden aber noch die englischen Maßeinheiten.

1 mile	=	1,609 km
1 foot	=	30,48 cm
1 square mile	=	2,59 km²
1 gallon (brit.)	=	4,546 l
1 acre	=	40,47 a

Die Formel zur Umrechnung von Fahrenheit in Grad Celsius lautet:

Fahrenheit minus 32, multipliziert mit 5, dividiert durch 9 ergibt den Wert in Grad Celsius.

F	32	41	50	59	68	77	86	95
C	0	5	10	15	20	25	30	35

Moscheen

Außerhalb der Gebetszeiten dürfen Moscheen meistens auch von Nichtgläubigen betreten werden, doch sollte man unbedingt vorher fragen, und man muss vor Betreten die Schuhe ausziehen.

Museen

- Banjul: Nationalmuseum, Arch 22
- Tanji: Tanje Village Museum
- Juffure: Museum der Sklaverei

Nationalparks

- Kiang West Nationalpark: 1987 eröffnet, Erkundungen sind per Fahrzeug und zu Fuß möglich, Größe: 26 km².
- River Gambia Nationalpark: 1968 unter dem Namen Baboon Islands NP eröffnet, dient der Schimpansenauswilderung. Zutritt verboten, Projektbesuche sind möglich.
- Abuko Nature Reserve: 1968 eröffnet, nur zu Fuß erkundbar, Größe: 100 ha.
- Bijilo Forest Park: seit 1991 zu Fuß zugänglich, Größe: 51,3 ha.
- Tanji & Bijilo Island Bird Reserve: 1993 eingerichtetes Vogelschutzgebiet an der Atlantikküste. Zu Fuß erkundbar.
- Niumi Nationalpark: Nördlich von Banjul am Atlantik gelegenes Vogelschutzgebiet. Größe: 49 km², Besuch möglich.

- Kanilai Game Park: Wildpark des Ex-Präsidenten Jammeh in Foni beim Dorf Kanilai. Pirschfahrten mit Guide möglich.
- Tanbi Wetlands Nationalpark: Neues Mangrovenschutzgebiet zwischen Bakau und Banjul.

Polizei

Die Polizeistation von Banjul befindet sich in der Buckle Street. Kleinere Dienststellen, vorwiegend für Belange der Touristen eingerichtet, liegen jeweils direkt an den Zufahrten nach Kotu und zur Kololi/Senegambia-Region. In den Touristenzentren und entlang der Badestrände patrouillieren gelegentlich Polizeieinheiten.

Notruf-Nummern:
Polizei-Telefon in Bakau: 4495328, in Kotu 4463351, in Barra 5710115, in Kololi 4496016, in Serekunda 4392208, am Flughafen 4472724, in Banjul 4224914.
Polizei-Notruf: 117 und 112
Ambulanz: 118

Post

Die Post ist unter der Woche von 8.30–12.15 Uhr und 14–16 Uhr, am Samstag von 8.30–12 Uhr geöffnet. Briefmarken werden zusammen mit Postkarten in Supermärkten, Andenkenläden und Hotels verkauft (für Postkarten nach Europa benötigt man eine 20 D Birefmarke).

Prostitution

Durch den Tourismus hat sich auch die Prostitution in Gambias Küstenregion etabliert. Da die Prostitution im Islam eine schwere Sünde darstellt, agieren die sog. „Nightladies" eher unauffällig in den Nachtclubs. Deutlich freizügiger und offensiver bieten männliche Gambier ihre Dienste alleinreisenden Touristinnen an.

Ramadan

Im islamischen Kalender gilt der neunte Monat als Fastenmonat Ramadan. Vier Wochen lang müssen die Gläubigen von Sonnenauf- bis Sonnenuntergang fasten, dürfen weder essen noch trinken oder rauchen. Einzige Ausnahme bilden Kinder, Kranke, Schwangere und Reisende. Während des Ramadan spielt sich alles noch etwas geruhsamer ab als sonst. Tagsüber wirken viele Menschen gedämpft, manche auch gereizt, denn besonders im Sommer fordert das Fasten große Anstrengungen. Am späten Nachmittag entwickelt sich lebhafter Aktionismus, wenn sich die Fastenden beeilen, rechtzeitig zum Sonnenuntergang zu Hause zu sein. Beim allabendlichen gemeinsamen Fastenbrechen kommt die soziale Wirkung des Ramadan zum Ausdruck, denn es werden leckere Mahlzeiten zubereitet und ausgiebig in Gemeinsamkeit getafelt. Man besucht Freunde und Verwandte und feiert bis spät in die Nacht. In den gambischen Camps im Landesinneren finden zu dieser Zeit keine traditionellen Tanzvorführungen statt, auch Wrestling wird während des Ramadan ausgesetzt. In den meisten Hotels wird das Abendessen um eine halbe Stunde später serviert, damit die Angestellten zuerst ihre lang ersehnte Abendmahlzeit einnehmen können. Am Ende des Ramadan folgt ein dreitägiges, fröhliches Familienfest, bei dem man sich beschenkt und einander verzeiht. Erst danach kehrt der Alltag zurück.

Die voraussichtlichen Ramadan-Termine der nächsten Jahre:
13.04.–13.05.2021
02.04.–02.05.2022
23.03.–23.04.2023
11.03.–12.04.2024
28.02.–29.03.2025

Reiten

Die langen Strände bieten ausgezeichnete Reitmöglichkeiten für Anfänger und Profis. Am Strand von Kotu sind Reitpferde stationiert. Eine Reitstunde kostet ca. 1000 Dalasi.

Restaurants

Eine Auswahl der Restaurants in Banjul, Bakau, Fajara, Kotu und Kololi wird im jeweiligen Kapitel vorgestellt.

Souvenirs

Gambia bietet eine so reiche Auswahl an kunsthandwerklichen Andenken, dass man als Reisender schnell seine 20 kg Freigepäck ausschöpft: Holzschnitzereien aus Mahagoni und Ebenholz sind in vielen Motiven und Größen erhältlich. Traditionelle Musikinstrumente wie Trommeln, Kora, Kaseng Kaseng und Balafon erfreuen sich großer Beliebtheit. Sehr typisch sind Batikstoffe und Textilien wie das klassische *Gambia-Shirt*, ein buntes Batikhemd voller Stickereien. Schmuck wird zumeist aus Gold und Silber gefertigt (vor dem Kauf sollten Sie durch Kratzen prüfen, ob Gold durch getauchtes Messing evtl. nur vorgetäuscht wird). Außerdem sind auf den Märkten kunstvolle Lederwaren, Sandbilder, geschnitzte Kalebassen und Tonwaren im Angebot.

Fast überall findet sich ein *Bendula* (Marktplatz). Die berühmtesten Einkaufsmärkte sind der Albert Market in Banjul, der Holzschnitzermarkt in Brikama, der Batikmarkt in Serekunda, die Souvenirmärkte in Kotu, Fajara und Kololi und der Töpfermarkt in Basse Santa Su. Beachten Sie bitte, dass sich nach dem Washingtoner Artenschutzgesetz strafbar macht, wer Wildtierprodukte, Reptilien oder andere geschützte Tiere und Pflanzen in die EU oder in die Schweiz einführt.

Sport & Wellness

Das umfangreiche Sportangebot beinhaltet neben Creek- und Tiefseeangeln auch Tennis, Tischtennis, Volleyball, Squash, Badminton, Golf, Reiten, Gartenschach und Krocket (für Ballsportarten möglichst eigene Schläger und Bälle mitbringen). Fitnessräume bieten viele Hotels, doch die Geräte sind oft veraltet und die Räume schmucklos. Windsurfen kann man am Cape Point und in der Lagune beim ehemaligen Palm Grove Hotel; Stand-Up-Paddling und Kayaking sind an der Lamin Lodge möglich.

Zum Tauchen sind die eher trüben Küstengewässer mit ihren gefährlichen Unterströmungen dagegen nicht geeignet.

Massagen und Aromatherapie bieten etliche Physiologische Zentren wie die Spas und Studios in den Hotels Kairaba, Coco Ocean, Ocean Bay und andere.

Sprache

Amtssprache ist Englisch, die wichtigsten Landessprachen sind Wolof, Fula und Mandinka.

Strände & Strömungen

Die ca. 50 km langen Strände sind feinsandig und meist flach abfallend. Häufig gibt es eine stärkere Brandung und kräftigen Wellengang, witterungsbedingt werden auch Seegras und Braunalgen angeschwemmt. In Banjul und Kololi spült der Atlantik kontinuierlich Strand weg, Sandaufschüttungen und Betonplatten sollen weiteren Strandverlust verhindern. Bakau liegt an einer teils felsigen Steilküste mit schmalem Strand. Die besten Badestrände bieten Cape Point, Fajara, die Kotu-Bucht bis Poco Loco Strip und die Südküste von Bijilo bis Kartong.

Wegen der teils unerwartet auftretenden Unterströmungen wird empfohlen, nur im Stehbereich zu baden. Achten Sie außerdem auf die Flaggen an den Hotelstränden: bei „Rot" ist wegen Strömungen oder hohem Wellengang akute Vorsicht geboten. Baden ist ganzjährig möglich, FKK übrigens nirgendwo in Gambia erlaubt.

Straßenzustand

Etwa 500 km Teerstraßen gibt es in Gambia: entlang der Küstenorte, von Banjul nach Basse Santa Su und Farafenni, entlang des Trans-Gambia Highway und von Barra zur Grenze nach Senegal. Der Zustand der Asphaltstraßen ist überwiegend gut, da und dort gibt es auch viele Schlaglöcher. Die übrigen Straßen sind rötliche Lateritoder weiche Sandpisten, die nach starken Regenfällen mitunter unbefahrbar werden.

Stromversorgung

220/240 Wechselstrom, 50 Hz. Leider sind die Hotels mit unterschiedlichen Steckdosen ausgestattet. Daher benötigt man für einige Hotels einen Adapter für englische 3-Pol-Steckdosen. Für die Camps im Landesinneren sollte man eine Taschenlampe einpacken. Die Hotels an der Küste sind durch zusätzliche hoteleigene Generatoren recht gut gegen unerwartete Stromausfälle geschützt, mit denen vor allem während der Regenzeit zu rechnen ist.

Taxi

Es existieren in Gambia drei verschiedene Taxivarianten: Sammel- oder Buschtaxis, gelbe Town Taxis und grüne Tourist Taxis. Siehe *Taxi, S.184*.

Telefon

Handy & Smartphone: Gambische Netzbetreiber haben mit den Netzen D1, O2 und E-Plus Roamingverträge abgeschlossen. Noch günstiger wird es, wenn man sich in Gambia eine SIM-Karte (Prepaid Karte) von Africell, Qcell, Gamcell oder Comium besorgt und damit telefoniert.

• Telefonieren von Gambia nach Europa: Ländervorwahl Deutschland: 0049 Österreich: 0043 / Schweiz: 0041.

• Telefonieren nach Gambia:
Der Ländercode für Gambia lautet 00220. Danach wählt man die Teilnehmernummer, die aus sieben Ziffern besteht. Die ersten beiden Ziffern definieren die Region: 42 für Banjul, 43 für Serekunda, 44 für Brikama und Bakau, 46 für Kotu und Kololi, 55 für Soma, 56 für Basse Santa Su, 57 für Farafenni. Gamtel-Mobiltelefonnummern beginnen mit 99, Africel-Mobiltelefonnummern mit 77.

Wer ohne ein Handy reist, tätigt Überseegespräche recht einfach im Selbstwählverfahren in den GAMTEL-Büros oder bei einem privaten Anbieter (häufig in Verbindung mit einer Wechselstube). Telefonieren Sie möglichst nicht vom Hotel aus, da dort deutlich höhere Gebühren als in den GAMTEL-Büros berechnet werden.

Tourist Guides

In den Touristenzentren stehen lizensierte Fremdenführer bereit, die Urlauber zu den Sehenswürdigkeiten begleiten (offizieller Preise: 1000 D/Tag).

Trinkgeld

Viele Menschen sind in Gambia von Ihrem Trinkgeld wirtschaftlich abhängig und erwarten für jede Dienstleistung ein paar Dalasi. Das Monatseinkommen von Lehrern oder Hotelangestellten liegt oft nur bei 2000–3000 D; also sollte sich auch ein Trinkgeld daran orientieren. In Restaurants gibt man 5–10 % Trinkgeld, dem Zimmerservice pro Woche etwa 250 D, Gepäckträgern 10–30 D pro Gepäckstück. Die Reiseleiter bei den Ausflügen erhalten ein Trinkgeld, wenn man zufrieden war. Etwa 200 D bei Tagestouren bzw. 100 D bei Halbtagesausflügen sind ausreichend.

Versicherung

Zwischen Gambia und den mitteleuropäischen Ländern besteht kein Krankenversicherungsabkommen. Es empfiehlt sich, rechtzeitig eine Auslandsreise-Krankenversicherung abzuschließen.

Wasser

Das Leitungswasser der Badehotels wird stark gechlort. Zum Duschen ist es bedenkenlos geeignet, aber zum Trinken und Zähneputzen sollte man es besser nicht verwenden. In den Supermärkten gibt es Mineralwasserflaschen in unterschiedlichen Größen. Decken Sie sich damit ein, besonders für Ausflüge und Touren ins Landesinnere! In den Hotels und Restaurants ist der Genuss von Eiswürfeln meist unbedenklich, dennoch sollte man vorsichtig damit umgehen.

Wrestling

In Serekunda und am Paradise Beach/Sanyang Beach finden sonntags am Nachmittag Ringkämpfe statt (außer während des Ramadan). Wer den gambischen Nationalsport miterleben möchte, kann sich per Taxi zur Ringkampfarena oder zur Rainbow Lodge fahren lassen (siehe auch S. 51, 101 und 125).

Zeitungen & Medien

Täglich erscheinen die *The Daily News, The Point Newspaper* und *The Daily Observer*, im Internet auch die Webzeitung http://thegambiainquirer.com. Deutschsprachige Zeitungen werden nicht eingeführt. Gambia verfügt über diverse Radiosender und das Fernsehprogramm *Gambia TV*, das abends und an den Wochenenden Nachrichten und CNN-Programme ausstrahlt.

Zeitverschiebung

Im Gambia gilt Greenwich Mean Time: Mitteleuropäische Zeit minus 1 Stunde bzw. während der mitteleuropäischen Sommerzeit MEZ minus zwei Stunden, weil Gambia keine Sommerzeit hat.

Zoll

Alle Gegenstände des persönlichen Bedarfs können zollfrei eingeführt werden: Fotoausrüstung, Laptop/Netbook, Handy, Tablet, Fernglas, Bekleidung, Kinderwagen, Sportausrüstung etc.

Ausfuhr: Die EU-Reisefreigrenzen bei der Rückkehr aus Afrika lauten: Bei der Einreise dürfen pro Person 200 Zigaretten, 2 l Wein, 1 l Spirituosen, 50 g Parfüm und 500 g Kaffee zollfrei eingeführt werden. Es besteht Einfuhrverbot für alle Fleischprodukte aus afrikanischen Ländern.

Die EU praktiziert eine strenge Anwendung des Washingtoner Artenschutzabkommens. Die Einfuhr von geschützten Produkten und Trophäen, z. B. Reptilien- und Schildkrötenprodukten oder Muscheln, ist verboten. Vorsicht ist vor angeblich echten CITES-Zertifikaten geboten (Ausfuhrgenehmigungen), die manche Händler ausstellen, denn diese werden vom EU-Zoll keinesfalls anerkannt, wenn es sich um streng geschützte Produkte handelt. Weitere Informationen: http://www.zoll.de/DE/Privatpersonen/Reisen/reisen_node.html und www.bfn.de.

Typische Ausdrücke in Gambia

Animation:	Aktives Unterhaltungsprogramm der Hotels
Animismus:	Naturglaube
Balafon:	Xylophon-ähnliches tradit. Musikinstrument
B&B:	"Bed&Breakfast" = Übernachtung inkl. Frühstück
Bolong:	Seitenarm eines Flusses
Boss Lady:	Beliebte gambische Anrede für Touristinnen
Bumster:	Sog. Beach Boys bzw. Schnorrer, siehe S.190
Buschtaxi:	Sammeltaxi, siehe S. 184
Compound:	Traditionelle afrikanische Wohnanlage
Faktorei:	Koloniale Handelsniederlassung
Four Wheel Drive:	Allradantrieb bei Fahrzeugen
Griot:	Musiker und Geschichtenerzähler, siehe S. 42
Guide:	engl. Reiseleiter, Stadtführer etc.
Happy Hour:	Bar-Getränkeangebot meist am frühen Abend (z. B. zwei Getränke zum Preis von einem)
Harmattan:	Sandige Saharawinde von Februar bis Mai
Kora:	Harfenlaute, gambisches Nationalinstrument
Laterit:	Rötliche, lehmartige Bodenart Afrikas
Laundry:	Wäscheservice im Hotel
Marabut:	Islamischer Führer und Mittler, siehe S. 43
Megalith:	Großer Steinblock aus vorgeschichtlicher Zeit, oft im Kreis oder in Reihen aufgestellt
Monolith:	Einzelner, mächtiger, behauener Naturstein
Piroge:	trad. Einbaum, heute auch kleines Boot
P. O. Box:	Postfach
Ramadan:	Islam. Fastenmonat, siehe S. 201
Senegambia:	a) brit. Kolonie v. 1765 aus Senegal und Gambia b) Name der Konföderation v. 1982–1989 c) Oberbegriff für die Region beider Länder
Toubab:	"Weißer" oder "Fremder" auf Wolof

Wichtige Adressen und Hinweise zur Reisevorbereitung

Diplomatische Vertretungen in Europa

The Gambia Embassy:
126, Avenue Franklin Roosevelt
B–1050 Brüssel - Belgien
Tel. +322-6401049
Fax +322-6463277
www.gambiaembassybrussels.be
Zuständig für Deutschland und Österreich

The Gambia Consulate Zürich:
Badenerstrasse 16
80036 Zurich, Schweiz
Tel   +41-44-586 79 49
Fax   +41-43-508 13 04
www.visitgambia.ch
Zuständig für die Schweiz

Botschaft der Republik Gambia:
The Gambian High Commission
57 Kensington Court,
London, W8 5DG Großbritannien
Tel. +44-20-39289770
www.gambiaembassy.org.uk

Honorar(general)konsulate in Deutschland

Herr Dr. Roman Skoblo: Windscheidstraße 18/19, 10627 Berlin, Tel. 030-8923121, Fax 030-8911401. Konsularbezirk: Berlin, Brandenburg, Sachsen, Sachsen-Anhalt, Thüringen und Mecklenburg-Vorpommern.

Herr Dr. Dr. Thomas Pechacek: Gladbacherstraße 17–19, 50672 Köln, Tel. 0221-8888873. Konsularbezirk: Nordrhein-Westfalen, Bremen, Hamburg, Niedersachsen und Schleswig-Holstein.

Herr Dr. Georg Bouché: 70174 Stuttgart, Tel. 0711-46058100, email: info@honorary-consulate.de. Konsularbezirk: Baden-Württemberg und Bayern.

Honorarkonsulat in Österreich

Generalkonsulat der Republik Gambia
Wagner-Schönkirch-Gasse 9, 1233 Wien,
Tel. +43-1-6167395, Fax +43-1-6160534,
E-mail: gambia@aon.at

Diplomatische Vertretungen in The Gambia

Deutschland, Österreich und die Schweiz haben keine Botschaften in Gambia eingerichtet. Zuständig sind die Vertretungen in Dakar/Senegal.

Botschaft der Bundesrepublik Deutschland
20, Avenue Pasteur/Rue J. Mermoz
Dakar – Senegal
Tel. +221-33-8894884
Notfall-Telefonnr. +221-77-6386441
www.dakar.diplo.de

Botschaft von Österreich
18, rue Emile Zola
3247, Dakar – Senegal
Tel: +221-33-8494000
Fax +221-33-8494370
www.aussenministerium.at/dakar

Botschaft der Schweiz
Rue Rene N'Diaye/Rue Seydou
Nourou Tall
Dakar – Senegal
Tel. +221-33-8230590
Fax +221-33-8223657
www.eda.admin.ch/dakar

Wertvolle Adressen — Infos

Informationsstellen in Gambia

GTB Gambia Tourism Board
Kotu, P. O. Box 4085, The Gambia
Tel: +220-4462496, Fax 4462487
email: info@gtboard.gm
www.visitthegambia.gm
Gambische Touristenbehörde

Ministry of Interior
Immigration Department
5 J.R. Forster Street (formerly Fitzgerald)
Banjul – The Gambia
Tel. +220-4223247 Fax 0220-4201320
Zuständig für Visaangelegenheiten
und Aufenthaltsverlängerungen
Besuchszeiten: Mo–Do vormittags

Informationsstellen in Europa

Auswärtiges Amt
Werderscher Markt 1, 10117 Berlin
Tel. 030-50000, Fax 50003402
www.auswaertiges-amt.de
Aktuelle Sicherheitshinweise zum Reiseland

Links: Ein Guinea-Pavian im Makasutu Culture Forest
Oben: Lobby des Coco Ocean Resorts

Mietwagenagenturen

in Gambia

AB Rent a Car: Bertil Harding Highway. Tel. 4460926, 9720776, 7612353, email: info@gambia-car-rental.com, info@ab.gm, abrentacar@hotmail.com, www.ab.gm. Das Office liegt zwischen den Stichstraßen nach Kololi und Palma Rima, gegenüber dem Maroun's Supermarket am Bertil Harding Highway. Öffnungszeiten: täglich von 8–18 Uhr. Der Anbieter verleiht Pkws und Allradfahrzeuge mit und ohne Chauffeur. Preise: Pkws ab 26 Euro/Tag, Halbtagesverleih ab 15 Euro.

Rentacar Gambia: Bijilo, nahe Bijilo Medical Centre, Tel. 3197575, email: info@rentacargambia.com, www.rentacargambia.com. Öffnungszeiten: Mo–Fr von 9.30–17 Uhr. Ab 30 Euro/Tag (siehe auch S.93).

AVIS Rent A Car: Yundum International Airport Tel. 4399231 sowie am Mamadi Manyang Highway nahe Serekunda an der Westfield Junction, Tel.4396906 www.avis.com. 24-Stunden Fahrzeugrückgabe möglich.

Afriq Cars: Bertil Harding Highway (beim „Village Complex" nahe Kololi), Tel. 7700900, email: info@afriqcars.com, www.afriqcars.com.
Öffnungszeiten: Mo–Do 9–17 Uhr und Fr/Sa 9–13 Uhr. Spezialisiert auf edle Fahrzeuge, SUV und Geländewagen bei Tagespreisen ab 60 Euro.

Diverse: In Bijolo gibt es weitere lokale Anbieter die z.B. kleine Fiats anbieten.

Reiseagenturen in Gambia

Arch Tours: Kololi, Tel. 2729896
email: arcconteh45@hotmail.com
www.arch-tours.com (siehe S. 94)

African Adventure Tours: Coastal Road, Fajara, Tel. 4497313, Fax 4497314, email: info@adventuregambia.com, adventuregambia.com

Alkamba Tours: Albert Market, Banjul, Tel. 4202059, Fax 4202074, email: info@alkamba.com, www.alkamba.com

Bushwhacker Tours: Kololi, Tel. 9912891, 7063502, email: info@bushwhackertours.com, www.bushwhackertours.com (siehe S. 94)

Discovery Tours: 2 Bamboo Drive, Bijilo, Tel. 4466950, Fax 4466307, 7802349, email: info@discoverytours.gm, www.discoverytours.gm

Gambia Tours: Banjul, P. O. Box 217, Tel. 4462601, 4462602, email:info@gambiatours.gm, www.gambiatours.gm. Das Unternehmen bietet auch mehrtägige Boottrips ins Landesinnere an.

Janeya Tours Gambia: Kololi/Senegambia Strip, Tel: 7792858, email: info@janeyatours.com, www.janeyatours.com

Tilly Tours: Kololi, Senegambia Strip, Tel. 9800215, 7707356, email: admin@tillystours.com

The Gambia Experience: c/o Senegambia Beach Hotel, Kololi, Tel: 4461104, 4460317, Fax 4464788, email: flights@gxp.gm, www.gambia.co.uk. Vermarktet zahlreiche Hotels fast in Alleinstellung.

West African Tours: Serekunda, Tel. 4495258, Fax 4496118, email: watours@qanet.gm / watours@gamtel.gm / westafricantours@yahoo.com, www.westafricantoursinfo.com

Gambia Hotel Association: c/o Djembe Resort, Kololi, Tel. 7725379, email: info@gambiahotels.gm, www.gambiahotels.gm. Kein Reiseveranstalter, sondern der Verband gambischer Hotels, in dem auch kleinere Anlagen gelistet sind.

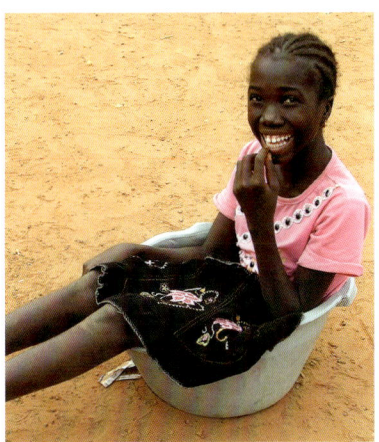

Reiseveranstalter in Europa

FTI Touristik GmbH: Landsberger Straße 88 80339 München Tel.: 089-710451498 www.fti.de. Betreibt eigene Hotels in Gambia unter dem Namen Labranda und Kairaba

IKARUS TOURS GmbH: Am Kaltenborn 49–51, 61462 Königstein, Tel. 06174-29020, Fax 22952, email: info@ikarus.com, www.ikarus.com. Ikarus Tours bietet eine Flusskreuzfahrt ab/bis Dakar in Senegal an.

DIAMIR Erlebnisreisen GmbH: Berthold-Haupt-Straße 2, 01257 Dresden, Tel. 0351-312077, Fax 312076, email: info@diamir.de, www.diamir.de

Cobra Verde Afrikareisen: Bauernreihe 6a, 27726 Worpswede, Tel.: 04792-952124, Fax 952125, email: kontakt@cobra-verde.de, www.cobra-verde.de

Meier's Weltreisen: Emil-von-Behring-Str. 6, 60439 Frankfurt/Main, Tel. 069- 153225532, Fax 95881010, email: service@ meiers-weltreisen.de, www.meiers-weltreisen.de

AfricanWorld Touristic GmbH: Keplerstr. 1, 40215 Düsseldorf, Tel. 0211-302069220, email: reisen@AfricanWorld.de, www.africanworld.de

5vorFlug: www.5vorflug.de

BigXtra: bigxtra.de

Sonnenklar: www.sonnenklar.tv

Literatur- und Quellenverzeichnis

Pflanzen- und Tierführer
- A Field Guide to Birds of The Gambia and Senegal: Pica Press Publishers, London.
- Field Guide of the Birds of West Africa: Harper Collins Publishers, Hongkong.
- Säugetiere Afrikas: BLV Bestimmungsbuch, München.
- Pflanzenreich der Tropen: Schröder Verlag, Leichlingen.
- Soma Common Flora of the Gambia: Kasper, Phyllis. ISBN 3-9801591-3-2
- Birds of Africa south of the Sahara: Struik Publishers, Cape Town, South Africa.

Geschichte
- A History of The Gambia: Dawda Faal, Latrikunda, The Gambia.
- Stories of Senegambia: Florence Mahoney, Ministry of Education, The Gambia.
- Reisen ins innerste Afrika 1795–1806: Mungo Park, H. Pleticha, Weitbrecht Verlag.
- Die Geschichte Schwarz-Afrikas: Ki-Zerbo, Joseph, Fischer Verlag, Frankfurt.

Allgemeines
- Länderbericht Gambia: Statistisches Bundesamt, Wiesbaden.
- Senegal/Gambia: Wiese, Bernd, Perthes Länderprofile.
- Explizit: Frauen in Afrika: Horlemann Verlag, Bad Honnef.
- Wurzeln („Roots"): Alex Haley, Fischer Verlag, Frankfurt. Familienbiografie.
- Wassermusik: T. C. Boyle, rororo, Reinbek.
- Westafrikanische Küche: Asfahani, München. ISBN 3-927459-99-2
- Mandinka für Gambia – Wort für Wort: Knick, Karin, Kauderwelsch-Reihe.
- Mangoknödel: Waitz, Nina, Neopubli GmbH, Berlin, 2019. Ein moderner Roman.

Landkarten
- Senegal / Gambia: Reise Know-How, 2018. Maßstab 1:550 000.
- Senegal & Gambia: International Travel Maps;, 2012. Maßstab 1:740 000, 1:340 000.
- Gambia / Senegal: Freytag&Berndt, 2006. Maßstab 1:500 000.

Entfernungstabellen

Süduferstraße
(Entfernungen ab Banjul)

Banjul	0 km
Serekunda	15 km
Abuko	22 km
Yundum Airport	30 km
Brikama	36 km
Sibanor	96 km
Tendaba	155 km
Soma	185 km
Brikama Bah	283 km
Janjanbureh	323 km
Bansang	336 km
Basse Santa Su	398 km
Fatoto	438 km

Norduferstraße
(Entfernungen ab Barra)

Barra	0 km
Essau	3 km
Berending	11 km
Albreda	26 km
Kerewan	52 km
Farafenni	112 km
Kau-ur	154 km
Panchang	179 km
Wassu	215 km
Kuntaur	218 km
Janjanbureh	240 km
Karantaba	267 km
Sutokoba	343 km

Index

A

Abholzung 152
Abuko 118
Abuko-Naturreservat 118ff, 121, 161, 167, 200
Affen 164f
Aids 40, 189
Airlines.
 siehe *Fluggesellschaften*
Airporttax 189
Aku 36
Albert Market 70
Albreda 18, 20, 104ff
Allahein 124
Almoraviden 13
Analphabetenrate 41
Angeln 198
Animal Orphanage 118ff
Animismus 23, 39, 207
Apotheken 198
Arbeitsbedingungen 62
 Arbeitslosigkeit 62
 Arbeitsmarkt 62
Arch 29. 68
Armitage High School 41, 139
Armut 187f
Artenschutz 152ff
Atlantic Road 78
Austernfischerei 56
Auswilderung 118f, 141
Autofähren. siehe *Fähren*
Autopannen 183

B

Baboon Islands
 siehe *River Gambia NP*
Baddibu 16, 23, 31
Bahn 183
Bakau 78ff
Balafon 50, 205
Bananenstaude 154
Banjulo 19, 64
Bansang 146
Baobab 109, 156f
Bao Bolong Wetlands 133f
 Baobolong Camp 140
Barra Ferry Terminal 71, 74, 111, 185
Barra-Krieg 22, 111
Basse Santa Su 137, 146ff
Bathurst 19, 26f, 64ff
Batiken 48, 80, 101
Baumwolle 55
Baumwollbaum, roter 156
Benachin 192
Bendula 202
Berefet Community Camp 135
Berending 51, 113
Bergbau 57
Beschneidung 45
Betteln 110, 187
Bevölkerung 30
Bevölkerungsdichte 30
Bijilo Forest Reserve 96f, 164f, 200
Bilharziose 175
Bintang 16
 Bintang Bolong 130
 Bintang Bolong Lodge 135
Bodenschätze 57
Bojang, Tomany 24, 64
Bolong 116f, 127f, 130, 205
Borassuspalme 155
Botanischer Garten 78
Botschaften 206
Bougainvillea 154
Brauerei 101, 192
Brefet 135
Brikama 120, 126ff, 137
Brikama Ba 137
Brücke über den Gambia 137, 142, 183
Brufut 58, 122, 168
Buckle Street 70
Bullen, Fort 112f
Bumster 42, 172, 190f
Bund Road 66, 195
Buschcamps in Janjanbureh 140
Buschbock 161
Buschschwein 160
Busverbindungen 185

C

Cadamosto, Luiz de 16
Camping 100, 125, 140, 198
Camps
 im Landesinneren 125,
 135, 140, 147
Cape Point 78
Cape Road 78
Cape St Mary 78
Casamance 25, 35
Cassava 55
Ceded Mile Treaty 112
Chamäleon 158
Chimpanzee Project 141
Cholera 66, 175
Christentum 39
Colobus (Stummelaffen) 164f
Creek Fishing 111, 118f
Creolisch 38

D

Dakar 178f
Dalasi 174
Delphine 110, 114
Denton Bridge 67, 112, 117
Diola 35, 39
Diplomatische Vertretungen 206f
Dog Island 114
Domoda 192
Dorfbesuche 187
Dumbutu 133
Durchschnittsgehalt 62

E

Eidechsen 158
Einreisebestimmungen 172
Elephant Island 160
Entfernungstabellen 210
Erdnuss 55, 192
 Erdnussernte 55
 Erdnussexport 26, 52

Infos INDEX

Essau 26, 111
Ethnische Volksgruppen 30ff
Export 58, 61
Expressbusse 185
Extra-Tipps 197

F

Fächerpalme 155
Fähren 183, 185
   Gambiafähren 58, 142
   MacCarthy Island 138
   Barra 71, 74, 110f, 183
Fahrräder 198
Fajara 84f
Fanal-Umzüge 47
Faraba Banta 130
Farafenni 58f, 142f, 145
Farasuto Forest 168, 195
Fathala Wildlife Park 112
Fatoto 146
Feiertage 198
Fischerei 56
Flaggen 189, 193
Flamboyant 157
Fluggastgebühr
   siehe Airporttax
Fluggesellschaften 178
Flughafen 181
Flugverbindungen 178
Flugzeit 178
Flusspferde 140, 159
Flusssalz 130
Fluss-Schiffahrt 58, 185
Folonko 124
Fort Bullen 22, 111
Fotografieren 187, 194
   Fotoausrüstung 180
   Fototipps 194
   Beobachtungsplattform 118
Frangipani 157
Frauen
   Allein in Gambia 172
   Frauen in Gambia 44
Frisuren 46
Fulado 25, 32
Fulladu Camp 147
Fulbe 31f, 50

G

Gambia-Mündung 65, 112
Gambian-German-Forest-Projekt 96
Gambiafluss 9, 108, 185
GAMTEL 74, 198
Gastgeschenke 180, 187
Gastronomie 60
Gelbfieber 40, 113, 175
Gelbsucht 175
Georgetown
   siehe Janjanbureh
Gesamtfläche 8
Geschäftszeiten 198
Geschenke 180, 187
Gesundheit
   Gesundheitstipps 189
   Gesundheitswesen 40
   Vorsorge 175
Ghana 13
Ghanatown 122
Golf 84, 189
Gomez, Diego 16
Grant, Alexander 19, 64
Greifvogel-Fütterung 90, 92, 167f, 195
Grenzübergänge 178
Griots 31f, 42, 51
Großwild 118f, 131ff, 141, 152
GTZ 57, 96
Gunjur 122, 124
Gütertrennung 44

H

Hafen von Banjul 58, 71, 111, 114
Hagan Street 70
Halbpension 197
Haley, Alex 104ff
Half Die 65, 71
   Half-Die-Moschee 71
Handeln 186
   Handelsgüter 58
Happy Our 205
Harmattan 10, 205

Heiliger Krokodilteich 82f, 124
Heinrich der Seefahrer 16
Hermann Gmeiner Street 101
Herzog Jakob von Kurland 17, 109
Hibiskus 157
Hippos *siehe Flusspferde*
Hirse 55
Hochseeangeln 114
Höchstgeschwindigkeit 183
Holzschnitzereien 48, 70, 202
   Holzschnitzermarkt 126
Honorarkonsulate 206
Hotels / Camps
   in Bakau 81
   in Banjul 75
   in Fajara 85
   in Kololi 90f
   in Kotu 88
   in Bijilo 98
   in Gunjur/Kartong 125
   im Landesinneren 135, 140, 146
Husarenaffen 164f
Hyänen 119f

I

Independence Drive 69
Indirect Rule 26
Industrie 57
Inflation 52, 174
Insekten 158, 175, 198
Internet 177, 198
Isla de Andrea 17
Islam 38f
   Islamisierung 44

J

Jacaranda 157
James Island 18, 20f, 104, 108ff
Jammeh, Yaya A. J. J. 28
Jammeh-Moschee 69

Janjanbureh 137ff, 148, 167
Janjang Bureh Camp 141; 164
Jawara, Dawda 27ff
Jeepsafari 125
Jinack Island 111, 167
Jobateh, M. 127
Jolof 32
Juffure
18ff, 104ff, 107f, 110
Jujus 43, 47
Julbrew 101, 192

K

Kaabu 31
Kachikally 51, 80, 82f, 86f
Kaftan 46
Kalagi 133
Kanifeng 101
Kanilai Park 131, 201
Kantora 16, 31
Kapokbaum 156
Kappengeier 97
Karantaba Tenda 146
Kartong 124
Kasino 95
Kataba 142
Kau-ur 54, 142, 144
Kemoto (Hotel) 135
Kerewan 185
Kerr Batch 142ff
Kiang West NP 130ff, 200
Killy 130
Kinder
   Kinderarbeit 62
   Mit Kindern reisen 172
   Bettelnde Kinder 187
Kleidung 46, 180, 200
   Kleiderordnung 200
Klima 10, 170
Kofferträger 181
Kololi 90ff
Kolonialzeit 26
Kombo 19ff, 31, 64
Kora 31, 50, 205
   Koraunterricht 198
Kotu 86

Krabben 116, 162f
Kreditkarten 174, 180
Kriechtiere 158
Kriminalitätsrate 193
Krokodile 82f, 113, 124, 158
   Hl. Krokodile 82, 113, 124
Kronenkranich 166f
Kudang 137
Kuhreiher 101
Kulinarische Tipps 192
Kunsthandwerk 48
Kunta Kinte 104f
Kunta Kinteh Island
   siehe MacCarthy Island
Kuntaur 137
Kwinella 132, 137

L

Ladyfish 115, 135, 192
Lamin 117, 126
   Lamin Bolong 116
   Lamin Koto Lodge 141
   Lamin Lodge 116f, 120
Landessprachen 204
Landkarten 200, 210
Landwirtschaft 58
Lebenserwartung 34, 66
Libanesen 34
Literatur 54, 208
Livemusik 53f, 91, 96, 115
Löhne 66
Lungenfische 163

M

MacCarthy Island 18ff, 41, 137ff
MacCarthy Square 69
Mahlzeiten 192, 197
Mais 55
Makasutu Culture Forest 61, 126ff
Malaria 40, 175
Mali 14
Malinke 14, 31
Mandina Lodge 129f

Mandinara 130
Mandingo 15, 31ff
   Königreiche 17, 22
Mandinka 38, 196
Mangobaum 157
Mangroven
   9, 115f, 153, 162, 195
   Mangrovenarten 115
   *Mangrovensümpfe 67, 115f,
   153,162, 166f, 195*
Maniok 55
Männerkleidung, trad. 46
Mansa Kankan Musa 14
Mansa Konko 137
Marabuts 23ff, 32, 43
   *Marabut-Religionskriege
   23f, 32*
Marina Parade 69
Maskentanz 49f
Maurel Freres 104f
Meeresfrüchte 192
Meerkatzen 164
Megalithen 142ff
Mietwagen 93, 182f, 208
Milan 132, 166f
Militärputsch 28ff, 53, 68
Missionierung 39
Moscheen 38f, 200
Motorräder 182
Mulatten 37
Mungo Park 19, 150ff
Museen 69, 198
Musik 49f
   Musikinstrumente 49f
   Livemusik 53f, 91, 96, 115

N

Nachrichten 198
Nationalmuseum 69
Naturparks 96f, 118ff,
   122, 133, 167, 200
Naturschutz 152ff
N'Dama-Rinder 57
Nelson Mandela Street 70
Nianija Bolong 142
Niger 150f

Infos INDEX

Nilwaran 158f
Niumi 16, 31
Niumi NP 111, 167, 200
Niuminka 18, 22, 112f
Nordbank 112f
Norduferstraße 142, 198

O

Öffentliche Verkehrsmittel 185
Öffnungszeiten 198
Old Cape Road 78, 195
Old Government Wharf 71
Oleander 157
Ölpalme 155
Orchideen 157
Oyster Creek 56f, 67f

P

Pagodenbaum 157
Pakali Ba 137
Palmen 155
Palmwein 192
  Palmweinprobe 125
Panchang 142
Papaya 157
Paradise Island
  siehe Jinack Island
Paviane 165
Pinselohrschweine 160
Pirogenfahrten 116f
Pisania 146, 150
Politik 29
Polizei 74, 86, 94, 101, 193, 201
Polygamie 45
Post 201
Preise 170, 184
  Mietwagen 182
  Preisniveau 170, 186
  Fähren 74, 137, 183
Primary School 40f
Prostitution 190, 201
Protektorat 26
Putsch.
  siehe Militärputsch

Q

Quadrangle 69
Quäker 40

R

Radio Gambia 68, 78
Ramadan 38; 47, 198, 201
Regenzeit 10, 170
Reis 55
Reiseagenturen 209
Reiseapotheke 175f
Reisedauer 170
Reisekosten 170
Reiseversicherung 175
Reiseschecks 174, 180
Reiseveranstalter 209
Reisezeit 170
Reiten 202
Religion 38f
Religionskriege 43
Rhöm.-Kath. Kirche 38, 70
Ringen 51, 101, 205
River Gambia National Park 137ff
Roots 104f, 110
  Roots Homecoming Festival 108
Rotbauchwürger 166
Rote Stummelaffen 164
Roter Baumwollbaum 156
Royal Victoria Hospital 69, 198

S

Safari in Senegal 112
Salzhandel 14
Sani Bolong 146
Sankandi 133
Sankuli Kunda 138
Sanyang 123f
Sapu 137
Schifffahrt 185
Schiffswracks 68
Schirrantilope 161
Schlammspringer 116, 162f
Schlangen 158
Schmuck 47, 193, 203
Schulwesen 40f
  Schulpflicht 41
Secondary School 41
Senegal 28, 52, 112, 130, 142, 179
Senegambia 52, 207
  Brit. Kronkolonie 18
  Konföderation 28
  Region 90ff
Serahuli 12, 35, 140
  Serahulifrauen 48, 50
Serekunda 23, 66, 101, 137
Serekunda-Highway 68
Serer 33
Shawarma 74, 192
Sibanor 130
Sindola Lodge 130f, 135
Sissay Yassa 192
Sitatunga 161
Sklaven 20, 36ff, 104ff, 139f
  Sklaven, befreite 69
  Handel 18ff, 65, 104ff
  Sklaverei 20ff, 104ff
Sofanyama Bolong 137
Soma 58, 137, 142
Songhai 15
Soninke 23
Sorghum 55
SOS-Kinderdorf 101
Souvenirs 186, 202
Spenden 187f, 191
Sport 202
Sprachen 38, 196, 202, 205
Sprachkenntnisse
  Wolof & Mandinka 196
Spritversorgung 183
St Mary Island 64
St Mary's Anglican Cathedrale 69
Staatsform 29
Staatsgebiet 8
Steinkreise 144ff
Strände 171f, 202
Strandqualität
  Kololi 91
  Kotu 88
  Bakau 85
  Bijilo 98

Strandspaziergänge 193
Straßenkontrollen 183
Straßennetz 58
   Straßenzustand 203
Strom 203
Süduferstraße 137
Sukoto Fula 142
Sukuta, Camping 125
Sumpfantilope 161
Sutukoba 146

T

Tanji 122ff
   Tanji & Bijilo Island Bird Reserve 123, 200
   Tanji Village Museum 123
Tänze 49f
Taxis 184f, 203
Telefon 203
Temperaturen 10, 170
Tendaba 130ff, 135
   Tendaba Camp 135
Termiten 158
Tetanus 177
Thompson, George 17
Timbuktu 14, 19
Toko 167
Tollwut 175f
Tonwaren 48, 146
Töpfermarkt 146
Tourismus 60f
Tourist Guide 94, 203

Touristenpolizei
   94, 191, 193, 198
Trans.Gambia-Highway 58f, 137
Trans-Sahara-Handel 12, 16, 31
Trinkgeld 204
Trinkwasser 189, 193, 205
Trommeln 50
Tropeninstitute 177
Tuareg 15
Tukolor 16, 35
Tumani Tenda 134
Typhus 177

U

Umweltschäden 56f, 152
Unterströmungen 193, 204

V

Vegetation 8, 115, 152ff
Verdienst.
   siehe Durchschnittsgehalt
Versteppung 56f
Viehmarkt von Abuko 118ff
Viehzucht 56f
Visum 172, 206
Vogelbeobachtungen 86, 90, 92, 117ff, 153, 166ff, 195
   Fütterungen 90, 92, 195
Volksgruppen 30
Volleyball 203

W

Währung 174
Waldbestand 56f
Warane 158
Warzenschwein 160
Wasser 204
   Temperaturen 170
Wassu 142ff
Wechselkurs 174
Wechselstuben 174, 198
Wellington Street 64, 71
Wellness 86, 93, 202
Wesley Church 38f, 70
Wesley School 40, 139
Wiederaufforstung 56f
Winkerkrabben 116, 163f
Wolof 32f, 196
Wrestling 51, 101, 204

Y

Yarobawal 146
Yelitenda 142
Yundum (Flughafen)
   58, 126, 178, 181

Z

Zeitungen 204
Zeitverschiebung 204
Zoll 204

Impressum

Bibliografische Information der Deutschen Bibliothek
Die Deutsche Bibliothek verzeichnet diese Publikation in der
Deutschen Nationalbibliografie: Detaillierte bibliografische Daten sind im Internet abrufbar
über http://dnb.ddb.de

Liebe Leserinnen und Leser,
Danke, dass Sie unseren Reiseführer ausgewählt haben.
Wir freuen uns darauf, Ihre Meinung zu diesem Gambia-Reiseführer zu erfahren.
Bitte schreiben Sie uns, wenn Ihnen Veränderungen und Korrekturen auffallen,
gerne auch Tipps und Verbesserungsvorschläge, damit dieser Reiseführer
auch künftig aktuell und leserfreundlich bleibt.

Alle Angaben und Daten in diesem Reiseführer wurden gewissenhaft recherchiert.
Dennoch sind diese Angaben und Preise häufigen Veränderungen unterworfen,
auch mögliche Auslassungen sind nicht völlig auszuschließen.
Für eventuelle Fehler können der Verlag und die Autoren keinerlei Verpflichtung
oder Haftung übernehmen.

Alle Rechte vorbehalten. Das Werk ist einschließlich aller seiner Teile
urheberrechtlich geschützt. Jede Verwendung, Verbreitung oder Nachdruck
ohne schriftliche Zustimmung des Verlags ist unzulässig und strafbar.

Impressum

© 1998–2020 Ilona Hupe Verlag, München

7. aktualisierte und vollständig überarbeitete Auflage April 2020

Volkartstraße 2, 80634 München, Deutschland
Tel. +49-89-16783783 Fax +49-89-1684474
E-mail: info@hupeverlag.de
Internet: www.hupeverlag.de

Text: Ilona Hupe
Fotos: Ilona Hupe, Manfred Vachal
Karten: Manfred Vachal
Layout & Design: Ilona Hupe
Druck: Fa. Beltz Bad Langensalza GmbH, 99941 Bad Langensalza, Deutschland

Alle Angaben ohne Gewähr
Alle Rechte vorbehalten
Haftungsausschluss: Verlag und Autoren haben keinen Einfluss auf die Inhalte von
in diesem Buch genannten Internetseiten und deren weiterführenden Links.

Printed in Germany

ISBN (13) 978-3-932084-90-4 / (10) 3-932084-90-X   [16,90 Euro]